图1 清·关槐绘《香山九老图》（台北故宫博物院典藏）

白居易偕友八人游山寺庭园。白居易从831年起，选龙门香山寺投资，修筑庭园，直至846年死前，犹经营不已。白居易偕八位长寿者聚会，此事传为日后艺坛佳话。

图2 唐·李思训绘《江帆楼阁图》（台北故宫博物院典藏）

李思训乃盛唐山水画名家。唐名流经营庭园之风，乃李思训死后之事。唯九世纪之后唐宋名流营造的公私园囿，多依自然山水布置。李思训山水画与唐宋名园多有类似之处。

图3 五代·周文矩绘《琉璃堂人物图》（美国大都会美术馆典藏）

唐诗人王昌龄于江宁县丞任内，曾与其他诗人聚会于任所"琉璃堂"，该画有文士七人、僧一人，以及侍者三人。堂外必有园。可惜画家在追慕唐人日常生活场景上，这一次着重室内人物，而不及园景。尽管如此，游园者志在人际心灵交流，景物反倒是陪衬。五代画家去唐未久，尚能多少捕捉到游园的重心所在。

图4 清·关槐绘《黄鹤楼图》（台北故宫博物院典藏）

范仲淹《岳阳楼记》中巴陵郡岳阳楼，与黄鹤楼同处于长江、洞庭湖交接处。岳阳楼畔烟波淼淼的情景，或可从这位清画家的想象中求得一二。黄鹤楼自唐以来，被建构成天下第一景点，唐代名流养成登临山水景致的游趣，通常多能从园林加以追慕游兴。这幅清画家所绘《黄鹤楼图》，颇有唐人乐于亲近山水之意趣的遗意。

图5 五代后蜀·滕昌佑绘《牡丹图》（台北故宫博物院典藏）

这是明人模仿五代画家滕昌佑的牡丹画。五代去唐未久，两京的牡丹"疯会"记忆犹新，藉由五代人画牡丹，可遥想唐宋牡丹文化300年。

图6 北宋·张择端绘《清明上河图》（北京故宫博物院典藏）

清明时节的北宋都城汴京，东角子门内外和汴河两岸的繁华热闹景象。中段的虹桥市集，商贩密集、行人熙攘、车马来往如梭。桥下一艘漕船预备放倒桅杆穿过桥孔，引起群众围观。本书里的韩愈和欧阳修都曾在汴州城活动，相信都曾在虹桥市集驻足过，他们的诗文多少涉及汴城景物之风华。

图7　日本金泽的兼六园，日本三大名园之一。

洛人云："园圃之胜，不能相兼者六：务宏大者少幽邃；人力胜者少苍古；多水泉者难眺望。兼此六者，惟湖园而已。"

图8 日本金泽的兼六园，日本三大名园之一。

宋人口中的湖园，就是裴度洛阳城中的私园。"兼六"的评园准绳日后成为日本园林的造园圭臬。日本金泽此园为我们保留唐宋园林风物千万一。

卢建荣·著

唐宋文人的风雅生活

中国友谊出版公司

图书在版编目（CIP）数据

唐宋文人的风雅生活 / 卢建荣著 . -- 北京：中国
友谊出版公司，2023.1
　ISBN 978-7-5057-5570-3

　Ⅰ.①唐… Ⅱ.①卢… Ⅲ.①文人－社会生活－研究
－中国－唐宋时期 Ⅳ.① D691.71

中国版本图书馆 CIP 数据核字 (2022) 第 184848 号

著作权合同登记号　图字：01-2022-4530

本书由暖暖书屋文化事业股份有限公司正式授权，经由凯琳国际文化代理，
北京斯坦威图书有限责任公司策划发行中文简体字版本。非经书面同意，不得以
任何形式任意重制、转载。

书名	唐宋文人的风雅生活
作者	卢建荣
出版	中国友谊出版公司
发行	中国友谊出版公司
经销	新华书店
印刷	河北鹏润印刷有限公司
规格	880×1230 毫米　32 开
	10 印张　221 千字
版次	2023 年 1 月第 1 版
印次	2023 年 1 月第 1 次印刷
书号	ISBN 978-7-5057-5570-3
定价	128.00 元
地址	北京市朝阳区西坝河南里 17 号楼
邮编	100028
电话	(010) 64678009

自　序
车过长安明德门

一、明德门和圜丘

今年（2016 年）秋天，在天津南开侯杰教授引介之下，由陕西师大郭海文教授出面，邀我去西安做两场演讲。我终于来到大唐帝国首都长安城，魂牵梦系的万邦来朝的大城，终于在我眼底耀目生辉。

我从一九八一年投入唐史研究，于今届满三十五年，发表唐史论文数十篇，专书的"唐代五部曲"于二○○九年之前全数刊出，了却了我多年的愿望。唯一遗憾的，是从未身履唐代的历史现场。尽管我有两部书分别写到两位书中人物，一位从徐州出发、长途奔跑至长安明德门求救，另一位从长安明德门出行、欲远赴沧景节度区就帅职，但我只能就文献资料去描写明德门之宏伟景致。此番在西安度过两夜三天中，我特别要求陪我行遍西安古迹的李炖小姐（陕西师大硕士毕业，现任职该校出版部），让我到明德门遗址看一眼。事先已知明德门早就不存在，但遗址仍得看一眼，我心里这样想着此事。在唐代长安城中轴线，由北至南从宫城、皇城，以迄明德门这一直线，是由朱雀大街这一交通动脉贯串而成。明德门比起其他各门都来得巨大。以设计学角度看，这样的门面才配得上大唐帝国！

I

当天午后我来到明德门遗址，只见车水马龙、高楼矗立，已看不到当日帝国门面的丰采。我从出租车内往外看，一千年前瞻仰帝国神采丰姿的人们驻足赞叹的地方，已换成另一副面容，在向我招手。由于行程安排紧凑，我不便要求让我下车看一眼。明德门遗址我只匆匆一瞥，就迅即消失在我的视线中。

三十五年来，我几乎天天与唐帝国打交道，一直想象有一天，我来到长安，我应仪式性地从明德门进入，才是正办。但到了西安，从机场（位在咸阳）乘车进城的落脚点，却是陕西师大旧校区，坐落在原长安南郊圜丘附近。整个校区由二层楼高的围墙所包围，其中包括圜丘在内。建于一千四百二十六年前历任唐帝亲临主持大典的圜丘，竟然原封不动地蹲踞着，只是老旧而已。帝国宫殿、城墙都已灰飞烟灭，唯独圜丘——祈祷帝国永存的祭坛——巍然独存，像在讽刺所有想长生永存的不可能梦想似的。陕西师大新校区则坐落在原上林苑，千年前校场上兵士的雄姿英发，只能在脑海中想象了。

我在陕西师大的一场演讲，是讲唐宋的牡丹花文化。在前赴演讲厅之前，郭海文教授特领我去旧校区牡丹园一游，季节不对，当然难觅牡丹芳踪。长安兴善寺原栽有牡丹奇株一棵的，兴善寺完整保留至今，李炖小姐领我去参观。我走遍寺院各处，连牡丹园在内，都未见唐代段成式《酉阳杂俎》一书所说的那株珍奇牡丹。料想唐末五代战乱，人命轻贱如蝼蚁，奇花异卉又值几何？牡丹奇株早就随帝国俱亡了。这么一想，我心释然了。

二、中国美食餐馆比西方的早出现八百年

讲到本书的研究，因缘辐凑之下才有本书。高中时，我读唐宋

八大家的古文，其中诸多名篇题目都叫"送别序"。序是书籍的有机构成部分，然则送别序只见送远行者的主题，却不见任何书踪。我请教几位语文老师，他们都不知所以。我就将此疑问搁在心中，即令后来读历史系／所，之后又投身历史行道多年，我仍不见有人发文解我这一疑惑。二○○六年，我突然对饮食史产生兴趣，又勾起中学时代这一疑惑。趁着那年夏天暑假，我重读唐宋八大家文集中有关送别序各文，发现其中有饭馆的踪迹。在这之前，因教西洋文化史的关系，我从英国历史人类学家杰克·古迪（Jack Goody）的著作，知西方餐馆美食的出现，乃十六、十七世纪的事。唐代士族家庭餐食是走向精致美食这条路，这与城中邸店专门贩卖旅人的粗食，是有区别的。邸店食物对士族而言，不具有吸引力必矣。但有特别原因促成城中美食餐馆的出现，在地士族因而趋之若鹜。城中外食餐馆以迎合士族享用美食的口味，因而拥有固定客群。这使得美食餐馆在若干消费城市可以存活下去。我的研究告诉我们，中国美食餐馆出现于八、九世纪之交，先在长安、洛阳，以及汴州等三座城市试验成功。这比西方美食餐馆的出现要早约八百年！

　　这个发现让我对饮食文化史产生兴趣，但我仍有既定计划要完成，只得暂时遏抑写饮食史的冲动。唐代士族生活上的享受，不只饮馔一项而已，他们对宅第高规格的需求，更是所费不赀，但疯狂追求不已，才有园林豪宅居住文化的产生，它还附带有牡丹花文化。关于牡丹花文化，我在大学上李树桐老师的唐史课时，即已知悉，时为二十世纪六十年代末。李老师对他发表的《唐人喜爱牡丹考》一文津津乐道，并说此文被日本人译成日文，且经改写而被编入日本中学教科书中。

三、园林与牡丹花文化研究的由来

二○○二年，熊秉真教授开办一个历史工作坊会议，只邀二十位学者闭门开会讨论，主题是各色物质文化。她问我能贡献何种题目，我答以"唐宋园林"。她感到满意，便邀我参加。这次会议，我使用"亭／园记"文类作为分析文本，探讨每亭／园竣工辄请名家写记以志其盛，这一文化行动背后的意义。会中有专人评论，之后更开放与会人士讨论。这我要特别感谢衣若芬教授和巫仁恕教授。熊秉真主持完此会，意犹未尽，她向"中央研究院"提出一个有关物质文化的大型集体研究计划。她再向我邀约，我不便拒绝，便提一有关"唐宋花文化"的中型计划，加入她所主持的大计划中。为了写计划，我阅读了欧阳修《洛阳牡丹记》和李格非《洛阳名园记》这两牡丹花谱／记文本，发现此中有学术新大陆存焉，不胜欣喜。可惜该计划受阻于院本部，尽管如此，我已将"唐宋花文化"此一议题，列为我下一阶段学术狩猎目标。这点我在台湾师大历史系教"魏晋南北史"课上，有所宣布。班上有一座下客，叫陈建守（时名陈威廷），私下还多所向我探询花文化议题之种种。二○○九年，陈以明清花文化个案，写成一文，投我主编的《社会／文化史》创刊号。

二○一五年，侯杰教授听说我去福州开会，便力邀我顺便参加南开大学召开的社会史研讨会，该次会议主题也是物质文化。我从箧中抽出"亭／园记"分析一文，再事修补后，携往天津公开发表。会后，我又大事修补一番，才算完成定稿，此文自是构成本书的首章。回想此文先是应承熊教授邀约，继而侯杰教授巧妙安排，得以与会南开社会史研讨会，这才完全成熟。这一路走来，竟然花费十三年时间。特别是与会的厦门大学刘永华教授，于赞助我思考周延上，使我得益甚多。上海澎湃新闻网历史新闻主编饶佳荣先生，质疑拙文，令我印象深刻，这促使我对唐宋型园林和明清型园林，两者之差异，要多所着墨。

我此番去陕西师大的第一场演讲，就是才完成于夏天的热乎乎的研究其中一部分。演讲的主持人是拜根兴教授，乃唐时期中韩关系史名家。我大概只讲一小时，后一小时则开放讨论，没想到座中大学本科生、研究生踊跃发言，会后仍有听众发问。感谢拜教授宽容，允许我少讲，而多与听众互动。返家后演讲这部分，即书中一章，我又加以增补内容。这一切拜陕西师大这场演讲之赐。

四、武则天女权事功遗留人间

在西安第三天上午，原订计划是要在十点前抵达飞机场。在此之前，我趁机跑去看武则天母杨氏陵寝，叫"顺陵"，杨氏生前并未称帝，原没资格将杨氏坟场称陵的，但这是中国史上唯一例外。武则天这位杨氏的女儿，为提高女权，将母坟称陵，这一打破文化惯习的气魄，古今中外罕有其匹。西安三日，在离去前得去顺陵凭吊武则天"逆天"事功，算是为此行画下完美句号。这之前，参观碑林、陕西历史博物馆以及兴善寺，早已收获满满。如今得游顺陵，益发满足。

五、结合文献与历史现场的研究

本书乃我第十九部作品，是我研究唐宋文化的第八本，竟然可在写作期间，至历史现场的西安，去发思古幽情一番。促成其事的有功人士，计有侯杰、郭海文、拜根兴等教授，以及李炖小姐，我将永志不忘。当然，慕名已久的胡戟教授，蒙郭海文教授安排下，谬承家宴款待，更是此行绝大的意外收获。倘若我以后再写唐史，我一定要想尽办法，去历史现场走一趟。很羡慕胡先生生活于唐京写唐史。

此书的完成，有太多社会助缘因素可资感谢的。陕西师大那场晚上演讲，有十几二十位学生发问，可惜没能记其名姓，这些都化作将来回顾此出版大事的雪泥鸿爪。

是为序。

卢建荣写于台北市东门双玺大厦

二〇一六年九月三十日

目 录

自序　车过长安明德门 / I

第一章　幕起 / 001

第二章　巨型园林：政海沉浮真情告白所在

一、欧阳修：观景文化的承先启后者 / 011

二、A 型园林政治学：借风景疗愈利禄疯疾 / 023

三、B 型园林政治学：独乐派呛声众乐派 / 030

四、回溯唐代庭园的文化与政治：竞逐权力道场，谁能及早勘破
见好就收的时机？ / 035

第三章　璀璨华年：白居易闲适诗中的享乐世界

一、从朝官变洛阳分司官 / 052

二、加入洛下园林客俱乐部 / 054

三、八二八至八三〇年的一日之计 / 060

四、八三一至八三三年的变故 / 070

五、八三四至八三八年的四时感兴 / 075

六、长安最长的严冬——八三五年"甘露之变"外溢洛阳的效应 / 094

第四章　洛阳园林／花会历史的定位争议

一、白居易的园记史诗 / 103

二、欧阳修、周师厚对洛阳花会的特写 / 128

三、李格非园林致亡论述的倡导——兼论洛阳牡丹花会的不可复制性 / 150

第五章　餐馆与外食族的出现

一、欧阳修：爱上京师馆子的饕家 / 180

二、汴州城物阜民丰 / 184

三、何以应酬诗集湮灭，其中序文独存 / 186

四、寻觅唐宋京城新式饭馆的踪迹 / 187

第六章　饯别宴：远行者和送行者的欢会

一、十一世纪送别序中再也不提饭馆的秘密 / 216

二、送别序文本中的励志话语 / 224

第七章　坊市：唐京城第一条商店街试掘

一、从宵禁的住宅区到城开不夜的住商混合区 / 266

二、东、西市外又新生坊市 / 268

三、"市廛""市肆""廛肆""坊间"等词出现的背后 / 279

第八章　幕落 / 287

参考文献 / 301

第一章
幕　起

大唐开成元年（836 年）夏天某一个深夜，洛阳城南的长夏门，一队值夜士兵在毫无盘查且打了招呼的情形下，让三个人自由进城。这三个人中，两人是抬篮舆的脚夫，一身短打的衣饰，浑身大汗淋漓。篮舆是一种只能搭坐一人的简易轿子。这时，安坐在篮舆中的人，经窗帷揭起那一刹那，在士兵举火照射下，现出一张眯着双眼、白发苍苍的脸孔，此人看似年近七旬，再由夏衫包覆的骨架看，身体相当瘦弱，这位老者没发出任何声息。守门士兵待进城三人走远之后，才轻声交谈起来。一位资深老兵向几位年轻兵丁说："看清楚了吧？刚刚通过的，是咱上一任河南府尹白大人……"年轻兵丁个个张大嘴巴："啊……这……"

　　没错，六十五岁的白居易是在三年前的四月，才从河南府尹职位上卸任。任府尹期间，白居易经常出游，几个城门的守门士兵都认得这位城主大人。这天晚上，白居易从龙门山香山寺园返回城内履道坊居所。这一趟路有十八里之遥，可真累死这两位抬篮舆的脚夫。其实半年前，白居易已升官至太子少傅，但城门卫兵仍视他为河南府尹。白居易安排一日游的行程节目，其背后是一种饶富贪玩、重玩到夜以继日的安于逸乐精神。这攸关书旨——"享乐"，极富代表性，请读者勿以等闲视之。洛阳是唐宋权贵安置房产宅第的优选所在，这些宅院竞相以豪奢园林标榜，并以此炫富。园林盛植四时花卉，这使东都（按：北宋时改称西都）洛阳有花都之称。权贵人物起落有时，当失权时最佳落脚之处是担任洛阳分司官。洛阳的官是清闲之官，几乎无公可办。这时，这些权贵化身为有闲有钱阶级，纵身跃入这花都提供的各种游乐节目。这些权贵中耽于逸乐最长时间的，要数白居易，他成了洛阳这大逸乐园的玩家达人。也亏得有他，才想出从洛阳家至龙门香山寺一日来回的旅游行程。更在归途的夜间，可于篮舆上趁机入睡，一点都没损失睡眠时间。这样精心计算的一日游行程，要考虑的计有路线、交通工具，以及配合洛阳城门开闭时间。这些都没问题，香山寺景点的享乐才大功告成。白居易这香山寺一日游行程的设想，是唐宋逸乐文化的一次突出表现，饶富当时休闲文化之极致的诸般意义，引发笔者高度关切。

各位读者难免奇怪，时值深夜，洛阳城门竟然是开着的，而且允许人自由出入。两京城开不夜而且城门不闭，是最近四十年的新生事物，此前帝国宵禁长达一百七十年。白居易白天出城游玩，与一般人无异，可在深夜自由入城，不是他官大、享有特权，而是一般人都可以，只不过他不需接受盘查罢了。还有，一天往返的游香山寺园方式，那么紧张到非得把回程安排到半夜，而身为游园客的白居易，适巧在交通工具上安睡度过。这有点像今天旅客搭夜车睡卧铺的情景。一日行程的游园方式如此斤斤计算时间，究是何道理？

九世纪的唐帝国，新生事物还不仅两京加上汴梁，有夜生活，可以自由出入城门而已。

有钱有闲人住豪宅，且宅第必有园，抑且是大型园林，是当时缙绅阶级竞相追求的居住必备门槛。而有朋将远行，则呼朋引伴为之办一场风光的饯别宴会，且必择京城（在唐代还包括汴州城在内）新式著名饭馆作为聚餐地点。像八一一年，洛阳府重要官员，社会贤达温造，即将赴任河北河阳军幕僚，一起到东门某名馆子参加饯行餐会。唐宋时的饯行餐会援例是赋诗大会，餐后食客交出席间各自创作的诗文，再加以汇集成联合诗稿集。不但如此，更要费心的是寻求可靠的印刷商，将诗稿雕印数十上百册，印成后以让与会者至少人手一册，以资纪念。所以，这样的餐会，包括文学创作、书籍印刷等文化活动成分在内。更重要的是，餐会主办者会央求一位国手级文豪，为此诗集写一篇序，附在书首地位。这样的序文，一律统称"××送别序"。这种因应饯别餐会而出版的诗集书物，在唐宋三百多年间，流通不知凡几，但之后亡佚散失殆尽，求其一部都不可得。然而，这类餐会诗集即使至今不传，但每部诗集书首的那篇序文，因系文豪所写，文豪都有诗文集传世，他生前写过的送别序，亦在其中、一篇不少。这样，唐宋文豪的送别序，就成了笔者追索唐宋饯别宴文化最有力的线索。每一场饯别宴行动，既是品尝家外美食的一次尝鲜机会，又是文学创作暨浇灌友谊给远行者的文化质地细致的场域所自。八一一年洛阳城内一群闻人／名流共同送行温造这次，为诗集写序的是韩愈，文中为蹭蹬多年的天下精英发声说："世有伯乐，然后有千里马。"这一句话一千二百多年来鼓舞多少被埋没多时的人才！这还没完，文士团体餐会后以雕版印刷送别诗集一事，让中国雕版印刷的历史多出一项光辉物事。原来学界以为雕版印刷史的起源是农民历和佛经这两类书打前锋，而文人个人或团体因耽溺于手抄本书籍之伟大的关系，并不参与雕版印刷的创制活动。如今，因本类书的发行，推翻了这流行多年的看法。

韩愈在前此的六年，即八〇四年，被贬至今广西北边的阳山县。于县令任上，为连州一位受贬难友所筑燕喜亭落成大典写记文，内中有云："仁者乐山，智者乐水"，成了千古以来寻幽访胜的山客水友朗朗上口的名句。这篇"亭／园记"文，更成了同代和异代的文学名家，奉为亭／园记的鼻祖。名家写亭记、园记，此后百余年实践不已，变成文化习惯。宋人于九八七年编成《文苑英华》时，追尊韩愈《燕喜亭记》，为此类文章的滥觞，等如加以认证。从此，亭／园记才被人意识到那是一种定型的文章体裁。唐宋名家接力耕耘这块文学园圃，发荣滋长的亭记、园记名篇无法胜计。亭／园记文既是唐宋大型园林遗迹的见证，又是当时公共论述的重要文化载体，里面蕴含不少政治意涵。这些文化遗产成了今日研究者予以译码的重要对象。这里，我要呼应前述八三六年夏天白居易安排一日游龙门山香山寺园那件事。白居易年轻力壮之时，在庐山、杭州西湖和湖州白苹洲，甚至自家洛阳履道坊私宅园林，都留有从事公共论述活动的亭记、园记之类的文章。但到了晚年，白居易由公转私，就弃绝了这类属于偏公共领域的文化活动，他改而大写特写游园林诗。至此，同样是园林，却有两种表述。

园林不只是公共领域的发声媒介所在，而且是颐养余年的日常生活凭借或措施。唐宋名公巨卿从政一生，为的是退藏园林居所，一生积蓄尽在倾力经营一座大型园林。但通常都事与愿违，这且不去说它。少数有福分可在自家园林安享晚年的人之中，以白居易最称福泽深厚，如此黄金晚年长达十七年，相形之下，在颍州拥有数百亩田产的园林主欧阳修，只纳福年许便往生了。健康良好时便歌咏园林生活至死的生活达人，自数白居易，不作第二人想。白居易实际享有乐活人生十七年，更重要的，他留下大量诗篇，多方再现他的日常园林生活。这还不算，白居易的时间感毫不紧迫，以身居全国园林重镇所在的洛阳，名园多不胜数，但园林主多因工作关系不在家，这些园林几乎悉数交由常住洛阳的白居易代为游赏，并遗下诗篇不少。这样的白诗，其实与记游文无异。所以，白居易不仅是货真价实的自家园林主，更是他家园林的老园林客。

白居易以诗记游，难以满足后代想窥伺高贵洛阳人生活究竟的欲望。于是乎，以散文而非以诗句作记录的行动者，便应运而生了。他们比白居易以诗记录的年代（828—846年）晚了百来年，计有一〇三三年欧阳修发表《洛阳牡丹记》、一〇八二年周师厚发表《洛阳花木记》，以及李格非在十一世纪九十年代（具体应在一〇九五年或一〇九六年）写成《洛阳名园记》等文化行动。从九世纪中叶至十一世纪末的洛阳园林或花卉书写文化活动，持续不断。用散文叙写园林／花卉，有时在笔记小说中，只有内容没有命题的。在此，像唐代段成式于九世纪七十年代，记载长安牡丹移植、栽植情形，该文倘赋予命题，我会称之为《长安牡丹记》。又如北宋张邦基有叙写陈州花农栽培牡丹成功之后自行毁灭的经过，我帮作者之文冠上题目，称之《陈州牡丹记》可也，此事发生在一一一二年。所以，叙写园林／花卉文化活动的文本，有的作者有命题，有的则没有。但无论如何这类文化行动，被人意识到之后，便出现记叙的文化活动。这一文化脉络，由唐入宋，一脉相承，清晰可见。

大型园林作为私领域及其日常性，是不容今之研究者忽视的议题。它跟园林作为权力资源（power reservoir）的公共领域性同样重要，只是在数据呈现上，比较隐晦，需要研究上的先进装备，才能解读成功。

以上，本书在史料使用上，有亭／园记、送别序、游园（林）诗、花谱（欧阳修和周师厚的洛阳花木记文），以及标榜将洛阳名园一网打尽的《洛阳名园记》等各式文本，可供笔者分析之用。另外，指标性行动者作为上，笔者列举了八三六年夏天白居易龙门山香山寺园一日游行动、八一一年韩愈为洛阳名人饯行餐会的记事诗集写"送别序"文、八〇四年韩愈为连州燕喜亭园落成写亭记，白居易晚年为自家或他人园林写过无数记游诗，以及十一世纪三十年代至九十年代有欧阳修等三位文士，聚焦洛阳园林和花会文化的纪实写真行动等文化作为。

这些主要涉及九至十一世纪上层社会的特定居住文化与外食饯别餐宴文化。但外显的文化现象，其实牵扯到下层社会的各色人等，计有花艺农事专家、管园园丁和司阍、外食餐馆主暨职业厨师、印刷店主和工人等。当然，这些下层人士少有数据遗世，但我尽可能捕捉其身影。此外，上层精英中可享有住有园林豪宅、食有京城名餐馆所供美食菜肴的奢侈生活。园林主在物质生活上应有尽有，对自己的享乐毫不含糊、一丁点都不打折，自不消去说它。文化／政治精英也不尽然如此自私，他们对于自认候补团队成员，亦即新世代，无论在科举不第必须返家见父老，或是官场沉浮多年如今又要调职他去的受挫一刻，他们还是借餐会予以慰勉。其实慰勉词语的背后是巩固体制及对它的信守。如此，自己享乐，对受挫后生或同僚勉其励志不磨，说穿了都是坚持既有体制的表示。饯别的对象也不全然是一时挫败者，也有是要攀关系、拉交情的对象，这在送别序文本中就难免言不由衷了，这便是后代所诟病的应酬文章。

励志的文化，是同一阶层上位者对下位者的模塑行为，只有输出和接收这样的文化模式。但高层缙绅的园林享乐上，原本作为支持系统的花农或是缙绅阶级派生的歧异分子，出现反抗和抵制的行动，这就很不寻常了。当然，园林在公共领域层面，是唐宋政争延伸出去的另类战场。这倒是相当有趣。

今天，豪宅的奢望仍在，但豪宅的标准不如唐宋型的远甚。上街吃馆子从中唐绵延至今不替，在馆子中为朋友饯行之风依旧，但每位送行者要对远行者赋诗一首，兼且要请一专人舞弄笔杆、以资纪其盛的序文一篇，这可难倒我们现代知识中人了。这些是历史大变迁的一面。想以今视昔，还蛮困难的。这个困难工作就交给我等历史学家。各位看倌坐妥了，只消翻读我这本书，保证轻易进入那遥不可及的唐宋文化世界。

我们这列历史火车即将带领各位读者远行至异地他方了。

第二章
巨型园林：政海沉浮真情告白所在

拥有庭园已是许多现代人永远不能企及的梦想，能够实现这个现代人梦想情境的时段，反而是在八至十二世纪之间。本章重点不在关心庭园美学问题，[1] 而在于作为一个场域的庭园，它在文化、政治，以及经济等层面上产制的意涵。特别在文化上，拥有庭园的古人其心灵结构究竟如何，正是本章探讨的重点。庭园作为一种物质文化的载体或形式，它是如何发生的，更是不容笔者忽视的重大问题。而这样的物质文化究系一元或多元发展，而不管如何发展，其中是否有结构性的变迁存在等等。为了解答上述问题，且让笔者从一位伟大的庭园品评者欧阳修讲起，当作本书的切入点。

---

1. 关于论中国园林艺术之著作，以通史而言，可参考张家骥《中国造园史》（台北：明文书局，1990）。又，以断代史而言，中国园林起于汉代前后，至唐以前，魏晋南北朝时，少说已绵延六百多年。这期间的园林文化研究，可参考徐华《东汉庄园的兴起及其文化意蕴》，《南部学坛》卷22第3期（2002），页1—7；王次澄《〈山居赋〉与始宁墅庄园文化》，收载《魏晋六朝学术研讨会论文集》（台北：东吴大学中文系，2005），页201—244。而唐代的园林艺术，可参考李浩《唐代园林别业考论》（西安：西北大学出版社，1996），页3—122，该书页140—297，为罗列个别园林所在，此数据甚为珍贵。而唐宋园林通观者，有杨晓山 *Metamorphosis of the Private Sphere : Gardens and Objects in T'ang-Song Poetry*（Cambridge : Harvard Univ., 2003），此书于二〇〇九年由文韬译成中文，由江苏人民出版社出版。再者，关于园林美学，中国实践到明朝中叶，才有一位叫计成者，整理成理论，出版《园治》一书。张家骥予以释义，刊行《园治全释》（太原：山西古籍出版社，1993），读者可以参考。

一、欧阳修：观景文化的承先启后者

欧阳修在因仕宦囊丰之后，就在他四十三岁那年，相中颍州作为他修筑庭园的据地，他买了二三百亩（请留意这数据）的土地筑园。他看中该地设园的理由，据他一篇文章中说，不只是该地风景殊异，最重要的是州城外有一潭清澈的西湖，而且该地富于人情味也相当重要。[1] 他更力邀生平至交梅挚来结伴做邻居。欧阳修园林修筑好之后没住多久，因调职当京官，少有机会享受园林佳趣，直到他晚年退休，才在那儿住到老死。尽管他生前替别人庭园写了不少吹捧的文章，但对自己的庭园却吝于一提，倒是透露一丝古怪。

中国私有大型庭园修葺风盛，大抵兴于唐代，而且集中在长安、洛阳两京。日常庭园观赏的文化活动无日不在两地进行，这是退休官员生活重心之一，当然是日常生活的一部分，不过退休官员或享寿甚促，这类日常游园行动很少形诸文字。反倒是在职官员遭遇非常，而有撰文记事之举。这种撰文文化活动，是本章取材所自。而记述该种文化活动的文类（genre）叫"亭记""园记"，"亭园记"则是稍后的事。文类的定型与文化活动的常态化、模块化是相生相伴的。在欧阳修有能力修筑庭园的前夕，《昭明文选》唯重贵族品味文学的典律（canon）魔力仍在，欧阳修所领导的古文运动尚感受到对手文学阵营的压力。《昭明文选》是总结六世纪之前文学文化的品味准绳，这之中并未有亭／园记这种文类，能找到的只是赋

---

1. 参见欧阳修《欧阳修全集》（台北：世界书局，1961）卷 44，《思颍诗后序》，页 302，《续思颍诗序》，页 303—304。

体《山居赋》[1]之类的非散文体文章。还有，古人在风景佳处，建亭提供休憩和聚会，这是公共空间建亭，非属私有。在谢灵运之前，东晋王羲之即借兰亭会友宴饮，而留下《兰亭集序》一文，备载其事。本章所举唐宋庭园多是私属，却免费供人玩赏其中，此其一。其二，唐宋私人庭园是超大型规模，有异于日后明清苏州的小巧型庭园。当然，人们借景著名风景区，并在附近一角建亭之事，唐宋人亦有所承袭，但非本章侧重点。

图 2-1　欧阳修书迹，《灼艾帖》

　　唐宋超大型庭园打造不易，维持更难。这类举动约于九世纪初，或更早一些时候启动，从此延续一百七十多年，至迟于北宋初经人

1.参见谢灵运《谢康乐集》（台北：商务印书馆，1969）卷1，页1—16，即有以《山居赋》为题的篇什。

查觉，由宰相李昉领衔，在编辑《文苑英华》[1]一书时，便将亭／园记列为一种文章体裁。不过，唐代文人针对建物（包括亭、堂、阁、榭在内）发而为文，只及建物本身。直到八〇四年，韩愈写亭记，才将写作重心及于修园主操行。在此之后，有作者将为文重心置于园所在地点相关历史上面。这是文体相同，却内涵生变。

杭州西湖公园审美品味的变异

欧阳修在为人写的亭／园记文本中，以《有美堂记》对于他的精神涵养至关重大，值得先予注意。关于园林记趣这类体裁的文章，发展出标题为亭／园记的固定格式，已如前述。但园林中的人为构筑，除了以亭作为全园的转喻（metonymy）之表达方式之外，亦可用园中其他人工构筑，诸如台、楼、堂，更至水池之类，作为全园的代称。欧阳修的《有美堂记》是为好友杭州知州梅挚在西湖畔盖了座公园而写的作品，其中人工构筑之一为有美堂。嘉祐四年（1059年），欧阳修在亲览梅氏所寄园图之余，写了这篇堂记以祝贺完工之喜。在该文中，欧阳修论及天下聚落，既是经济重镇可提供丰富物质生活，又兼具天下之美的，厥为杭城莫属。亦即，在欧阳修的指证之下，杭城不仅有城市人文荟萃的一面，又兼有自然景致足以夸傲天下的另一面。这样的城居生活自是欧阳修人生理想所萃聚。

---

1. 据凌朝栋《文苑英华研究》（上海：上海古籍出版社，2005），页26，说此书从九八二年起编，于九八七年初编成。于页44—45，作者又说，此书先后于一〇〇七年和一〇〇九年，经两次校勘。

文中，欧阳修先是论述杭城作为观光城市的独特性，继而指出举城所有风景点中，有美堂坐落地点的优越性。从这两点可以看出欧阳修园记文本所蕴含的文化论述（cultural discourse）。

先说杭城独特性这一点。欧阳修说当时全中国中，原先可危及杭城独特地位的另一城是金陵城（今南京城），同样是人文荟萃又兼具山川之美。何以在地位上杭城高过金陵呢？这是因偶发政治因素所导致。原来在五代时期中国处于分裂状况，杭、金两城分别是吴越国和南唐国的首都。在共同面对北宋要求合并的政治压力之下，吴越国选择归顺，而南唐国则力主抵抗。结果，金陵城因遭兵燹而毁灭，杭城则完好如初，市容丝毫不受政治变天所影响。据欧阳修描述杭城的政治选边所造成的市尘不惊的好处如下："独钱塘（按：杭州城即吴越国之代称）自五代始时，知尊中国，效臣顺，及其亡也，顿首请命，不烦干戈。今其民幸富完安乐。又其俗习工巧，邑屋华丽，盖十余万家，环以湖山，左右映带，而闽商海贾，风帆浪舶，出入于江涛浩渺烟云杳霭之间。可谓盛矣。"[1] 杭城的人文和自然兼美之形胜之所以不受政治变动所影响，照欧阳修看来，是杭城当权派遵循大一统政治论述的结果。这样，讲一座官立公园，可以扯出背后一座城的命运，更扩而及于全中国的大一统政治信仰。原来宋人景物观赏的精神活动中还可再生产大一统的政治论述，如此，"游园不忘政治"这样的大历史叙述就呼之欲出了。这种观赏景物文化活动之余，又复制大一统政治论述，是否为唐宋游园文化的重

---

1. 参见欧阳修《欧阳修全集》（台北：世界书局，1961）卷40，《有美堂记》，页281。

大分野呢，有赖笔者底下继续分析。

再说有美堂园址的优越性。的确，杭城西湖畔的公私园林早就不胜其多，何以后起的有美堂园可以后来居上呢？据欧阳修的说法，所有景点只取风景殊胜这点，遗漏了与杭城人为屋宇互相搭配这种协调景致。大概有美堂园坐落点是杭城高级住宅区吧，附近建物群与山水组构出最协调的城市空间。这层道理，文中如此说，名公巨卿建园者都"喜占形胜，治亭树，相与极游览之娱。然其于所取有得于此者，必有遗于彼。独所谓有美堂者，山水登临之美，人物邑居之繁，一寓目而尽得之"。[1] 欧阳修讲完这层道理，整篇文旨这才跃然而出："盖钱塘兼有天下之美，而斯塘者又尽得钱塘之美焉。"[2] 原来，欧阳修审美意识中独标自然必须配合人文，这种文化论述是在扩大景物观赏的视野。

早在欧阳修撰写《有美堂记》之前，任过杭州刺史的白居易于长庆三年（823 年）写了篇《冷泉亭记》，是为历任杭刺所造公园的第五座而写。白氏认为这五园已分占西湖畔最佳景点，使他找不出第六座园址。他是这么说的："五亭相望，如指之列，可谓佳境殚矣，能事毕矣。后来者，虽有敏心巧目，无所加焉。故吾继之，述而不作。"[3] 他仔细比较五园，认为灵隐寺畔冷泉亭园为第一，所以他才写了这篇亭记。纯就景致作为品评园林的标准，白氏或许别有见地，但欧阳修的品园标准则有异于白氏者。梅挚的选址就是自然与人文兼具，如此推翻了白氏观园之论，才有一座新园的诞生。

---

1. 参见欧阳修《欧阳修全集》（台北：世界书局，1961）卷 40，《有美堂记》，页 281。
2. 同上，同页。
3. 参见白居易《白居易集》（北京：中华书局，1999 六刷）卷 43，页 945。

总之在立论上，欧阳修的堂记颠覆了白氏的亭记。

欧阳修颍州园林保密探微

然则，欧阳修在实践层面上，他的实际景物观赏层次似乎与他所高揭的文化论述不尽相符，这是缘何致此呢？前述已及，欧阳修的家园兴筑既非故乡的江西庐陵城，也非他心目中世界第一（按：就其当时世界观而言，非指今天吾人所知世界）的杭城。如果说，欧阳修颍城园林与杭城诸园有其相类之处，端在颍城是座滨湖城市，该湖之名一如杭城者然，亦叫"西湖"。话说欧阳修晚年，即便已经退休，犹不忘情政治。北宋政治中枢在开封，城中王公巨卿在城里城外大治园林者所在多有。就欧阳修看来，首都欠缺湖山自然景致，徒有人文繁盛这点罢了，还不如西京的洛阳。洛阳除了遗有唐代的园林之外，又有宋代新建的园林。欧阳修曾就洛阳的赏花文化，即观赏园林景物的活动，以追记历史的笔法完成《洛阳牡丹记》一书，这是他继承唐代景物观赏文化的明证。对此，我将在第四章再作探讨，[1]此处不赘。我只要强调一点，都会的园林寄情休闲活动，依欧阳修看来，洛阳优于开封，只是他不明言罢了。即令如此，他优选颍城而弃洛城，一时原因难明。他的朝中同僚退休多选洛城隐居，唯独他不与同僚为伍，另选毫无园林观赏文化的颍城，由他自行建构观赏文化。

颍城和开封之间大约是数日车程距离，这对于掌握京师政治动向，以及远离政治风暴中心此二点而言，一方面那是一个良好的安

---

1. 详见本书第四章第二节。

全距离，另一方面又处在可及时得知政治安危的信息畅通管道上。欧阳修晚年虽隐遁颍城园林，但因诸子常住京师府邸，他依旧熟知政治中枢的各项消息。他透过长子作为其京师代理人的身份，仍然在政治圈中有所活动，影响力还是不可小觑的。政坛中的交结和馈赠礼品照样由其长子代为执行。[1]

为了与政治保持若即若离的关系，倘若选住天下至美的杭城以实现其观赏景物的最高理想，就会因杭城距离政治中枢格外遥远，而自然被打消。基于以上考虑，颍州居所不失为兼顾政治和观赏（庭园）的最佳居址。这或许也可解释他对于颍城家园不着一字，以免泄露玄机之处吧。

滁州两亭浓浓政治味

描述类似杭城有美堂之类公园性质的文本，欧阳修身任滁州知州期间，曾撰写过两篇，即《丰乐亭记》和《醉翁亭记》。先看写于庆历六年（1046 年）的《丰乐亭记》。滁州地形险要，非处交通要冲，居民以务农为生，与外界少有往来。欧阳修在州城百步之遥修建一处公园[2]，该文本叙及风景处，只谈眺望山林和谛听泉水，

---

1. 参见陈铭《唐宋八大家传 (3)——欧阳修》（广州：广东高等教育出版社，1998），页 174。
2. 此处所指公园，指的是虽系私人修筑，但有条件开放给一般人观赏。这与中国近代以来完全由公家出资所修之公园，在意义上有点区别。但以"公与私"的历史脉络看，古今公园亦有其一贯文化宗旨之意涵。对此，请参考侯乃慧《唐宋时期的公园文化》（台北：东大图书公司，1997）。所以，我的"公园"用法不致太过突兀，既然有学者早已用"公园"一词定义可公开给人观赏的私人出资园圃，我们何妨传承这一学术研究成果。

此外便是注意四时景致的变化，如是而已。可说写景处不过寥寥数语，该文本较让欧阳修费辞的是政治论述的文化讯息传递，属于政令倡导的性质。欧阳修先是说他与滁州人可以在丰乐庭园观景共乐，继而笔锋一转要读者知所饮水思源。这个源头不是别的，正是宋太祖百年前率军进攻南唐，致令全国统一的一次重要战役发生在滁州，这是滁人享有百年承平岁月不可不知的一页历史。文本旨在点出"圣人出而四海一"[1]的大一统信念政治论述，以便与文末"夫宣上恩德以与民共乐"[2]相呼应。观赏景物可以导引出一段建国史大叙述，并借此点醒滁民皇恩浩荡，不可或忘。欧阳修与民同乐其背后政治意图如此鲜明，景物观赏文本所承载的文化讯息又何其不可承受之重。

游个园、观个景的休闲活动背后的文化意涵如此政治，欧阳修在另篇《醉翁亭记》中稍稍去之，这一文本的赏景兼记游是叙事重心所在。该园在滁城外山中，是可一日来回的风景点。园中灵魂所在是在可供酿酒用的甘泉处，矗立一座亭，欧阳修于其中宴客、弈棋，以及听乐队演奏，此外亭畔可玩鱼钓和射箭的游戏。这些游戏节目当然是依附该园景致而兴，文本对于林泉景致随朝暮和四时有所变化着意点出，使人印象深刻。赏玩之间主从分明，欧阳修才自称"醉翁之意不在酒"。[3]文末叙及游人因观景而乐，对照禽鸟因山林而乐，是不同的。这是因为禽鸟的快乐层级极低，无法理解

---

1. 参见欧阳修《欧阳修全集》（台北：世界书局，1961）卷39，《丰乐亭记》，页275。
2. 同上注。
3. 参见欧阳修《欧阳修全集》（台北：世界书局，1961）卷39，《醉翁亭记》，页276。

人类观景所兴的快乐。同理，表面上郡守欧阳修与客同乐，但彼此快乐的等级却有高下：宾客只是因观景而乐，欧阳修则更进一步，因宾客之乐而乐。所以，他不着痕迹地点出："人知从太守游而乐，不知太守之乐其乐也。"[1]父母官安排文化活动带给居民快乐，是高段的政治，这在民主的今天已是政治常识，但在传统中国少有知其理者。欧阳修的（观赏）文化政治何其有先见之明。

文化的基础乃经济

欧阳修另有一公园园记的文本，即《真州东园记》，在叙事结构上相当特殊。这座公园坐落在江淮两浙荆湖发运使治所的真州城（在扬州西南近长江畔，有运河支流经过），原系扬州府辖扬子县，后升级为州。就在原监军废营营址中，发运使许子春因公事上京之便面谒欧阳修，当场出示园图，并请求欧阳修为该园写一园记。上述前情构成该文本三个组合的序章。于次章处，欧阳修则直接征引许氏当场对园中布局的说明。于末章处，欧阳修又直接征引许氏请求作记的目的，在于借公园招待四方之士以共乐，非独官府主官独乐。

欧阳修于这两段征引之后各有申论。针对次章的申论，欧阳修认为事主凭绘图的说明，只能再现该园人工景致部分，而无法再现自然景致。此其一。其二，观赏景物随人自得，事主所言只是他个人观赏之得。这样的见解值得征引于下：

其物象意趣登临之乐，览者各自得焉。凡工之所不能画者，吾

1. 参见欧阳修《欧阳修全集》（台北：世界书局，1961）卷39，《醉翁亭记》，页276。

亦不能言也。[1]

引文中"物象"一词即今言"景物"，而"意趣"类今言"怡情养性"。其次，图像再精细亦只能及于建物群形成的结构空间，而无法再现自然景致之奥妙。

针对末章的申论，笔者益见欧阳修观赏景物之洞见往往超群绝俗。按说事主说出筑园是为与四方之士共乐，已见其公益之心，足资后人凭轼致敬了。不料欧阳修挖空心思又另行建构一层文化论述。欧阳修指出，四方之士得以到园中与发运使及其僚佐共乐的背后，其实是发运使功勋卓著，致使辖下六个行政区的民众有丰足的经济生活，抑且在消除了各地愁怨之声前提下，他才有余裕大治园林。这是文化活动建立在经济丰足基础的一种论述。发运使是财经官，这样说来，财经官的事功所缔造的经济繁荣，是社会文化发展的动力。

事实上，欧阳修提出经济乃是文化活动的基础这样的论述，早在二百一十二年前白居易的《白蘋洲五亭记》一文中，已着先鞭。在唐代，湖州城外雪溪的沙洲，叫白蘋洲，刺史杨汉公规划了三座园，中置五亭错落其间。杨氏请人送图给白居易在撰写"亭记"时以资参考。白氏于"亭记"中除了叙写园中景致外，于末尾以占全文四分之一的篇幅，论述了经济是文化活动的驱动力。当然，这个经济驱动力是杨汉公的善政有以致之。白氏的说法使笔者相信，欧

1.参见欧阳修《欧阳修全集》（台北：世界书局，1961）卷40，《真州东园记》，页279。

阳修论述脱胎于此：

> 杨君前牧舒，舒人治；今牧湖，湖人康。康之由，革弊兴利，若改茶法，变税书之类是也。利兴，故府有美财；政成，故居多暇日。是以余力济高情，成胜概，三者旋相为用，岂偶然哉？谢（灵运）、柳（恽）为郡，乐山水，多高情，不闻善政。龚（遂）黄（霸）为郡，忧黎庶，有善政，不闻胜概。兼而有者，其吾友杨君乎？[1]

　　引文中，"高情"和"胜概"指的是具有观赏景物的文化素养，"善政"指的是改善经济条件的施政能力。有学者指出，杨汉公治湖州，从开成二年至四年（837—840 年），杨与常州刺史合作制作紫笋茶，上贡皇帝，由于有期程压力，杨向朝廷请求宽限时日，诏从之。[2]据此，杨氏于上供茶之事，同样考虑湖民之辛劳。这与杨设亭于白蘋洲，实现与民同乐，是相同的施政之举。

发皇家庭／家族价值

　　从以上欧阳修四则公园园记文本看来，凡欧阳修用以借题发挥的，大抵是攸关既有体制的意识形态或是士大夫价值观。欧阳修另为前述许子春发运使所写《海陵许氏南园记》，是属于一则私有园林的文本。

---

1. 参见白居易《白居易集》（北京：中华书局，1999 六刷）卷 71，页 1495。
2. 参见胡耀飞《贡赐之间：茶与唐代的政治》（成都：四川人民出版社，2019），页 45—46。

这一园记所述可谓完全文不对题，明摆着是园，却不去说它，说的全是园主其才其德。关于园主之才，欧阳修集中叙述其财经专长，足使其辖区七十六州年有羡余。欧阳修继而再调转笔锋说，凭此才具经营数亩大的园林，实在是大材小用，也无从彰显其事功于万一。关于园主之德，才是欧阳修恺切要诉与园主乡人听的。园主年幼便父母双亡，从此事长兄长嫂如父母，文本底下具体讲他如何尽孝兄嫂之事。他上有兄下有弟，乃父去世当荫一子为官，他得兄弟相让出而任官，从此他待诸侄如自己所生。有一次遇亲子和侄儿同病，又逢职务所在需上计京师，乃偕子侄同行，且沿途照料两位病童，结果亲子死于途中，这是讲许子春如何对兄弟守悌的实例。总之，欧阳修着意点出，许氏个人成功和家族兴旺的背后，缘于其人能恪守孝悌之道，这是家庭价值。欧阳修这时出而告诫许氏乡人于临园观赏之余，莫忘此一家庭价值：

> 海陵之人过于园者……思其宗族，少长相从，愉愉而乐于此也。爱其人，化其善。自一家而形一乡，由一乡而推之远迩。[1]

据此，欧阳修的社会教化论述可以得出如下结论：有能力治具庭园的人，象征家族伦理之体现。而乡邻教化更可依赖此园主家族伦理之表率而获至成功。

还有，欧阳修在撰写许子春公私两园林的文本中，都将注意力

---

1. 参见欧阳修《欧阳修全集》（台北：世界书局，1961）卷40，《海陵许氏南园记》一作《园亭记》，页278。

聚焦在观赏者身上，这表示欧阳修非常注意他潜在的读者群。他企图影响观园者之心，动机昭然若揭。这部分是赏园者与亭／园记文本作者，是否在游园文化上同样心态的问题。这在笔者想破解文本作者诱导读者／观（园）者的效益方面，是高抑低的部分，可惜这传播效应，一时是无解的。

欧阳修从一座园林竟可论述出人间道德王国，这事何等神奇。中国中世纪的文士从景物观赏中促使人事之义理的浮现，才是景物寄托人类情思的主轴。这类人情义理的不断复制，在笔者看来，无非是在巩固既有文化边界。这是我解读欧阳修五则园记文本所得的浮面印象，是否具有时代代表性，还有待我底下继续追索。

二、A型园林政治学：借风景疗愈利禄疯疾

欧阳修的园记文类不论公私，都是出以一种正面表述的姿态。另有一种公私园记文类有着针对逆境人生的精神疗愈作用。

许多政坛失意的文士透过修筑公私园林，获至通过人生逆境的考验，他们在自然世界中找回自我，从而超越了文士非得在政治世界中寻求人生意义这样的传统观念。同样遭贬，韩愈透过各种文体哓哓解释，甚至不惜奴颜婢膝表明忠诚如初，用以乞求当局原谅。[1]韩氏什么文体都能写，独独于亭／园记的文类，传世的仅有一篇[2]，这是否表示韩氏于亭记文类非其所长？留下一个疑点给后人。这是

---

1. 参见韩愈《韩昌黎集》（台北：商务印书馆，1969）七，表状，卷39，《潮州刺史谢上表》，页37—39。

2. 参见韩愈《韩昌黎集》（台北：商务印书馆，1969）四，杂著，卷13，《燕喜亭记》，页9—10。

他不具观赏景物文化的审美品位，还是他自有其超越人生困境的策略，而无须借助亭／园记来借景抒情，需要多方考索才能解答，此处不赘。但无论如何，在北宋初，由李昉领衔编辑的《文苑英华》一书中，已收录了韩愈所写亭记。只是有别其前贤之处，在于他是

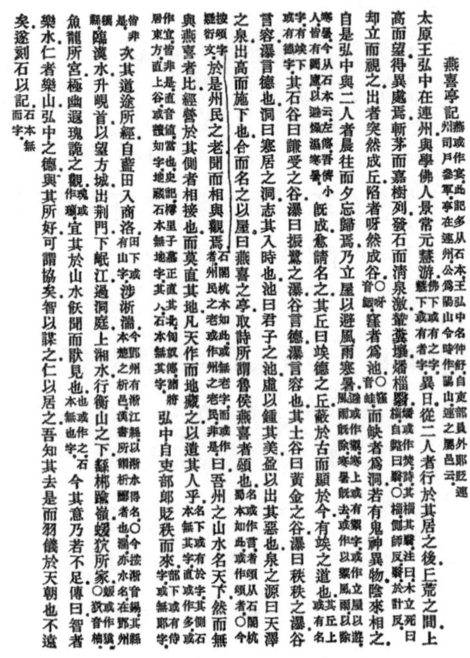

燕喜亭記（燕或作宴。此記多从石本。王弘中名仲舒，自吏部員外郎貶連州司戶參軍。亭在連州。公為陽山令時作。陽山，連之屬邑云。）

太原王弘中在連州，與學佛人景常、元慧游。（佛下或有之字。慧下或有者字。）異日，從二人者行於其居之後，丘荒之間。上高而望，得異處焉。斬茅而嘉樹列，發石而清泉激，輦糞壤，燔椔翳。（燔或作焚。詩：其椔其翳。注：木立死曰椔，自斃曰翳。○椔，側師反。翳，於計反。）卻立而視之，出者突然成丘，陷者呀然成谷，（○呀音𧮰。）窪者為池，（○窪音蛙。）而缺者為洞，若有鬼神異物陰來相之。自是弘中與二人者晨往而夕忘歸焉，乃立屋以避風雨寒暑。（避或作禦。寒上或有禦字。或作立屋以避風雨，既除寒暑，既去。或作以禦風雨，以除寒暑。今从石本云。左傳：晉僑小人，皆有闕廬以避燥濕寒暑。）既成，愈請名之。其丘曰竢德之丘，蔽於古而顯於今，有竢之道也。（其丘上或有名字。竢下或有德字。）其石谷曰謙受之谷，瀑曰振鷺之瀑，谷言德，瀑言容也。其土谷曰黃金之谷，瀑曰秩秩之瀑，谷言容，瀑言德也。洞曰寒居之洞，志其入時也。池曰君子之池，虛以鍾其美，盈以出其惡也。泉之源曰天澤之泉，出高而施下也。合而名之以屋曰燕喜之亭，取詩所謂魯侯燕喜者頌也。（名或作言。者頌从石、閣、杭、蜀本如此。或作頌者。○今按：頌字疑衍文。）於是州民之老聞而相與觀焉，（石、閣、杭本如此。或無老字，而或作者。州民之老或作州之老民，非是。）曰：吾州之山水名天下，然而無與燕喜者比。經營於其側者相接也，而莫直其地。凡天作而地藏之，以遺其人乎？（名下或有於字。其側石本無其字。直或作多，或作宜，皆非是。直音值，當也。史記：樗里子墓正直其北。匈奴傳：諸將居東方，直上谷。或讀如字。地藏石本無地字。其人石本無其字。）弘中自吏部郎貶秩而來，（部下或有侍字，或無郎字，皆非是。）次其道途所經，自藍田入商洛，（田下或有山字。）涉淅湍，（今鄧州有淅江縣，以淅水得名。○今按：淅音錫。其縣本楚之析邑，漢書所謂析酈者也。湍亦水名，在鄧州。）臨漢水，升峴首以望方城，出荊門，下岷江，過洞庭，上湘水，行衡山之下，繇郴踰嶺，（繇音由。）蝯狖所家，（○蝯或作猿。狖音柚。）魚龍所宮，極幽遐瑰詭之觀，（瑰或作瓌。）宜其於山水飫聞而厭見也。（也或作之。石本無也字。）今其意乃若不足。傳曰：智者樂水，仁者樂山。弘中之德與其所好，可謂協矣。智以謀之，仁以居之，吾知其去是而羽儀於天朝也不遠矣。遂刻石以記。（石本無而字。）

（出自《韩昌黎集》［台北：商务印书馆，1965.3 台一版］四，杂著，页9—10）

图 2-2　亭／园记文类的始祖：《燕喜亭记》

韩愈生平第一次遭贬边荒，任阳山县令，属连州治下，遇同样难友王仲舒，任连州司户参军。王仲舒于连州城外风景区建亭，韩愈凑趣，请求对山谷邱洞和亭屋，加以命名。王同意之下，才有燕喜亭之名。在亭竣工并命名之后，有资深州民参与观亭之举。韩愈为文记其事，于文末发挥“仁者乐山，智者乐水”之旨。这是中国亭／园记文本，将山水勾连园主德操的创举。

第一位调转笔锋，从亭园本身转到亭园主情操的作者，这点是韩愈改变历史之处。可笔者回视与韩愈同时代，也同处贬谪岁月的柳宗元，则又明显与韩愈不同。柳处在遭贬的人生逆境，用所写亭／园记来疗伤止痛。

唐代两大诗灵打造自然疗愈心灵论述

众所周知，柳宗元经历一场宫廷政变[1]之后，被贬到永州，他在那里疗伤止痛，写下了脍炙人口逾千年之久的八篇游记。之后他被调回中央，才两个月很快又外调柳州。此处只是比永州稍见有人烟的边荒所在。他这次疗伤止痛的办法不是靠游玩山川之暇写点游记文章，而是自己动手去规划、修筑一座园林。这座园坐落在离州城某城门左行二十六步的一块弃地上。园成之后，他写了篇《柳州东亭记》。此一亭记文本由两部分组成，前一部分讲他如何因地势之宜而造园，该园临江，故可当作湖看待，园中又有崖谷，则山景也是现成的。他还架设了一座悬空的桥可以既俯览江，又仰望山。后一部分写他筑了四个独立屋宇，因应早晚天气不同以及冬夏气候之差异，而机动选择居处。这样，人居处其中不仅冬暖夏凉，而且随时日推移，亦可根据需求选择作息的室宇。这也是利用不同功能居处来适应大自然的变化。

---

1. 关于这场政变，当时以"永贞内禅"称之，今人中有称之"二王八司马事件"，指的是改革派十位核心人士。参见卞孝萱《试述王叔文集团的任人唯贤及其局限性》，《西北师院学报》（1983.02），页63—72。

以上两部分是靠底下一句论说来连缀成篇的：

当邑居之剧，而忘乎人间，斯亦奇也。[1]

这是类同陶渊明大隐隐于市的境界："结庐在人境，而无车马喧"。园林居所就在他办公的州城旁边，他一边处理公事，却因私生活空间与自然相调适，使他不记得他尚处身人间。这是柳氏赖园居而使精神境界抬高到可以超越人世荣辱得失这类的斤斤计较。然而，实际上排遣归排遣，升华自升华，哪有那么容易克服挫折？同时，痛苦还是在，创伤虽愈但伤痕犹存。柳氏牧守柳（州）期间，他有首思乡情切的诗，如此说："海畔尖山似剑铓，秋水处处割愁肠。"[2]这透露柳氏魂牵梦系的依旧是故园。最后，宗元死在柳州，无缘回返京师政治舞台。

柳宗元的《柳州东亭记》写成于元和十二年（817 年）九月，就在他大肆整建园林于岭南的同一时间，无独有偶，另一位诗灵白居易看上江州（今九江市）州城郊外的庐山，花了几个月时间完成一座简易园林，白氏称之为"草堂"。

就在同年四月，白氏大肆宴请宾客于草堂，事后他写了篇《草堂记》。白氏这次遭贬江州，位置不若柳州偏僻，但官位只是江州

---

1. 参见柳宗元《柳河东集》（台北：河洛图书出版社，1974）卷 29，《柳州东亭记》，页 477。

2. 参见柳宗元《柳河东集》（台北：河洛图书出版社，1974）卷 42，《与浩初上人同看山寄京华亲故》，页 692。

州政府的幕僚司马一职，而非主官。这样的人事安排，意思是说，他可以不用像柳宗元那样在身心俱创之余，还得勉力从公，他以闲差事一职专心经营他的庐山园林。该园距离州城有段距离，既费时不说，又涉及上下山岭，需要充分体力，如果公事缠身，又何能常常往返于办公室与园林之间？这点他应感谢其主官的体谅。

《草堂记》文本是个长篇。整篇约当五分之三的篇幅，叙述园林处在风景绝胜的庐山中，整个园借助天然，人为设施就只有一栋屋宇。而屋宇本身和内部陈设，俱以素朴简单为主。像内部陈设有榻床四张、屏风两扇、漆琴一张，以及儒道佛三教书籍各若干卷。他当然更不殚辞费地描写园林布局和庐山景致，以及早晚和四时的变化。叙事之余，探讨景物对人体的影响，他亦不放过，用他的说辞是：

> 一宿体宁，再宿心恬，三宿后颓然嗒然，不知其然而然。[1]

这样人间绝境生活其中，只三天时间就神效难以言宣如上。请注意他的观点，自然景致可让人心体恬宁，这是说身心安顿在一种最佳状况。

白居易文本后五分之二篇幅，纯粹是发表感言，归纳起来主要有三个要点。其一，他强调身心获得安顿的情况，可以追摹数百年前东晋先贤结庐庐山的先例，并认为彼此心意不受时间阻隔，可以

---

1. 参见白居易《白居易集》（北京：中华书局，1999 六刷）册 2，卷 43，《草堂记》，页 934。

相通。其二，他说自己本性爱好自然，平日居处总是重视简单造景，如今天时地利赐予他如此绝佳景致，他的人生已不复奢求其他。他的满足感使他坦白道出遭贬，显示敢于提及过往加以面对，意谓不会再受二度伤害，而且说出如此逆顺难言的话：

一旦寨剥，来佐江都。郡守以优容而抚我，庐山以灵胜待我。[1]

其三，他发愿待尘世俗缘（指幕职三年任满和弟妹婚嫁事毕）尽了，他必与老妻和琴书终老于草堂。然而，事情发展其实有惊无险，而且是其意想不到的好结局，白居易当然得适时调整他尔后生涯规划了。下文我们将看到，他还是选择繁华的洛阳城当作终老之所。这是后话，详见下章。

综观柳、白两位诗灵异口同声不说，而且同时异地借自然胜景疗愈他们官场所受伤害。更重要的是，他们以亭／园（堂）记的文类，建构自然是安顿身心最好的药剂这样的文化论述。这样的观点启发了后之来者，使得相应的文化知识生产生生不息。这似乎在为唐宋历史承袭的一面，作了见证。

向陶记文化银行领取心痛抚慰金的沧浪亭主

类似的例子在下一个时代的宋朝，亦所在多有。柳、白的文化论述又借一位遭贬逐宰相苏舜钦之口悠悠道出。

---

1. 参见白居易《白居易集》（北京：中华书局，1999 六刷）册 2，卷 43，《草堂记》，页 934。

话说尚在哀伤中的苏氏旅次苏州，一日发觉一块弃地，便用很少的钱买下来，之后经营出一片园林。园成后他写下《沧浪亭记》一文，该文本在叙事结构方面一如前述的《草堂记》一文。在前半部分，道出居园之神奇疗效：

形髓既适则神不烦，欢听无邪则道以明，返思向之汩汩荣辱之场，日与锱铢利害相磨戛，隔此真趣，不亦鄙哉！[1]

这又是陶渊明"此中有真意，欲辨已忘言""陶然共忘机"之类的，借自然抚平人世蹇促的文化论述。同时，这也是前述白氏心体恬宁说法的浅白版。不仅柳、白，连同苏氏，必早已读过陶书，但不经历打击，这种向来储存在文化银行的文化资源，是不会从文化银行中适时被提领出来的。亦即陶氏所建构的文化一直储存在文化银行中，等待日后精神受创的人们届时前往提取。

文本第二部分是感慨兼申论，且容我整段抄录于下：

噫！人固动物耳！情横于内，而性伏必外，寓于物而后遣，寓久则溺，以为当然。非胜是而易之，则悲而不开。惟仕宦溺人为至深，古之才哲君子，有一失而至于死者多矣，是未知所以自胜之道。予既废而获斯境，安于冲旷，不与众驱，因之复见乎内外失得之原，沃然有得，笑闵万古，尚未能忘其所寓目，用是以为胜焉。[2]

---

1. 参见苏舜钦《苏舜钦集》（台北：河洛图书出版社，1976）卷13，页184。
2. 同上注。

这番话清楚道出，政治生涯既久，毁坏了人依自然所兴的性情，只知追逐权势，忘了归依自然之旨，如此冲旷胸怀当然不可培养而出了。观诸由柳而白，以至苏身处逆境此刻，人的情性熏陶得自自然真趣而毁于官场权势追逐，这样的文化论述明白晓畅。苏氏文本文丰旨畅，在建构立基于陶渊明的文化资源过程中居功厥伟。这样的论述到达苏氏手中，使后人难以超越，只能复制而已。

到了明清时代，唐宋巨型庭园走入历史，小巧式庭园诞生。值此变革，苏舜钦的沧浪亭园虽仍被后人视若拱璧，但我怀疑不是唐宋真迹旧物，而是后人套用其名的西贝货。这是后话，不赘。

三、B 型园林政治学：独乐派呛声众乐派

宋代政坛失意文士的反应未必是上述陶说文化论述的信从者，他们别有观点是与前述欧阳修同一路数。本章伊始谈及欧阳修时，其因支持庆历改革（十一世纪四十年代中事）遭贬，他在滁州知州任内连续发表两篇亭记，正处心境穷愁之时。不过，他一到任照例奉呈《谢上表》后，在排遣岁月中，笔者从上述两篇亭记，看不出有类柳、白、苏等借自然疗愈心疾的叙写。关于这方面，可能要由唐宋文化断裂这一视角才能稍见理解。

庆历改革的灵魂人物是范仲淹。就在欧阳修为声援他而谪守滁州期间，即庆历四年至六年（1044—1046 年），范的同党滕子京谪守巴陵郡，该郡地处（长）江（洞庭）湖接连处，观赏这湖江连成一片的广大水域的最佳地点，是州治的岳阳楼。范仲淹为了劝慰失意同志，特别写了篇大家耳熟能详的名篇《岳阳楼记》。该文的叙事手法从写景到叙情，是典型传统借景托情的亭／园记文本景物

寄情书写。

文本中对壮阔水景与时变化的景致，到了极工写之能事的地步，令千载以来的读者读后印象深刻，自不在话下。接着，范仲淹笔锋一转在叙写人事上，如此说古之君子（其实是改革派自况）："居庙堂之高，则忧其民，处江湖之远，则忧其君。是进亦忧，退亦忧，然则何时而乐耶？"[1]其答案是将知识分子社会责任无限上纲的讲法，如下：

> 其必曰："先天下之忧而忧，后天下之乐而乐乎。"[2]

中国古代文化中尚未发展出如西方近代公职人员那般，其责任大小是随权力轻重而改易的行事逻辑。对范氏及其追随者而言，一位公职人员献身公务的极致，就是扛下无限责任的重担，而不必管国家或政府领袖，是否授予偌大的事权。这样一位知识分子一旦就任公职便甘愿承担无限社会责任，而不管身负多大权力才扛责多少的行事风格。对不认可的人而言，可能会认为是一种参与政治过头的不当行为，讲难听一点是"狗拿耗子，多管闲事"。本章重点不在对立双方的是非曲直，而在郑重指出，这种自行扛下无限责任的工作伦理论述，竟然是从际遇不顺起因，中经一道景物观赏，便一跃而出的文化讯息。

同样是遭时不遇（其实只是一时受到政治打压），也同样借诸景物观赏，之中是否因从事建造园林，得以净化其心灵，可能没那

1. 参见范仲淹《范文正公文集》（台北：新文丰出版公司，1984，《丛书集成新编》册73）卷3，《岳阳楼记》，页621。
2. 同上注。

么必要。然而，处在同一时空脉络下的欧阳修和范仲淹，所建构的文化论述，则与白、柳、苏等人，判然有别。前者在外受挫，继续从外于人的人文世界援引更大的行事信念依托点，而后者则向内推求，找到自然之理趣与人内在情性的联系，借以化解外在逆境所加诸的痛苦。欧、范大同中的小异是，欧就既有行事信念续予加强，范则求得此一信念的理论基础。再者，欧、范虽同样是与众共乐派，但范更仔细分疏出乐人之乐的时间性。

几十年后，北宋政局风水轮流转，这次轮到保守派大将司马光出局。司马光坐上以前他政治对手遭贬的位置，他是不待贬逐事件发生便自行引退的。这时是欧阳修旧稿《醉翁亭记》经其子欧阳发予以编定，并公开发表的时刻，时当熙宁五年（1072年）。我怀疑，这等于将伸张于二十六年前的众乐论述旗帜重新挂起。司马光隐居洛阳，买了二十亩地开始筑园，待完工名之为"独乐园"。他的《独乐园记》文本中，提到两个特点：首先，构园材料，从木石处理到植物栽植，都一切从简；其次，该园另一特点是园中购置五千卷图书的图书馆。文中尚提到他在园中快乐不已的情状，是这样说的：

耳目肺肠，悉为己有，踽踽焉，洋洋焉，不知天壤之间，更有何乐，可以代此也。[1]

司马光《独乐园记》强调说自己的园林是小型的（按：二十亩，比之唐宋名园，难望项背），故只足取乐自己。有趣的是文末的自

1. 参见司马光《温国文正司马公文集》（上海：上海书店，1989，据《四部丛刊》初编集部刊印）卷66，《独乐园记》，页10A。

问自答，为的是疏解来自对手"独乐乐不如众乐乐"的道德论述压力，值得征引于下：

> 或咎迂叟（按：司马光自称）曰："吾闻君子所乐，必与人共之。今吾子独取足于己，不以及人，其可乎？"

> 迂叟谢曰："叟愚何得比君子？自乐恐不足，安能及人？况叟之所乐者，薄陋鄙野，皆世之所弃也。虽推以与人，人且不取。岂得强之乎？必也有人肯同此乐，则再拜而献之矣。安敢专之哉？"[1]

假如园林是项文化产品的话，揆诸司马光的说法，他是在说他的产品不够好，只能自己享用，难当礼品送人。所以，他并不是反对"与人同乐"的文化论述，他只是深恐自己的园林鄙陋难当人意，只能自我欣赏取乐。这么说来，独乐乐云云其实是反讽。每一政治主张就像一座园林一样，是任凭各自珍惜自己的，即使受到不同主张的人鄙视也要珍惜到底。你瞧，他的园林还是可以代他起到政治喊话之用。这样的园林文化政治，其操作手法之高超，形同创造了另类的政治修辞，而且根本不用隔空喊话。这是因为"余欲无言"，就能向对手释出反对到底的讯息。

从某个角度看，他何尝不是在与范仲淹、欧阳修改革派"先天下之忧而忧，后天下之乐而乐"标榜的文化论述，展开反击式的对话？他好像在向范党（按：这时顶替改革派领袖位置的是王安石，范党云

---

1. 参见司马光《温国文正司马公文集》（上海：上海书店，1989，据《四部丛刊》初编集部刊印）卷66，《独乐园记》，页10A—10B。

云只是泛称，其实范早已去世多年）宣示：你们去乐你们的吧，我乐我的，而且关起门来自乐，你们奈我何？园林既是排遣困境的工具，又是一种政治出招。这其实是针对对手文化论述的反论述（counter-discourse），神奇吧！至于亭园记文本作为文化载体成为公共对话的场域，是否有助于当时政治对立情势的降温，不在本章论内。

前述范仲淹信仰如欧阳修所说的"乐人之乐"，范倒是心口一致。他在杭州知州任内，他的弟子劝他在洛阳置园（按：这表示握权者要有洛阳园林作为身份表征，范氏弟子的建言，其实正是当时政治文化气候的主流走向），以便将来退休之用。他回答的最后一句话是：

西湖（按："湖"字，他本作"都"）士大夫园林相望，为主人者，莫得常游，而谁独障吾游者？岂必有诸己而后为乐耶？[1]

如系讲西都，则西都士大夫中将会出现一位文化／政治对手，就是司马光。如系讲西湖，则西湖亭园比起西都亭园只是小焉者，可以说是以西湖借喻全国的亭园。这话在二十多年后也扫到司马光，司马光在其园林中独乐了十多年之久，结果还是复出（元丰八年，1085 年）。这么一来，范党徒众可乐不起来了。北宋党争，倘从文化史看，或园林文化角度看，其中尚有可说者。对园林的看法是个政治姿态，谁能说不是呢？范氏般的众乐派讲究无园胜有园，又何尝不是同对手针锋相对的政治姿态？上述范仲淹的谈话冠冕则冠冕

1.参见范仲淹《范文正公文集》卷 6，页 85，《范文正公年谱》引《言行录》，收载《丛书集成新编》（台北：新文丰出版公司，1984）册 73，总页码 638。

矣，你能说其中丝毫无政治修辞成分吗？

同样从北宋政局泥淖中拔腿就跑的一位宰相人物是富弼，退休后在洛阳置园。从此在园中颐养天年到八十几岁，可惜他不写亭／园记，倒是后来有位游园者替他写了。富氏虽死，但他的园则声名大噪，人称"富郑公园"。[1] 他有段名言是归纳天下园主的五种文化／政治姿态而说的：其一因经济不佳以樵钓为业者，其二因信佛而逃生死者，其三自矜高尚的沽名钓誉者，其四惧祸以避世者，其五有才华不被世用、退而著书者。然后结论是说：

> 是五者处山林则一，其所趋则异也。[2]

这似乎指出，园林主借园林指向所属人生归趋。如此看来，亭园的文化意涵何其丰沛，在人生意义之网的追求上，亭园扮演为人开示前路的指路灯。富弼所说提供我们研究者很好的研究线索，但园林的文化意义绝不止此处富弼所说而已。至少本章前述所论就非富弼所能围限。

四、回溯唐代亭园的文化与政治：竞逐权力道场，谁能及早勘破见好就收的时机？

在唐代，亭园既可无关治疗精神创伤药剂，也可不供人玩政治

---

1. 参见李荐（编者把作者弄错，应为李格非）《洛阳名园记》，收载周光培编《宋代笔记小说》（石家庄：河北教育出版社，1995）册9，页93。

2. 富弼之语转引自程兆熊《论中国之庭园》（台北：明文书局，1984），页82。

修辞学。然则这样的亭园之于人又是代表何等的意义呢？且让我们聚焦于三位"曾是洛阳花下客"。[1] 唐代王公巨卿在东都洛阳购置亭园风尚大兴，风尚所趋，使洛都成为花园王国。这是中国史上头一遭如此大规模的造园（林）住宅运动，这在文化史的意义上何等重大，迄今一直乏人论列其事，殊为可惜。人生夙愿的极致在今人是购置前院后庭的透天别墅，这一追求衡诸唐人之实践，为下乘多矣。唐人洛中宅第论其广袤，从数十亩到上千顷不等（想想崇尚节俭的司马光，在洛阳置产，一出手就是二十亩地，遑论财力比他雄厚者，大有人在），论其园林布置则真趣横生。又岂是今之中国巨商大贾汲汲于坐拥花园洋房者可比？

前述已指出，在唐代，人们先有观园的休憩文化活动，而记叙其事的相应文类亭／园（堂或楼）记始继踵而生。唯文类的形成后于人之文化集体行动，固然如此，但文类在形成之初也非以统一格式之面貌问世。这点笔者可借由北宋初所编辑的《文苑英华》，窥知端倪。[2]

白居易于五十八岁求得分司东都的闲差事，[3] 从此才可得偿当

---

1. 借用欧阳修诗句。

2. 凌朝栋著《文苑英华研究》（上海：上海古籍出版社，2005）第五章《文体研究》，于页127处，说编者拣选三百零九篇记体文，底下又细分二十九小类，其中有针对楼、阁的记文。凌氏并未发现笔者所说，写园林楼、阁之记文，其叙述重心有从园本身转到园主操行之变化，且此变化可追溯到韩愈的《燕喜亭记》。

3. 唐人达官贵人喜在晚年求分司东都之官，东都亦有全套长安府的翻版，可说是影子政府，是为防万一长安政府出差错，尚有洛阳备胎可以运作国家机器。东都官员平居无事，过的全是优游林泉的生活，是很好的怡情养性兼养老的场所。这类研究由王吉林《晚唐洛阳分司生涯》一文首开其风，但他重点不在文化史层面。所以，王教授并未提问和解答本书的探究重心，这边请读者留意。王氏该文，收载淡江大学中文系主编《晚唐的社会与文化》（台北：学生书局，1990），页239—249。

年写《草堂记》的夙愿。他在城中东南隅买了块面积十七亩的土地建园（按：白居易可能是唐宋巨型造园主中经济条件较差的一位，但也铆足劲买了都城的十七亩地，真难为他了）。奇怪的是，园成后观园所思所感，并不以亭/园记的文本格式出之，而只是以极短篇名为《池上篇》叙其事，内中景物描绘之余，有谓：

> 识分知足，外无求焉。……优哉游哉！吾将终老乎其间。[1]

何以独标池，而不标地上建物来名园，他没说明，我不想妄猜。池水面积占全园五分之一，是很抢眼，但不足当作地标物明矣。可见白氏观察重点不以地标命名其园。这篇亭园小记附有篇长序，这开创了亭记文本体例又一奇。序中谈到自己收集或别人致赠的奇石异卉及珍禽，都成为"池中物"。这是不是白氏以物自况的暗喻，不得而知。倘若如此，他不便明言，则是一语双关了。白氏性喜音乐，园中听人演奏自是不会少。再有，园中设有书库一座，这或许给后来司马光带来置图书馆于园的启发。白氏就这样叙说一通，才心满意足地道出心里话：

> 颓然自适，不知其他。[2]

此虽寥寥八字，但由白氏这样的鉴赏家随口道出，可说具有观

---

1. 参见白居易，《白居易集》（北京：中华书局，1999 六刷）卷 69，页 1451。
2. 同上注，页 1450。

赏景物文化的千钧之重。

一直到居易七十五岁（会昌六年，846 年）死在该园为止，他享受上述池中物的时间不能算短。加上他日与三五友好作乐池上，写下大量诗篇，为唐代文学史增添不少声光。居易之园在他死后易主，到北宋，人称之为"大字寺园"。[1]

白居易因获挚友元稹家人致赠的墓志润笔费，多达七十万钱，他一介不取，悉数捐作修缮香山寺暨园的基金。香山寺建物及其附属园林，均由白氏一手策划，先期修补工程花费三个月。之后又有所增添，不仅历经十年才完工，抑且自己又挹注不少资金，以补元家赠金之不足。这座寺园，到了宋代成为凭吊白氏观景文化精神的又一去处。本书一开始，叙及居易一次一日游行程，就是前赴香山寺，入夜始返洛城。

白氏友好朋辈中有位宰相叫裴度，亦有园林在洛阳，这座后人尊崇有加的晋公园，是白居易居处洛阳步履所及的经常去处之一。裴度的整个园林品味文化相较白居易，又大不相同。在宋人追记晋公园的评价中有：

> 洛人云，"园圃之胜，不能相兼者六：务宏大者少幽邃；人力胜者少苍古；多水泉者难眺望。兼此六者，惟湖园而已。"[2]

这个宋人口中的湖园，就是裴度私园。裴度在城外又置一所超级豪

---

1. 参见李荐（编者把作者弄错，应为李格非）《洛阳名园记》，收载周光培编《宋代笔记小说》（石家庄：河北教育出版社，1995）册九，页 98。
2. 同上注。

华园林，白居易称之"南园"，这有别于城内之园，入唐日本人只知裴氏城内园，为之延誉于日本。"兼六"的评园准绳日后成为日本园林的造园圭臬，更是裴度所始料不及的。"兼六园"是日本亭园讲究类型之一。[1] 白居易和裴度，兼及三两好友，以能在两裴园餐会，视为无上享受，园林主偕园林客经常一起游园赏景之余，吐属成章，留下不少诗篇。其中，有往还唱和作的，亦有当场每人写两句共同完成一首诗的，叫联句。其中说详，见本书第四章第一节。

裴度有园，却没有园记遗世，相形之下，白居易虽有记园之文，却不依约定俗成称之为"亭／园记"。另一位宰相李德裕财雄势大，在洛阳城南郊伊阙处，也兴筑了一座园林，称之为"平泉山居"，同样不随俗以"园"称之，反依六朝诗人谢灵运作品《山居赋》[2] 定名。不仅如此，李德裕叙写园林的篇章，也不叫"园记"，而叫《平泉山居草木记》。这摆明不以建物来当作全园代称的转喻之法，而是以他所收集的奇花异树来名园。更奇的是，该园林文本只是一份植物清单，用以交代这些异种花树所由来。[3] 假如《平泉山居草木记》只是一般园记文本的变体形式的话，这一园记未免古怪殊甚。这好像是在写收藏品目录，而不像在记观园赏玩之事。不知李德裕文化素养的人，还道是一位暴发户在卖弄或炫耀他的文化藏品呢。读过李氏（记）文本的北宋周师厚会帮我们解决此处的疑惑，

1. 参见程兆熊《论中国亭园花木》（台北：明文书局，1984）上册，页64。

2. 参见谢灵运《谢康乐集》（台北：商务印书馆，1969）卷1，页1—16。

3. 参见李德裕《李文饶文集》（上海：上海书店，1989年3月，据商务印书馆1926年版重印）卷9，页2A—3A。

说详见本书第四章第二节。

李德裕的道情园记之作，其实暗藏在告诫子孙另篇文章当中，题为《平泉山居戒子孙记》。该文本开门见山表示，李德裕幼随乃父吉甫登临长江流域各处名山大川，而且获知乃父有意置园洛下的遗愿。可知李德裕有赏景的见识加上先父的遗志，平泉山居就这样于洛下平地冒出，这是筑园的缘起段落。第二段则从"平生素怀于此足矣"一句带领开来，讲出一番出处进退的话，有谓："出处者贵得其道，进退者贵不失时。"[1]这个大原则毫无出奇之处。接着他开列古来成功人士有三等的分级：头一等是老子、柳下惠、丙吉等三人，可一辈子不受辱而全身引退；次一等人士，如范蠡和张良均功成身退；又次一等人是范雎、邓禹，眼见朋辈功高震主而败，还能及时急流勇退。[2]在此，笔者又看到园林有着人生照路灯的隐喻。只是李德裕之见又先于先前笔者谈到的富弼之见，真是无独有偶。第三段是告诫子孙，撂下无论如何不得出让园林的重话，甚至于"吾百年后，为权势所夺，则以先人所命，泣而告之。此吾志也"。[3]在此之前，李德裕有句话说他"虽有泉石，杳无归期"，[4]这正成了后来范仲淹讥嘲置园洛下者无福消受的对象。李氏记文写于权势正隆之时，他的担心是多余的，他压根没想到园林不在他死后易手，

---

1. 参见李德裕《李文饶文集》（上海：上海书店，1989 年 3 月，据商务印书馆 1926 年版重印）卷 9，页 lB。
2. 同上注。
3. 同上注，页 1B—2A。
4. 同上注，页 1B。

而在他活着且失势之时，就已易主。这才是莫大的悲哀，虽然他已预想到园林保有，与政治有密切关系，但他对生前可享权位这点过于乐观，是他失算之处。就此而论，裴度能见好就收，可在己园颐养天年，就比李德裕在气度上更能拿得起放得下了；也在时机判断上精准多了，可说不待政敌谋他之前先行引退。

图 2-3　辋川图　清代毕沅《关中胜迹图志》卷二·西安府名山
唐代王维的别墅设于终南山，他所经营的庭园，简直可与今天的国家公园比观。图中的建筑与自然、山水融为一体，还可看到野生动物出没其间。李德裕园林的规模，比辋川别墅还大，透过辋川图，我们可以想象李德裕园林的盛景。

李德裕之于园林，其实是"为而不有"，他实际登临次数寥寥可数，却遗下许多思念园林的诗篇。[1]观其诗，思其人，益证他不愧为文化素养足够到可经营出这么豪奢的园林的主人。讲到李德裕园林，笔者不得不追溯更早之前一位园林主，他就是王维。他的辋川别墅其实就是大型园林，只是当时请人写记的文化活动，尚不时兴，故而未留下片言只语关于该园林的景致和活动。

一位大权在握的政治人物想要保有一座园林，从裴度和李德裕的正反两例，正可印证李氏名言"进退有时"，才是关键。如此园林背后牵连政治斗争这样的纠葛，后人读史至此，可说匪夷所思了。在此，筑园是艺术，而它背后的潜台词，则说政治似乎更是艺术了，这又需进一步分析。唐宋党争较之前代，相对不见血腥味，这是文明进步的一端。失败的人只消让出中央政治舞台，不需被人砍下头颅，株连九族。但倘从另一面看，失败的人仍要付出两个惨痛代价：其一到远谪的边荒过苦日子，是一种类似劳改的惩罚，急需强健身心以资因应；其二政争失败者其京中心爱园林拱手让人，简直像割了他心头肉一样痛。唐宋那么多谪臣在谪地筑园，一方面净化心灵，另一方面未始不是出于潜意识补偿心理。远谪的日子如果还有积极面，那就是规划从政治边陲班师回朝的大计。倘若回返中央计谋得售，收复园林象征重新站回中央政治舞台。这样，园林的攻守易势

1.举李氏思念园林之作，计有《忆平泉山居赠沈吏部一首》（卷9页8A）、《夏晚有怀平泉林居》（卷9页8B）、《早秋龙兴寺江亭闲睡忆龙门山居寄崔张旧从事》（卷9页9A—9B）、《早春至言禅公法堂忆平泉别业》（卷10页10B）、《峡山亭月夜独宿对樱桃花有忆伊川别墅》（卷10页10B）、《首夏清景想望山居》（卷10页7A）等诗，都是人在外地遥思故园之作。他更有同一题目的集诗，如《春暮思平泉集咏二十首》、《思平泉树石杂咏一十首》，两者合计便有三十篇怀园诗作。

正是园林象征政治所使然。

　　了解到唐宋政争背后发展出只夺园不砍头的文化，则有助于体认北宋依园（与众）共乐派（如范仲淹和欧阳修）和独乐派（如司马光）的文化战争。一语道破，那就是一方面园林论述的分野深化了党派分际；而另一方面，党争益趋激烈则园林论述的硝烟味更为浓厚。

*****

　　综上析论，庭园作为一种物质文化，透过庭园书写的文类，即亭／园（堂、楼）记，内中所编码（encode）的文化论述，我们约略可以看出两种心灵结构：其一是借自然疗愈政坛创伤，其二是活化可在政坛中屹立不摇的斗志。前者类今疗养院，后者类今健身房。

　　就第一种心灵结构而言，是一种暂时性的隐遁，与世无争，是一种内敛的人生观。而第二种心灵结构则战斗性强，兼且火药味十足。当政争的双方，一边提出借园林共乐的论述，另一边则反其道而行，提出借园林独乐的论述。这又让我们看到，一边政治舞台消失后，另一边园林的文化战争舞台立刻搭起。政治舞台下的文化战争，在较劲上，一点也不逊于政治舞台上的争夺权力。

　　但不论是哪一种心灵结构，都与当时政治文化的变革有关。唐宋党争逐渐走出以结束政敌生命为目标的零和游戏，产生一种类似轮替制，轮值的当权者居政治中心，失权的则遭远谪政治边陲的边地。到边地蹲点的概率于敌对双方而言，可谓机会各半。加上政府中枢所在又是全国园林重镇，一旦失去中央政治舞台，意谓权力与园林共没。到边地受苦如果撑不下去就形同政治生命结束。在边荒筑园一则净化心灵，二则健全体魄以备来日班师回朝。这当中明智者不待敌之整肃，便提前退休而告老庭园，像唐代裴度、宋代司马光等，即是典型案例。这样，从政者既不用到边荒吃苦，又可保有庭园。看来在唐宋时代，庭园既是文化珍宝，也是政治武器。

唐宋庭园的意义丰饶无比，首先在政治上的意义，归纳计有以下五点不容忽视：

其一，中唐至北宋，洛阳既是政治中心，也是园林重镇，全国最好的庭园多集中在洛阳。权势者在中央政治舞台的存在与否，要以押上私有园林的得失做代价。

其二，每位政坛老手免不了要到边荒接受生存考验，通过这一关，才有班师回朝的本钱。从实务经验看，成功者绝少，失败者却多。像唐代的柳宗元、李德裕等即是。能挨过边陲折磨，又活着重回中央的，刘禹锡是此中一位凤毛麟角者。唯本文并未言及刘禹锡。

其三，政坛新秀在不可避免的贬谪岁月中，不时书写亭／园记，好强化其一贯的价值观，像唐代韩愈、宋代欧阳修即是。

其四，唐宋游园文化的流行，是提供官民同乐的平台，不论从中国史或世界史来看，都是空前绝后的。大型园区的维护和管理所费不赀，然而唐宋重量级政客乐此不疲，应不徒然只为增进其文化资本的声望而已。

其五，园林主代表的是政治上的赢家，园林的保有，正是权势不可一世的状态表征。但园林又是敌对双方争夺的战利品，当赢家在政坛上变成输家，他的园林便沦为下一位强势者并购的奇货。

其次，从文化生产和消费观点来看，笔者获知以下两点：一是，唐宋庭园的物质性，要透过一种特殊文类，即亭／园记，不断复制其物质文化，即借表彰园主德行，进一步强化相关的文化价值和信念。二是，就消费而言，在于强调化私为公、与民共乐这一文化行为。这在"公园"名称未出现前，唐宋园主多在实践"公园"的理念。这一点很可能在北宋初李昉团队在编制《文苑英华》一书时，已发明亭（堂、阁、榭）记文体，将之列为一种专收同类文章的口袋，可知先前文化行为已被后人察觉。

再次，就经济面而言，虽然这方面数据是空白的，但想也知道，每座超巨型庭园所费不赀[1]，非巨室豪家无法经营和拥有。笔者只知白居易为亡友元稹写墓志，元家遗族为答谢白氏，报以七十万钱的酬劳。白居易不敢收，乃以为亡友做功德方式，选龙门山香山寺修造一园林。请留意，香山寺园早有基础，白居易只是进行修补或增添，先期工程就耗掉七十万钱，后续工作乃白氏自掏腰包予以完工。到底总工程费多少，虽不得而知，但比起其他洛阳、长安的名园都没具体数据谈到建园花费，香山寺园好歹是修建费七十万钱往上堆，且至少是往此数目一倍的方向堆。还有，香山寺园起初造园费多少，亦不清楚。更细致地说，白居易捐的钱，顶多是维修费罢了。

即令绝大多数大型园林建造经费不清楚，但笔者还是可以想见

---

1. 白居易在其《伤宅》一诗中，批评豪宅的不当奢华，有谓："累累六七堂……一堂费百万……"按：每园必有好几栋宅楼，每一宅楼起造费是以百万钱计。白氏此诗收载《白居易集》（北京：中华书局，1999 六刷）卷2，页31—32。白居易于贞元、元和年间长安所见，写成《秦中吟》十首之一。这是白氏批判社会时期的作品。

如下情形：其一，建筑经费大概多是一天文数据；其二，园建好之后，维修费用又是一笔庞大开销。关于以上第二点，犹有可说者。每园必养一支维护团队，内中包含园丁、工匠、花艺匠，以及警卫等人员。本书另章有数据显示，即令非得关闭，也要维持最少量人员常驻园区。再说，这样的人事开销关系到是否长年保持开放，且供人玩赏其中。一些建于九世纪的私园，莫说园主生前即开放、供人游赏其中。甚至园主死后园已易主，犹继续其公园性，一代又一代的游客永续地履游该园。到了十一世纪，凡建于九世纪的名园，依然叫得出字号且经营有术的，还大有园在。（参见表2-1）这庞大的开销，可叫人啧啧称奇了。这个与众同乐的公益心，倘无经济续航力，是不可能持续存在一百五十年甚至二百年的。

表 2-1　洛阳私人名园倾向公园化表

园主	园坐落处	占地亩数	园名变易
白居易	洛阳城内	17	唐园主命名"池上"，或"履道坊宅"，宋易名"大字寺园"
白居易	洛阳城外龙门山	—	唐、宋均叫"香山寺园"
裴度	洛阳城内	—	唐叫"晋公园"，宋叫"湖园"
裴度	洛阳城外	—	唐叫"南园"，唐末毁于战火，宋人不知此园
牛僧孺	洛阳城内	—	唐叫"归仁坊宅"，宋被并入他园
牛僧孺	洛阳城外	—	唐叫"南庄"，唐末毁于战火，宋人不知此园

园主	园坐落处	占地亩数	园名变易
李德裕	洛阳城外	—	唐叫"平泉山居"，唐末毁于战火，宋人不知此园
司马光	洛阳城内	20	宋叫"独乐园"
富　弼	洛阳城内	—	宋叫"富郑公园"

　　最后，亭/园记文本，倘若辨识其中信息性质，所透显的是偏向非常性，即非日常性。从本章已可看出，园记文本，都在作者任职期间写作，是在一种特殊情境下的道情之作。但现实上，园林主及其友人确实在退休（即可在政坛上全身而退的情形下）之后悠游林泉，过着娱乐晚年的理想人生。这时，日常性的园林才告出现。这些安度余年的园林主，于唐宋激烈政争中并不多见，只有少数幸运儿可安享退休后平静生活，诸如白居易在自家盖的履道坊宅园、为亡友元稹修缮的香山寺园，以及富弼的富郑公园等。退而求其次的园林主，有裴度和牛僧孺两人。他们都在遭逐中央政坛、被晾在洛阳当留守官时，才短暂享有园林生活之乐。可惜裴、牛的咏赞园林诗篇传世不多，唯有白居易诗作经得起时间考验，幸而多有传世。白氏退休后歌咏林泉之诗作，就成了研究园林日常生活的珍贵材料。还有，这些唐宋名园都有无数观园者身履其境，这又是市民日常生活史的宝贵经验。就在一众洛阳赏花客中，北宋有位叫李格非的，唯独他为我们留下计有十九座园林的观园记录，即《洛阳名园记》。这一文本的珍贵性，不言而喻。以上，园林主白居易退休游园心得，以及园林客李格非的观园文本，岂容笔者错过。

第三章

璀璨华年：白居易闲适诗中的享乐世界

从九世纪初起，缙绅阶级竞相在两京置产，而且非兴建大型园林豪宅不可。洛阳园林豪第似乎更胜长安园林豪第。直到九世纪九十年代，这些轰矗在两京的园林豪第因黄巢军攻陷两京，而被劫掠甚至焚毁殆尽。尽管有此劫难，但两京园林豪宅少说风光了八十年之久。其间，洛阳一则离帝辇所在的长安有段距离，一向是官僚体系监督系统不生作用的天堂；二则东都分司各机构的高官显宦在几无公务处理情形下闲适度日，本就是洛阳上流社会的日常生活步调。亦即洛阳是全国金字塔顶端有钱有闲人口聚集最多所在，这些人在没有公务压力情况下，经常夜间笙歌达旦。洛阳是个悠闲的城市，正是孕育休闲、消费文化的沃壤。在七世纪二十年代以降，二百六十年来，于八八〇年洛阳首度被攻陷之前，洛阳的有钱有闲阶级，已在此处共同打造了非常独特的居住文化及其附属的观光文化。以观光文化而言，它有花季赏花活动，以及平日前往园林宅第的赏园活动。洛阳园林豪宅甚多，但园林主在家的则很少，平日赏园的观光客多是园林主交游网络中人。而那些甚少在家的园林主会动笔描写自家园林的，只有李德裕一人。常在自家园林居住的园林主则更是少之又少，但还好有这么一个，即白居易。他没枉费身处园林之便，愿意提笔描写自家与他家园林，这些记录多少补白了从七九〇年至八八〇年的洛阳园林文化史。我在本章先讲他如何书写自家园林及其当时的居住、观赏文化。此外我必须指出，同样用白诗去解码白氏园林居究竟的，在我之前有杨晓山，我们的研究各有侧重点。杨氏是在诗的修辞层面上，解析园林之于园林主的意义，这里杨氏探讨的是咏园诗文学史上的审美意义。我则从园林诗的纪实面切入，所欲捕捉的是园林生活的日常性。在此，诗所再现的日常生活调性，才是我关心的。

白居易于五十四岁任苏州刺史时萌生退意，便循例告假百日。翌年大和元年（827 年）正月底，安抵洛阳履道坊的新宅，时年五十六岁。不久，居易被任命为秘书监，必须赴任长安，才过半年，又因公出差至洛阳并过年。居易五十七岁那年，即大和二年（828 年），除官刑部侍郎，所以到了该年三月，居易又回到长安。才不过视事九个月，居易又请百日假。大和三年（829 年），时年五十八岁的居易假满，免去刑侍，除官太子宾客、分司东都。这年四月下旬，居易返抵洛阳，从此长居此地，直至会昌六年（846 年）八月老死，享年七十五岁。这之中，从大和四年（830 年）冬十二月，至大和七年（833 年）春二月任河南尹，虽有公务但仍居洛阳。这等于是在自家城市上班，但此官乃清闲职位，与分司官无异。扣除这二年又两个月的行政职，在七十一岁，即会昌二年（842 年）致仕之前，都做分司的官。这之中，还在大和九年（835 年）六十四岁时，从太子宾客升官至太子少傅。七十一岁致仕是停俸状态，居易亲友为他担心不已，幸而十个月后，即会昌三年（843 年）二月，在门生牛僧孺协助下，居易以刑部尚书官衔致仕，从此可领半薪。

洛阳是唐朝的东都，配置有整套官僚体系，与西京长安无异。分司官有职衔却无职务，[1] 用今天话说，即领全薪却不用上班。至

---

1. 关于分司官，最先关心此议题者，厥为清代王鸣盛，于其《十七史商榷》（上海：商务印书馆，1959）卷 85，有"分司官"条，说为处置罢黜者而设，或罢黜远郡后的量移之地。但性乐恬退之人，反从而求之云云。现代学者中，以王吉林开其端，写有《晚唐洛阳的分司生涯》，收载淡江大学中文系主编《晚唐的社会与文化》（台北：学生书局，1990）。全面且系统的研究，可参考勾利军《唐代东都分司官研究》（上海：上海古籍出版社，2007）。该书言及白居易处，计有页 191、218—219、223、232、237、239—240、242，以及 243—244 等。

如致仕，即属退休，但亦分有俸和无俸。凡有职事官衔者才有俸，但支领正职的一半。总之，居易从五十八岁至七十一岁是分司官，扣除其中有两年多任河南尹带有行政职务以外，其他十一年不负任何公务职责，只是支领全薪。这有白诗为证："……官闲得分司。幸有禄俸在，而无职役羁。"（见《移家入新宅》诗，收载《白居易集》[北京：中华书局，1999 六刷] 卷 8，页 163。下称白集，不再注其他出版信息）居易在临终前三四年，即使真正退休，却仍有半薪可支，这是唐朝官员的一种福利制度。白居易唯恐卷入党争漩涡，宁可选择这种类似隐居的生活。但这也要性情上不怕寂寞，才有福分享此福利。唐朝上层官员多半不甘寂寞，对彼辈而言，在洛阳当分司官显然是个折磨。对照地说，这反倒是白居易为躲政治凶险所作生涯规划。白居易自称，他的隐居生涯，既不似大隐隐于朝，也不属小隐隐于市，而是不"大"不"小"之间的"中隐"，他有诗句说，"不如作中隐，隐在留司官。"（见《中隐》诗，收载白集卷 22，页 490）此之谓也。

同样园林寄情书写的文化活动，在上一章，笔者已使用唐宋名家亭／园记文本进行分析并解读，此处笔者旨在利用白居易歌咏园林诗篇，作为研究对象上的材料，意图解码诗文本隐藏的文化符码，用以比较先前散文文本的解码所得，看看其中有何异同。

一、从朝官变洛阳分司官

白居易在就任杭州刺史之时，便在谋划退休之事，但晚年究居何处，尚未有定案。最后会选择定居洛阳，则有一番因缘。那是居易解职杭刺，于回返长安途中，经洛阳住在驿馆时，有两位洛阳老友劝他留居洛阳。白居易这时正在请假期间，他就央求朝中二相，即牛僧孺和李程，成全他任洛阳分司官的愿望。洛阳城东南角的履道坊，正巧有一田姓人家林园要出售，白居易就适时买下来，于是乎他便在洛阳置产。白居易很快就得偿所愿，遂可入住洛阳新居了，这年居易五十三岁。这在纪实诗《求分司东都，寄牛相公十韵》中，有谓："王尹贳将马，田家卖与池。"（见白集卷23，页519）可以为证。王尹指河南尹王起，白居易买宅钱不够，王起代垫不足部分，白居易以三马卖给王起来抵债。王起与白居易有同年之谊，关系非比寻常。第二年（宝历元年，825年）春天，朝廷又任命白居易为苏州刺史，一年后白居易先是摔伤，继而又得眼疾，于是他又想退居洛阳。宝历二年（826年）的五月，白居易请百日长假，十月离苏北返。翌年（大和元年，827年）正月底，他才安返洛阳。白居易这趟北返途中，于丹徒镇、扬州、汴州，以及故居新郑，多有稽留。这年新皇帝即位，宰相中的裴度和韦处厚都不愿居易闲居，遂任命他为秘书监，于是白居易又返回长安朝廷。但在秘书监任内第一年中，前已述及，有四五个月必须待在长安。白居易从大和二年（828年）三月初返长安任刑侍，至该年十二月末，遇宰相韦处厚暴毙，他又萌退出朝廷之思，乃又百日告假。大和三年（829年）春三月下旬，白居易获任太子宾客、分司东都，居易兴高采烈地回到洛阳家中。这一返洛，就几乎定居在洛阳，直到老死。

白居易从五十八岁至七十一岁，约莫有十三个年头，基本上是不做事（按：其中二年两个月任河南尹，稍有理事，但多半是轻松工作）却领有全薪的。白居易自己承认，他的收入相当于一百家农户所缴之税。他在居洛的第一年，作诗如《知足吟》中有句说："中人百户税，宾客一年禄。”（见白集卷22，页491）再有《中隐》诗云："终岁无公事，随月有俸钱。"（见白集卷22，页490）又有《书绅》诗云："仕有职役劳，农有畎亩勤；优哉分司叟！心力无苦辛。"（见白集卷22，页497）这时白居易六十岁，故自称"叟"。以上三作皆是白居易初尝分司官好处所吟之诗，透露出他无比欣慰的心情。白居易家的人口不多，包括妻子、女儿、外孙儿女、侄儿（之后多一位侄媳妇）、童仆二人、家伎二人，以及佣仆一至二人在内，一共十二三人。多年之后，等到白居易病痛缠身，他把童仆和家伎等四人都遣散，如此一来，全家只剩九人。但无论九口甚或十三口之家，白居易的优禄是足够支应的。就算致仕后四年，白居易有三年多领有半薪，也足敷家用开销。对照卜居前居易任苏州刺史的排场，他在《自咏五首》诗其中第二首说："一家五十口，一郡十万户。"（见白集卷21，页463）可知家口有五十人之多，那或许是他经济能力最强之时。

据上所述，白居易晚年十七年，经济能力尚够支撑他全家家计。他的困境是一般老年人的自然常态，诸如病痛、牙掉不少、精力衰弱，乃至中风以致残一足，以及一眼全瞎。我猜想，白居易可能有糖尿病吧，这是老天对所有老年人的公平所在。除此之外，白居易有老伴、老友以及老本，这是他足以享乐老年的基础。若以悠闲度日视为享乐的话，白居易庶几近之。

二、加入洛下园林客俱乐部

现在回头去讲白居易晚年半退休后的日常活动舞台，即履道坊的宅第状况。这我要调出白居易写于八三〇年的《池上篇序》，他如何介绍其宅第结构，如下：

　　该文本首先指出家宅在洛阳城偏东南区块，是风景殊胜之小区。这区块中最称形胜的里坊叫履道坊，而该坊最精华的地段在西北隅，(参见图3-1) 白居易宅便坐落于此。白称己家为"西闬北垣第一"，又说"即白氏叟乐天退老之地"。

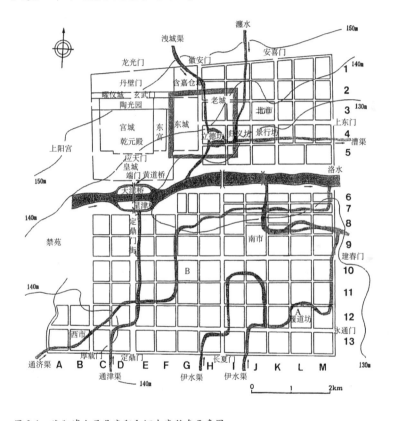

图 3-1　洛阳城白居易府邸和河南府所在示意图
说明：A是白居易府邸所在，B是河南府，占全坊。
资料出处：妹尾达彦《唐代洛阳城の官人居住地》，《東洋文化研究所紀要》第133册，页76。

其次，纵笔谈宅第大小、建屋和亭园配置。他说总共有十七亩大，建物占地三分之一，水池占地五分之一，竹林占地九分之一，其余有水中岛、步道、桥梁，以及乔木掺杂其间。

再次，白居易又环池加盖三建物：在池北有书库（或叫书斋），在池东有仓房，在池西有琴亭。另外，池水中有三岛，居易辟建中高桥加以联通。之前，白居易已先建一桥，叫西平桥。此外，整个池畔，白居易筑环池路，绕池匝以供步行。

最重要的，居易收集心爱之物置于池中，计有华亭鹤一对、天竺石、太湖石、白莲、折腰菱、青板舫，以及青石板一方等物。

居易晚年十七个年头，多在家闲居，整个宅第就是他日常活动舞台所在。在卜居十二年后，即开成五年（840年）白居易就创作有八百首诗，分布十卷，并结集成《洛中集》，这年他六十九岁。此前五年，即大和八年（834年），就有成诗四百三十二首，他集成一帙，是《洛中集》首度问世的版本。白居易还为此集，写有《序洛诗》一文，内中提到他近年诗风，是走闲适风格。当然人生旅途难免碰到亲故死亡之事，这类诗只占十余首。扣除"丧朋哭子"之类，四百十几二十首诗，皆为闲适之作。这类诗非常自我，凡所咏赞，皆属私领域之事。白居易盛年服官长安、参赞枢廷之时，所为批评时政之诗，他称之为"讽喻"诗。这在拙作《白居易、欧阳修与王安石的未竟志业》（台北：新高地文化出版社，2013）有所处理，此处不赘。我曾指出，白居易生平唯一受贬在外居官两任，前后不满五年，就让他放弃文化评论角色的扮演，从此不敢放言高论。他在卜居洛下后，诗风走闲适路线，越发远离尘世是非，遑论他会为社会政治发言了。他在《序洛诗》文本中，还为自己诗体与岁月承平做了联系，他如此说：

> 治世之音安以乐，闲居之诗泰以适。苟非理世，安得闲居？故
> 集洛诗，别为序引；不独记东都履道里有闲居泰适之叟，亦知皇唐
> 大和岁，有理世安乐之音。[1]

　　国家供养一位诗灵，诗灵则以歌颂国泰民安回报之。这是体制
协力者所发的制式声息，毫不令人意外。众所周知，唐文宗大和年
间，牛李党争激烈，白居易是因党争之祸，而息影林泉的。当然，
大和年间，相对于其前后时段，的确是较为承平安定，这也是不假。
白居易认为处于"治世"或"理世"，也不能说毫无根据。

　　之后，白居易累积洛下闲适诗，竟达八百首之多，那已是
八四〇年的事了。如今通行的白集，出版者所辑录的闲适诗，共
二百一十六首，分散四卷，且之中不全是洛下作品。出版者此举是
将《洛中集》诗完全打散了，笔者只知出版者要以诗体裁作为分卷
准据，但不知他只采部分闲适诗，且分布四卷的道理为何，是否因
白诗遗失不少所致，笔者难以论断。本书为呈现白居易晚年林泉日
常生活的调性，还是以原来《洛中集》之诗，作为考察对象。

　　白居易家的文化舞台样貌，基本上未有改易，只有添加。这添
加部分，在他六十七岁所写的《醉吟先生传》一文中有提到。

　　《醉吟先生传》文本，作者自承写于开成三年（838年），是

1.参见《白居易集》（北京：中华书局，1999 六刷）卷 70，页 1475。

在八三五年朝臣与宦官一场宫廷斗争失败因生屠杀事件之后。此事涉及三位友爱居易的宰相，因此全家遭戮。白居易只能暗自神伤，不敢有所表示。这时居易林泉稍许小变，情况如下所示：园池维持原来大小，并无扩展；竹林数目有所增加，多至数千竿；高大乔木数十株，可能数目依旧，只是更加高大吧？文章重心不在自家林泉，而在来往至交，以及扩大的交游圈和行动所及之洛城六七十里范围内的名胜古迹处所。

就交游圈而言，嵩山僧人如满和尚是居易相与谈佛学的学侣，作诗相互酬唱的对手是刘禹锡。这两人算是他精神上相倚偎的朋友，但白居易与这两人都有空间上距离太远的阻隔。洛阳城中住有居易的儿女亲家，即皇甫曙，字朗之，是居易时相过从的酒友。位在洛阳北郊且须渡过黄河的平泉山庄庄主韦楚，是居易游山玩水的好伴侣。加上平泉山庄亭园占地甚广，即便只在园中赏玩，也自有一番佳趣，这个亭园是居易最爱前往的一个处所。以上四人，居易分别称以"空门友"、"诗友"、"酒友"，以及"山水友"。亦即，居易分别与这四人交，即有各自不同的重点玩法。

亲密朋友四人提供的是四套日常生活节目，但居易交友广泛，不限这四人。文章提到，以洛城内外，大约六七十里范围内，凡是亭园有殊胜者，他一定去赏玩；凡家中酿有美酒、又提供琴演奏会者，他一定前往一饱耳福与口腹之欲；凡能提供书籍、歌舞表演者，他没有不去观看的。此外，凡有邀宴，他多半乐于赴宴。可以说，白居易是放怀以穷耳目及口腹之欲。

以上是白居易应人家邀请，或是不请自去的游兴节目，约莫如此。更有他以主人自居，邀人到宅中做客的。这时他家中压箱节目是：其一，由他操琴，表演《秋思》曲；其二，他命家僮演奏《霓裳羽衣曲》；其三，他命家伎歌唱《杨柳枝》新曲调，共十几首。而其中文人的喝酒吟诗那套，更是不在话下。

据上所述，都在讲白居易结伴的玩法。白居易另有自己一人的游兴节目，依目的地远近，他使用交通方式也自有异。像邻里宅院他步行前往，设若在城中逛街他则乘马，再如离家近的郊野，他会拄着拐杖漫游，又如深郊野地，他就请人用肩舆抬他前往。凡此一人独游，他必携带如下心爱之物，诸如琴一把、枕一副、陶渊明诗集和谢灵运诗集各数卷。当然，一壶酒是必备饮品。

如此说来，莫说白居易是有唐一代最会安排一日生活的大师，更是百代少见的大旅游家了。如此积累十年下来，白居易自承创作诗千余首、自酿酒计数百斛。按容器，十升为斗、十斗为一斛，陶渊明"不为五斗米折腰"，是半斛的量。假设白居易十年制酒为五百斛好了，平均年产五十斛，亦即一百个半斛，即一百个五斗之量了。白家酿的酒，除了自饮，便是与朋友喝。白居易平均每月，有十天守斋戒酒，有二十天开放喝酒，一年可喝日计达二百四十天，那还得是健康情形之下。一个月薪资五斗米是小官待遇，但日饮五斗酒，必摧残身体太过。但也只有这样，才配称"醉吟"先生之号。台湾有位提倡闲适生活的玩家达人，叫刘克襄，他的散文是自然书写体裁。白居易如果活在今天，必可令刘克襄自叹不如。

白居易也自承，他的家人担心他喝酒过度，但受劝不听，还辩称他不是节制有度的人。底下他反过来安慰家人的话，相当有趣。他说，他要家人设想以下三种情况：第一种，他是位疯做生意的商人；第二种，他是沉迷赌博的赌客；第三种，他是疯狂炼丹的修炼师。

这三类人因偏好过度，一者必定营求屋宇，以致财招祸事而危及自身；二者终究破产而累及妻儿，致令冻饿；三者必令家人节衣缩食，而自己终炼不成丹。言下之意，贪杯过度还不是最坏的情况。

文本底下尚有叙议数百字，不赘。最后，白居易很得意地说出以下话：

> 由是得以梦身世，云富贵，幕席天地，瞬息百年，陶陶然，昏昏然，不知老之将至，古所谓得全于酒者，故自号为醉吟先生。[1]

这是喝酒过度尚不算坏的辩解之词，他把"人生如梦"和"视富贵如浮云"的陈腔滥调，改成更简易版为"梦身世，云富贵"，真是文字大国手！

比较作于八三○年的《池上篇序》和作于八三八年的《醉吟先生传》两文本，前者主要活动舞台在自宅亭园，后者则放大从自宅变成洛城内外六七十里内的多重舞台及其伴随的游戏节目。这之间反映白居易隐居的前二年的生活节目，隐居后第三年起至第十年的生活节目，是愈加充实的。

三、八二八至八三○年的一日之计

白居易在洛卜居的头两年（828—830 年），以及更久之后的八年（830—838 年），以两则记叙文本，即《池中篇序》和《醉吟先生传》来总结或盘点其退休生活。这之中只是生活的一部分，或

---

1. 参见白居易《白居易集》（北京：中华书局，1999 六刷）卷 70，页 1486。

是他主观选择性叙事。易言之，两文本充其量是居易卜居生活享乐的再现。居易先后两时段的生活，以如此一两千字篇幅势难齐全，应该很难充分传达其方方面面、林林总总。这两文本的局限性，使我往白诗寻找研究线索。按说白诗是每日享乐的记事，饶富个人史诗性质，是他向往享乐人生的实践。笔者想审视并检点这两时段（一个两年，另一个八年）的闲适诗，以之作为文本，试着提出第三者看待白居易的林泉生活是如何享乐模样。先看头两年的白诗。

白居易一开始沉醉在自家园林生活乐趣之中，毫不厌倦。他尝试将一天分成五个时段，充实以不同节目。这在他《偶作二首》第二首诗中，有恺切说明。他将五个时段，分别称之"日出""日高""日午""日西"，以及"日入"。他希望每天作息正常，故诗云："一日分五时，作息率有常。"（见白集卷22，页493）从此诗中，笔者窥知，每天五六点时分，居易即起床，盥洗毕后，便入斋房（他称"道场"）打坐。约八九点之后，他慢食早餐，餐点不再是大鱼大肉，但食物有时是精，有时是粗。中午时，他去一楼起居室休憩，选择窗边床榻放心睡到近黄昏。黄昏前后他出室沿着池塘散步，步行中有时饮茶有时吟诗。太阳下山后，他多半不进食，有些时候只喝酒。晚间他最爱的节目，是观赏家伎舞唱《霓裳羽衣曲》。

在卜居头两年中，白居易以晨间节目入诗的，传世有四首。其中一首，题曰《晨兴》，有三句如下：

宿鸟动前林，晨光上东屋。

起坐兀无思，扣齿三十六。

何以解宿斋，一杯云母粥。（见白集卷22，页495）

可知居易的斋房是在二楼东室，他在那里进行打坐。他的早餐中有一样，是掺有云母粉的稀饭。这是居易一为养生、二为落齿常食用之物。

居易有首诗，题为《味道》，内中一句有云：

扣齿晨兴秋院静，焚香宴坐晚窗深。（见白集卷23，页517）

这一天，居易从早至晚打坐静思。底下一句是说他读道教《真诰》和佛家《六祖坛经》，再下一句讲，反省这一辈子确有所不足之处，有待改进。末句则说，虽然个性犹有缺失，但照样吟诗弹琴自娱，一副好不自在状。

图 3-2　白居易手抄佛经

有时居易打坐静思，会从晚上开始，直到翌晨为止。他有一首反省诗，把反省所得写在绅带上，以示警醒，此诗题称《书绅》。这种从夜至晨之自省行动，内中有一句，是顺笔带到的，如下：

吾尝静自思，往往夜达晨。（见白集卷22，页497）

关于居易清晨活动入诗的，还有一首，题叫《朝课》，一共五句。第一句从宅外渠水讲到自宅幽静。第二句描述自家园池，新长成的荷叶群，有风吹来，有如众扇在扇风。第三句说池中有亭，亭上摆有一把琴、几卷佛经。第四句讲居易读几篇经文，弹一遍《秋思》曲。最后一句才说：

从容朝课毕，方与客相见。（见白集卷22，页495）

这可看出居易会客定在自家精神修为完毕后始为之。

关于居易午时暨午后活动，入诗的只有一首，叫《慵不能》，一共六句，第四句说：

午后恣情寝，午时随事餐。（见白集卷22，页494—495）

亦即居易不重午餐，午餐很弹性可有可无，但午睡则求放怀大睡。这诗符合前述居易自定义"日午"的节目。

居易"日入"节目，属夜间活动，以此入诗的数量则多出不少。夜间活动主题之一是睡眠，通常不是卧室入睡，而是室外池亭／阁入睡。这当然不会发生在冬春的冷天,而多系夏秋之时。像居易诗《引泉》,说于夜晚在池畔听了一夜的流水声。该诗最后两句中,前一句说,整夜坐在舟中,有时是就桥入睡。后一句用很洒脱的心情说这种室外睡眠,根本不用敷设屏风或帐幔来遮掩,有现成的池畔竹林就把床给圈住了。(见白集卷22,页490—491)

居易有首诗叫《葺池上旧亭》,是在讲装修旧亭事,为的是天冷有防寒设施。他先是说,水池在深夜景象凄凉,破晓有风,极其萧飒。更别说时序往冬季走时,会更寒冷了。接下来三句,是说如何装置那些防寒设施。最末一句则说:

中有独宿翁,一灯对一榻。(见白集卷22,页493)

这是说,修葺工程一了,则居易就可以独宿在池阁之中。

居易又赋一首有关睡眠的诗,叫《池上夜境》(见白集卷22,页496)。从题目就知,他夜游于池上,便在池上睡着。该诗第一句描写夜空如洗,满天星斗映照在池塘上,池上浮光耀辉的情景。第二句说居易睡眠用的凉席上有露珠,正迎接凉如水的月夜,返时凉风吹拂衣襟,感受有如初秋的凉意。第三句说,新睡乍醒时,才闻到旁有幽草的芬芳,草丛中还有野禽伴眠呢。第四句讲,想要超然物外,根本不用往外推求。整首诗中,"星月""夜滑"两词,以及"新睡觉时幽草香"一句,可以判断是居易睡在池上,半夜醒来即景抒情。其中一句"无人惊处野禽下",描写的是居易与野鸟睡在一处,却没有惊动野鸟,这池上之静谧,不言而喻。

同样是夜半醒来,但因是在卧室,故情景又稍异。白居易这首诗,题名叫《小院酒醒》，一共四句。前面三句是说，居易半夜酒醒后，出室散步。这时整个庭院深凉如水，但心情是闲适的。诗人眼睛所及有两物事，即初秋用的席子，以及屋外有明月光洒满的三个回廊。接下来，诗人又看到桌案上杯中残酒和酒杓子，尚未收拾好，这才回想起昨夜的酒宴。这下末句是如此说的：

好是幽眠处，松阴六尺床。（见白集卷23，页518）

以上是诗人半夜醒来，不论是在室外或室内，都有一番好心情，脱却一般人半夜醒来苦恼的制式反应。居易这种洒脱的心情，通常使他一夜好眠。说到这有一首诗不得不提，此诗题名《安稳眠》。第一句讲到家中虽不富有，但不致让家人挨饿受冻；第二句讲年纪变大，但幸无病痛；第三句讲眼见人间繁华诱人不已，但自己把持得住，只往清闲方向去用心思。如此一来，自然一夜好眠了，诗人下一句如此说：

既得安稳眠，亦无颠倒梦。（见白集卷22，页496）

可知诗人即令半夜醒来，有感而发也都偏向心理健康的方向，不是那种心里烦忧以致夜半惊醒那般。

从日落到子夜就寝之前，这一时段相当长。照诗人《偶作》诗所言，"日入"时段是以看歌伎演唱《霓裳羽衣曲》来排遣时间。事实上不可能夜夜如此，相反地，这一歌舞节目只能偶一为之，才不会看腻。其实这两年，诗人的夜间生活，多半是独自面对自己的状况，这有四首诗为证。

诗人是先购置洛中宅，之后才完成卜居心愿的。就在买下豪宅，思索出处行止之时，也就是洛阳分司官的任命尚未发布之前，他有点烦忧。据现在流传的他所作《洛下寓居》，全诗一共六句。第一句说，一个秋日白天，他在家中读书解闷。第二句说，那天夜晚他弹琴自娱于起居室的窗边。第三句他说，愈来愈慵懒，到了推拒参加游宴之会之地步，遑论老来做官要参朝了。第四句说，和尚东一句叫他戒酒，道士西一句劝他不要当官且至完全退休。第五句说，诗人计算倘若真退休，他的经济状况能否支撑。第六句，诗人做了退休不官的打算，如下：

> 如能便归去，亦不至饥寒。（见白集卷23，页516—517）

当然，从事后发展看，结局比诗人计划的完全退休还要更好，那就是支领全薪却不用做事。不过，当时诗人并不知会有比他预料更好的情况发生。

等到如愿以偿，诗人有一夜晚弹琴于自家池塘之上，似乎在庆贺这样的好结局。诗人把那一夜的好心情全写在他《偶作》第一首诗中。全诗十四句，其中只有第十句，写他弹琴月夜池上的景致，如下：

> 解带松下风，抱琴池上月。（见白集卷22，页492）

其他十三句诗，主要在讲握权人生不如退休人生，以及他适时告退，还有大好余生可以养尊处优，以其文繁，不俱引。

白居易的《秋池》诗，两首之中第一首，是写他在庭中的秋夜池畔，因景抒情。第一句说，身心俱闲不忙事情，也无所思虑。第二句说，值此故园之夜，还走到秋天池塘边。底下两句是写景，像说岸边昏黑，群鸟歇息不动。又如说，皎洁的月光使得池中的桥异常光亮，然后夜风吹拂过池上的菱角，一时香气四溢，挂在桂花上的露珠，个个光亮闪闪。再下一句写他是多么珍惜这样宁静的环境，以及平静的心境。最末一句则说，这种悠然自得的心境，怎么如此其迟才获致？笔者还是征引此句如下：

悠然心中语，自问来何迟。（见白集卷22，页489）

白居易另首《秋晚》诗，同样是写家宅池塘情景，只是这天夜晚没有月亮。第一句写池畔烟景蒙蒙，却有微风吹拂而过。第二句写蛩虫因为寒气而爬向屋壁，他养的华亭鹤晓得入夜当回到笼中去休息。第三句是感叹话，说自己长相随着年龄增添而改易，从此走向衰弱的心情是与万物相同的。第四句将此心情投射到景物上头。他写说，夜来霜下多少，会决定梨树叶子红色程度的深浅。且将此句征引如下：

夜来霜厚薄，梨叶半低红。（见白集卷23，页520）

这是诗人在讲，走向衰途，是人无所遁逃的宿命。既然如此，就当出以豁达的心胸来迎接这一宿命。

以上两诗皆写诗人在池畔独思，一者在于珍惜眼前的闲适生活，另一者则在表示接受衰老这一自然演化，这全都显示豁达的人生观。事实上，在晚年只有心怀豁达，享受人生和乐活人生，才有可能达此境界。

更多的夜晚，诗人则是在想念远在天涯的至交好友。所以，以怀友为主题的诗，自是有一些。我这里且举四例。

在一个烟景的夜晚，时值岁末寒冬。诗人在他寄给同年好友庚承宣的诗中，最末两句如此说：

幽致竟谁别，闲静聊自适。
怀哉庚顺之，好是今宵客。　（见白集卷21，页471）

这是说，诗人心情很平静，很满意如此生活环境，只可惜好友没来共度良宵。

这种企盼良友同享良宵的诗，也出现在前述《秋池》诗的第二首之中。此诗末两句如此说：

谁能同一宿，共玩新秋月。
暑退早凉归，池边好时节。　（见白集卷22，页489）

在居易卜居第一年，在自家园林闲适自得的情形，一一再现于此时各诗作之中。不管是初秋或是残冬，诗人的园林随季节有变易，但在心境平和的良宵之中，唯一美中不足的，就是缺乏良友来共度良宵。然夜怀良友本身就是美事，这点自是言外弦音。

又一个月夜良宵，诗人夜半起床，思念至交的两位好友，即刘禹锡和元稹，二人都先后与白居易出版互酬的诗集。这首遥想刘禹锡和元稹的诗，创作背景是诗人在白天收到刘禹锡寄来的诗篇，当晚半夜作诗酬答。这时，刘禹锡在长安任集贤殿学士，元稹则在越州任浙东观察使。长安、洛阳、越州三地阻隔悬远，却阻止不了白居易对两友的思念之情。这首诗第一句讲那晚月亮高挂在洛阳城天空，而天空万里无云，异常皎洁如水。第二句则说月空下洛阳城中有位白头老人，披着袍衣半夜起身走到池畔。第三句则说，这位白头人悄立在池中亭上，亭外池水像一面大镜子，但他则心在千里之外。远处长安皇宫中、越州官衙书房中，同样的月光应该也映照到这两处。笔者细按此处，白居易幻想刘禹锡应值夜宫中，而元稹应在书房看书。第四句为末句，容笔者抄录如下：

眇然三处心，相去各千里。（见白集卷 22，页 491）

同样是一个秋月夜，白居易想起庐山东林寺的远禅师。这诗叫《问远师》，只有短短两句。第一句话说，诗人正斋戒，故而晚餐不食荤，只散步园中，试着作诗吟唱，一抒秋天怀抱。第二句说，诗人试着问远禅师，作诗之时应不应破斋戒之法。这自是玩笑话。（见白集卷 23，页 518）

综上诗文分析可知，居易卜居洛阳城头两年，确无烦恼婴心，他自己也希望过有规律的生活，将一天划分成五个时段，每个时段都有一个功课节目。像晨间打坐，以及之后慢食早餐，还有午睡／午休，都是比较能遵守的。但这类活动或许太例行化，难以入诗，以致这方面诗作不多。诗作少并非居易奉行不力，恰恰相反，夜以继日地遵守自定义规律，居易这两年的健康是保住的。

居易以日计的居家生活重心，应该在入夜之后。尽管他自定义的"日入"后节目，为观赏家伎表演歌舞。但我们可以想象，每晚看相同节目，日久必厌。这只能偶一为之，或是以间隔有时的方式，去奉行这个节目。往往夜晚时分，居易多在亭园散步，或弹琴自娱，或观赏夜景的。而晚上睡眠也未必很制式，非得在卧室内行之。居易不仅在亭阁中随兴赏游而随时睡着，而且睡睡醒醒之间还引以为乐。居易没有非于卧室睡觉不可的定规，也没有非得一睡到天明，中途不起身的坚持。晚上的睡眠，对居易来说，是自由自在的，即令睡中乍醒，他并没有今人失眠的苦恼。居易往往夜中醒来，因怀念远方至交，而写下动人的诗篇，看来夜晚是诗人诗兴勃发的好时机。

整体说来，比较居易自定义规律生活文本，和以诗文本所再现的实际日常生活对照来看，他基本上把握一天五时段的生活律则。只在"日入"后这一时段，有入夜不睡或是睡到中夜醒来这两种特别状况，这时，诗人或打坐冥想，或创作诗篇。如此，夜晚对居易而言，愈夜愈美丽，可睡就睡，就算睡醒，也不妨碍当一位快活的守夜人。

四、八三一至八三三年的变故

居易卜居生活，从第三年（831年）起，到了第十年（838年）他的生活起了丕变。出门游历和伤恸故旧凋零，不免搅扰了居易原先订下的规律生活规章。

大和四年（830年）十二月二十八日，居易受诏除河南尹，诏书抵洛是闰十二月下旬。居易视事在大和五年（831年）正月。到了大和七年（833年）四月，居易罢官归履道坊宅。半退休期间，居易得此二年二个月的官守，使得幽居家中生活，变成多方接触人事的洛阳府衙生活。还好河南尹公务不重，再者居易已不具壮年的干劲，故而虽居官却过着前呼后拥、极其惬意的生活。每隔十天，居易照常去履道坊宅中逡巡一番，亦即居易搬至府衙居住。（参见图3-1）府衙有亭园供府尹大人游赏其间，居易一上任便花钱整顿亭园，这使得官厅后院成了舒适的宅第。

白居易寄居官舍这两年两个月，悲喜之事纷至沓来，难免使居易应付不暇。这比起前两年相对平静的卜居生活方式，起了太大的变化。

春天时分，白天居易多半出游。在一首唤作《天津桥》的诗中，除了大肆描写洛阳名建筑天津桥其附近景致之外，他特别提到，府尹随员万万不可大声呵斥，以免惊动了黄鸟群，害它们不敢啼叫。（见白集卷28，页644）有了衙役侍候，白居易出城踏青，更是方便。他有两诗特别提到，他上山尚不需人搀扶。（见白集卷28，页644，《不准拟二首》）

一入夜，居易在府衙亭园大宴宾客。在《府中夜赏》诗中有云："闲留宾客尝新酒，醉领笙歌上小舟。"（见白集卷28，页645）在居易修葺府衙水斋完工之后，他趁机宴请宾客。这次宴客，居易有诗叙其事。内中有谓，即令有玩兴的人不多，他还是把人留下，陪他闲游府衙亭池。诗句如此说：

少逢人爱玩，多是我淹留。

谁能伴老尹，时复一闲游。（见白集卷28，页645，题为《府

西池北新葺水斋，即事招宾，偶题十六韵》）

这种热闹的夜间游园活动，从冬天延续至春末夏初，因三岁儿子崔儿夭折，而骤然歇止。这个哀伤期间，身在园中，心系园外。他分别作诗向远方三位老友，既崔玄亮、元稹，以及刘禹锡，驰告此一伤心事。哀伤之中，居易斋戒度日，当然无心园游。（见白集卷28，页646，《初丧崔儿报微之晦叔》《府斋感怀，酬梦得》以及《斋居》三诗）

到了夏天，白居易在七位道友协助下，畅游嵩山。秋天，居易出游王屋山。下了王屋山，白居易特别前往崔玄亮的济源山庄，这时玄亮居官在外，不在庄内。这两次远游的间隙，七月下旬，元稹病逝武昌；八月，灵柩运抵洛阳履信坊元宅，白居易亲临吊唁；十月，元稹的丧礼在洛阳宅第举行，白居易负责写祭文。明年七月，元稹遗骸将返葬咸阳祖坟，届时元稹墓志由白居易操刀。

从元稹死讯传至洛阳，到来年元稹灵柩移往长安之间，白居易心里没有一刻安静过。先是刘禹锡赴任苏州刺史，途经洛阳停留半个月，这是大和五年（831年）十一月上旬。洛阳留守长官是李逢吉，又是刘禹锡好友，这三人凑在一块，自是宴会不断。等到刘禹锡非走不可那天，白居易为老友设宴福先寺，两人喝酒喝到天明。附带言及，福先寺是洛阳名流养病、祈福的重要寺院[1]。

---

1. 参见拙作《墓志史料与日常生活史》，《古今论衡》第3期（1999），页26，言及洛阳福先寺是居洛士人对家中长者行"饰终之典"的首选场所。这里凸显了中国死亡文化中，由崇尚死在自宅，变成崇尚死在佛寺的一大转变。

白居易任府尹第二年，即大和六年（832 年），年六十一岁。他除了六、七月要忙元稹丧事，乃计划中事。另一件计划之事，是居易在四月，要办一场贺雪宴会。在不预期的事中，先是洛阳长官令狐楚往任北都留守，居易责无旁贷，于公于私，都要办一场盛大的钱别宴，时为二月。继而七月，居易同岁好友崔群，正好是洛阳邻居，却在长安去世。崔群与居易在翰林院共事过，后来拜相，居易能从贬谪之地返回长安任朝官，与崔群暗中帮忙有关。崔群的死，使居易又痛失一位朝中奥援，白居易为此写下《祭崔相文》。

第三件意外事故，是居易至交崔玄亮，在朝中为宰相宋申锡辨冤，乃告长假归洛。居易于十月，再度登临王屋山，下山后去借宿济源山庄。时崔玄亮才抵洛阳并未返庄，待居易返洛，才与崔玄亮会面。这时更好的消息正传抵洛阳：朝廷任命崔玄亮为太子宾客、分司东都，这意味着两位老朋友可以在洛阳朝夕相处了。

第四件意外事故，是居易曾拜相的同年老友杜元颖，最近远谪循州任司马，于岁末传来死讯。白居易又折损一位朝中奥援。

白居易府尹生涯第二年，泰半时间远游在外，即令居洛，不是送往迎来应酬，就是处理老友去世之事。他应该少有心思放在府衙亭园上面。

第三年的府尹日子，白居易显得意态阑珊。幸而有崔玄亮相伴，日子排遣也还可以。这时，另有两位人物，也到了洛阳：一位是李绅，是居易翰林院的同事；另一位是科举门生，即鼎鼎大名的牛僧孺。后者是居易晚年很重要的社会奥援，加之年龄上虽是居易的晚辈，但他位极人臣，却愿意照拂白居易这位座师。

整个河南尹两年二个月，是居易园林生活受到限缩的时刻。白居易在河南尹卸任之后，自行回顾近五年的生活，用一首诗叫《再授宾客分司》，来总结这五年的生活情况，这诗共有十二句。在此，居易谈到河南尹一职薪资高、职务轻松，此第一。第二，他的幕僚团队因为他不事烦务，抑且多安排娱乐节目，所以他们也就陪着他游乐、喝酒。第三，居易特别强调他爱出游。在此，他的诗句如此描述：

乘篮城外去，系马花前歇。

六游金谷春，五看龙门雪。（见白集卷29，页657）

前面，笔者谈到居易远赴嵩山和王屋山，但此诗对于出游，居易着意的是洛阳近郊的两个景点，即金谷园[1]和龙门山。显然，诗的语言是精简的，诗人不能巨细靡遗地去排列他近五年行脚所到之山野。从居易自道之辞，凸显出游是他退休生活重心所在，在此园林生活反被弃置一旁。依笔者之见，园林生活是居易卜居的常态，出远门则成了他的变态。变态比较有趣，是调剂太腻的家居生活所必需。家居与旅游构成居易卜居的两项重要节目，是不会错的。家居是不求自来，旅游则需要计划和安排，当然也要视身体状况而定。由于旅游非本文重点，不赘。

---

1. 唐人溯源园林豪宅生活的始祖，通常都指向西晋大官石崇经营洛阳金谷园。对此，参见杨晓山作、文韬译《私人领域的变形——唐宋诗歌中的园林与玩好》（南京：江苏人民出版社，2009），页10。

五、八三四至八三八年的四时感兴

白居易牧守河南府二年又二个月，固然有府衙人力资源，在出趋远门之时提供帮助，抑且旅游的动态活动较之观赏园林的静态活动，更为刺激，且在进行诗文载记时，白居易大多选择旅游而非观园，作为创作诗材。这两年间，白居易留下以出游为主题的诗篇，多过观园主题之诗篇。这不表示平日园林活动变少，而是就再现日常生活实情上，观园主题诗的创作较少呈现罢了。出游固然刺激，但元稹、崔群以及杜元颖等三位至交之死，还有唯一子嗣阿崔夭折，则更是刺激太甚，这都使得居易身在府园之中，心有旁属，目无园林胜景，是可以想象的事，遑论有心情观赏园林之美了。出游莫非也是为了平抚心中哀痛？

白居易罢官府尹之后，生活又要从绚烂归于平静。初罢官时，他有几首道情之作。首先，他有首诗《罢府归旧居》，共六句。首二句言居官和罢官之歧异，像居官印象有朱门、官印、腰绶等物，而罢官之印象有陋巷、平常用帽，以及让人抬的坐篮（按：倘系官员则有轿）等物。继而后二句言，家中亭园的池沼和竹林，都是他自为经营之物。第五句说又恢复旧时退居生活，他要把琴匣抬到石片上啦，以及松林下摆放酒杯啦。末一句言未来意向，如下：

此生终老处，昨日却归来。（见白集卷31，页695）

再如一首罢官即兴之作《把酒》一诗，首四句在讲穷通在天，忧喜在己的达观态度。接下来，他以和亲友对话方式，指出两个要点：其一，他比起宗族人士来，早就富贵了；其二，他讲亲友不必担心他逐渐衰老，相反地，应该觉得欣慰。何以故？在他同辈任官的人中，没有几人活到老年的。底下两句更是洒脱：他说自己早餐不求过饱，在这种情形下，用不着烹煮五个鼎的豪华气派餐的菜肴；至如夜眠只求心安，因而只需一副床褥。最末两句先是说，早餐和夜眠之外，其他物事皆不重要，直如浮云一般；继而说，他有儿子的话，不留家产给他，何况他根本没子嗣呢。（见白集卷29，页657—658）

这类辞尹返家的道情之作，尚有多首，不赘引。总之，居易借这类道情之作，在宣示其乐天知命的人生观。笔者还是要继续关怀居易家居日常生活步调这一主题。

园林物之咏

居易从八三三年阴历四月辞尹，至八三五年阴历十一月下旬，朝廷"甘露之变"发生，这两年多时间，他多居家宅并即事吟诗。此外，也频频出游。家居日常文化活动，集中在咏物、思友，以及与友酬唱等三件事上。这类情事，借由居易诗作均可略窥其中种种曼妙情思。

对于园林物事，居易多寄情其中，为之兴咏不已。像私酿家酒，他有两首诗兴咏。其中之一有十句，篇名为《咏家酝》（见白集卷26，页597）。此诗作于八三三年四月甫辞府尹之时，共分四个折段。第一折段言，古来两种名酒和两种制酒法。第二折段言，自豪制酒的材料：水、曲、糯米，以及榴花等，都有所讲究。第三折段言，所酿之酒其香其味，以及饮用时之特别滋味，再有所用之酒壶和酒杯，如何特别。第四折段言，酒对居易特殊意义，在于助其改变心境和心情。另一首题名《家酿新熟，每尝辄醉，妻侄等劝令少饮……》

（见白集卷31，页710），共四句，作于八三四年时，此诗语带诙谐。第一句对朋友自招说，每天饮酒为非，倘若让朋友知之，朋友一定责怪。第二句则辩称，自己身上毫无病痛，趁着酒瓮诱人就当把握时机饮用之。第三句用典故说有妻劝夫不要饮醉，有侄替叔讲情说他并不痴呆，暗示其叔知所节制，这是侄儿排解叔婶因喝酒事闹得不愉快的故事。第四句酒客自言，活到六十三岁，假使不醉长醒，又有何事可为呢？

事实上，居易自称身边有三友，酒即其一，另二分别是可奏乐的琴，以及可吟咏的诗篇。这在居易有首诗，叫《北窗三友》（见白集卷29，页665—666）有所表示。居易日常居所是住楼一楼的北室，面北的窗有矮丌，供置琴一把。约在八三四年的夏天，有一天居易写成《北窗三友》一诗，共十七句，诗可分成三折段。第一折段自言，他在北窗下有三友陪伴，这三友分别是琴、诗与酒。他通常先弹琴一遍，继之喝酒，喝得茫茫之时，诗兴一发，就成诗一首。如此循环无已，交相迭用。第二折段举诗痴陶渊明、琴痴荣启期，以及酒痴周伯伦为例，说他师法这三人，而这三人在经济条件上不如他，却在精神意境上有所成就。第三折段说，三师去远不可追摹，反倒是三友与我相熟，无日不相伴随。接下来描写酒醉狂态，以及酒酣之时诗兴大发，以至诗篇一一出炉。这些诗篇是他要告慰亲朋知交用的，这里面无是非可言云云。

大约是八三五年的冬天某日，居易完成《对琴酒》（见白集卷30，页677）一诗。他当时是在小楼西边的靠西窗处，在看书。接下来，诗人从琴匣取琴出来，再把装满酒的一只酒瓶取来。在尚未抚琴和喝酒的时刻，诗人默默地观视琴具起来，这时他已是一如对待故友般深情款款了。这是此诗前半折段的大意。至于后半折段则在说，心中怀有秋泉的旋律，它早储存在家中池水之中，心中想望的春云心思，会在喝下酒后油然而兴。诗人接下来又说，琴与酒只是心情的媒介物，古来早有之，但识得琴与酒可转生出的精神意境，没几人知其故。环顾古今只有三人深通其理，即嵇康、阮籍，以及我白居易！这是何等自豪！

以上居易所咏物皆无生命，从家酿私酒到琴均然。他还对两个物事，极尽其咏赞之能事，其一是支琴石，另一为青毡帐。八三三年四月，居易辞尹返家，写出一诗《支琴石》（见白集卷31，页695—696）。居易的琴，如在居室，自有矮丌可置放，如欲在室外池边抚琴，他固定有个支琴石，可放置琴。这首诗先写此石身世，居易怀疑是天外陨石降临地面，长期被深埋在涧水底部，直至被人挖掘。次写天上人间支琴石不同境遇，他说天上日子是应胜地下日子。然而诗人笔锋一转，又说在天辅助天机，反不如在地协调安置琴。诗末，诗人反问这片石说：我每天提携你、拂拭你，你有感恩否？诗人很确定代答说：你虽无法言语，但我知道你与我心是契合的。

诗人对无生命物的深情款款，也表现在他独有的御寒对象上，这是他在室内安放的如游牧民族的一件青毡帐。这副帐，诗人照例从它出身讲起，该诗共计二十句。前六句诗人描写青毡帐出身北地，先是提及它的材质，继则说着有遮风蔽雨功能，然后语及其形制。中有三句，言青毡帐被引进中原，说它孤身守着明月夜，它的价值就在寒冬时节显现。在帐中，可以取代汉人式的暖炉之类设施，同时也可在其中演奏乐器。紧接的七句，在讲它的益处名声因寒冷时节愈加为人所知。中国人利用它设歌座和舞筵，闲暇之时，只要揭帘入内，一喝醉便披着袍子入睡该处。底下详细描绘原来家中御寒设施都可抛去。以居易来说，它的另一桩好处是，在帐中墨汁不会冻结，酒瓶里的酒变得像春泉般好喝。末了四句中，诗人更扩大去讲毡的好处，说有了此帐，贫穷书生与和尚一定很羡慕拥有此物。有了此物，更方便客人来访，更值得当传家宝般传给儿孙。诗人更援引东晋王子晋珍爱他家祖传旧物的典故，以此对照，说王家宝物不如他白家的青毡帐。

　　白居易将自家文稿储放在一书柜中，为此他赋诗一首，叫《题文集柜》（见白集卷30，页682），共八句。第一句说，书柜是砍下一株柏树做成的。第二句说，它的功用只在存放白乐天文集。第三句说，自家以写作为志业，从小写到老。第四句说，全集有七十卷，大小诗文共三千篇之多。第五句说，自知作品终将遗失，但还是珍藏有加。第六句说，他时常开锁查看柜中文集，将它置放在一张覆盖有布幕的其他书籍的前面。第七句说，虽说已命无子，一如古代的邓伯道同其命运，但幸而自己活着的时代没有如汉末王粲般的写作高手。第八句说，他只能嘱咐女儿珍视自己的文集，让它由外孙来保藏。

　　其他的物事，白居易还把鹤、舟、池、白莲花，以及庭中月等，加以入诗，不赘。

　　综上所述，自酿酒、支琴石、青毡帐、书柜（专贮自己文集）等四物，或是诗人日用物，以及特殊时节专用物。中国在居易之前，虽早有咏物诗传统，但像居易别具慧心去描摹物事，也极为不容易。

　　还有，居易所处时代，是中国从席地而坐的无椅子文化，迈入有垂脚靠背椅的旧新变革过渡时代上。当时的椅子，特别叫"绳床"。那是中国人借床的观念去看待新生物的椅子。这之中，椅子的背靠是绳索缠绕而成，并非以实木为之固定。白居易家中，很可能有三四张"绳床"。他并没有以此新生物为题，去赋诗吟唱。他只是在诗句中，顺笔提及此物。即令如此，已被现今研究者视为中国椅子史上初始阶段的重大证据。[1]唯今人只察觉白居易有一首诗言及自倚绳床，已视为了不起的大发现。事实上，白居易另有三首诗言及绳床，总共是四首诗，而非仅有一首。

白居易于《爱咏诗》中，言自家于卜居后写成千首诗，而且心向佛法，以此构成此诗第一句。此诗只两句，末句是说自家喜倚绳床为座，以此怀疑前世是位诗僧，如下：

坐倚绳床闲自念，前生应是一诗僧。（见白集卷23，页517）

再一首《秋池》，第一句说，自己坐在池边绳床上，享受清风吹池成浪，而浪里和着昨夜的降霜呢。如下：

洗浪清风透水霜，水边闲坐一绳床。（见白集卷28，页639）

又如《睡后茶兴，忆杨同州》一诗，是白居易思念妻兄杨汝士之作，杨汝士时任同州刺史。前四句言，白居易前一晚饮酒过多致醉，且睡醒较迟，等吃完早餐他又去补觉。醒来之后，心无牵挂，他就

---

1. 参见翁同文《中国坐椅习俗》（北京：海豚出版社，2011）页13，说俗人坐绳床者，从孟郊和白居易二人发其端绪，此外皆言僧人平居坐绳床。

信步绕池散步，这时幽致的心境甚为饱满。他特别找一处绿荫的树旁，外加有青苔的地面，于是搬来一张绳床，顺便就池边洗清茶具，准备泡茶。我且引用绳床这一句，如下：

此处置绳床，傍边洗茶器。（见白集卷30，页681）

诗句往下，讲到茶杯、炭炉，以及烹茶情形，更兼饮用时留有余香等细节。最末一句，画龙点睛说，可惜杨汝士不在身旁共饮，以致无人识得此中滋味云云。

第四度提到绳床，白居易诗《三年除夜》，讲的是开成三年（838年）除夕夜事，这年白居易六十七岁。此诗先写年节应景物，计有火光、酒香、童戏、长夜。继写大堂上，晚辈排列次第来敬酒贺年，再继而写自家心境如止水。最后写夫妻俩各坐绳床，旁有素屏风一张，仆从侍候一旁，老夫老妻相对无言。

我且将有绳床的末句，抄录于下：

夫妻老相对，各坐一绳床。（见白集卷36，页817）

以上，白居易四次提到绳床，第一次和第四次，分别讲书房摆一张，厅堂摆二张。第二次和第三次，都讲他去室外池边找乐子，诸如饮茶和赏池，很可能是从室内搬一张绳床去到池边用的，不见得池边有固定摆设坐椅。绳床轻便，具有可携带性，故而可在室内室外移来搬去，不受阻碍。绳床应系白居易日常爱用物件之一，在中国椅子史上，初期普及化过程中，官宦之家多有此物，唯有白居易用诗留下使用的证据。他不止一次提到，还提及四次之多，这四诗写成于九世纪三十年代。白居易称得上是中国步入使用椅子文明史上，最佳见证人和使用者。

首夏之后接连几个夏天

白居易吟咏对象，是林园日常生活的一个文化项目罢了。他平常更多时间是在感兴四时变化的情致。白居易的园林生活常轨，在他头两年以"一日之计"为重心。至此，他改成对四时变化所及于其园林、因外溢所激起的感兴，加以细嚼兼慢品。

八三三年的夏天，白居易已辞尹返家，他有意识地记录这一年的夏天。他有首诗，名《首夏》（见白集卷29，页685），意为第一次夏天，似乎有新纪元的况味。此诗共十句，可析分成三个折段。第一折段有三句，讲园林夏日风情。在此，居易注意到的是林中蚊虫尚未滋生，池中群蛙尚未鸣叫，他以此句勾勒出一个静谧的世界。接下来，他描述一整天天气清和，极为舒适。这时他又观察到春天诞生的雏鸟尚在母鸟照顾之下，而林木枝繁叶茂早已成荫。第二折段，写到诗人在园林中的活动，一会儿水池畔闲坐，一会儿步行上桥眺望。这时他扪心自问，自我安顿如何？回答说，身体觉得闲适，加上官位不轻，有了经济后盾，营生不用烦恼。第三折段，诗人想起古人，自觉是古今第一幸运之人。他每天饱食，觉得愧对伯夷，他喝起酒来源源不断，觉得对不起陶渊明。他已年登六十二岁，寿命倍于颜回，他富足百倍于黔娄生。他拥有前述四位古人所不具的四种优势，照说拥有其中一项即高兴不已，何况还同时具备四样。他当然欣慰异常，即令年纪变老，但心情甚佳。总的来说，没有可抱怨的，这是一种知足感恩的表态。笔者还要列举他以下所有道情之作，多不脱这种基调。这其实暗寓，我白居易晚年立志享乐，不想上天应允我如此，我越发心怀感恩知足了。

另一首咏夏之作，名为《早夏游宴》（见白集卷29，页663），讲的是八三四年夏初，此诗共六句。前两句讲年老心不老，生活步调虽缓，但活力充沛。因而日常生活节目安排，不是游山玩水，就是摆宴待客。中段两句在讲，眼见花木茂密繁盛，没几下又落英缤纷。植物界荣枯有时，印证人间世亦然，繁华抛尽、炎凉随生。末段两句拉回季节的换季，木棉被褥尚未收拾起呢，为应付秋老虎用的蒲葵扇已派上用场。这样换季，诗人并不惆怅，反以欣喜之情顺应，且引居易诗句如下：

且喜物与人，年年得相见。

居易出游山水逸出本文主题，可不俱论。本文还是扣紧居易园居日常生活，宴宾客情事，详见下。

再看八三五年夏天，白居易如何捕捉当年夏季风情呢？先看他一首诗，叫《池上作》，顾名思义，此诗写于泛舟池上之时。此诗共十句，可析分成三折段。第一折段有四句，在讲家中园林胜景，有一处，微风吹拂千竿竹，把水池浮萍吹散，露出池水深不可测的样子。接下来，写绿竹映水岸，碧水中有松树影，然后写蒲草和园中三岛把园林弄得错综复杂，更别说波浪和沿岸诸般倒影，将景致弄得更加变化多端。第二折段亦有四句，讲诗人行舟池中，回思古今人事。万物和风景任取其一，都有所受限且单调。相比之下，我的园林它可丰富多了，内有乔木和绿竹各自成林，池塘水又深。还有一对华亭鹤，以及四块太湖石。第三折段，说没有访客来过问我，对照洛阳城内高官显宦，自是门庭若市。此处暗示，诗人不觉得人生有何缺憾。

同样八三五年的五月，天气炎热之际，居易另一妻兄杨虞卿，时官京兆尹，遭贬虔州。居易为此写《何处堪避暑》一诗，共十二句。前两句是序幕，说避暑宜在林间背日楼，追凉宜坐池舟任风飘驶。接下来四句讲居易夏日节目，将进餐、游戏、睡眠、饮茶等四项活动，不加固定，随兴而为。在此期间，他因眼明而见到青山，因耳尖而听到水声。有时他脱袜让双脚浸在水中，有时他把头巾给解下，任意搔头。这让读者读将起来，兴发好一幅快活景象，天气再炎热也没困住居易。紧接两句，是在讲这样快意生活已过了七年，从内在的心灵，到外在的形体，都充满自由自在的感觉。末四句则对自己的卜居以及妻兄杨虞卿在朝为官充满凶险，而感慨不已，如下：

> 拙退是其分，荣耀非所托。
> 虽被世间笑，终无身外忧。
> 此语君莫怪，静思吾亦愁。
> 如何三伏月，杨尹谪虔州。　（见白集卷30，页684）

八三六年的夏天，居易行年六十五岁，亦有咏夏之作，诗名叫《夏日作》（见白集卷30，页688）。全诗饶富悠闲气息，可以析分成三折段。第一折段三句，说他身穿葛衣、头戴纱帽，凭此装扮度过炎夏，又说轻便穿戴为的是方便身体行止坐卧，根本用不着穿上好的锦衣。第二折段有五句，描述诗人的特别早餐，以及餐后活动，真是令人羡慕不已。先是说一夜下雨，清晨雨歇，林间的竹笋纷纷冒出头，而秋葵有晨露浸润，显得娇嫩。竹笋和秋葵便成了早餐再好不过的食材，我吃了这两道菜后，再也不想食用腥膻的鱼肉。饱餐之后我去盥洗漱口，接着摸着肚皮，出门散步去。等散完步回来，我到北窗的房间去睡觉。这样的晨间活动，正是诗人要说与世人听的日常节目。第三折段有三句，讲所用食材不费钱，吃进身体有助身心。如此不费钱又身心健康，哪里活不到天年的呢？

笔者调阅白居易连续四年的夏日风情书写，无非都在讲园林生活的自得和自在。比起居易于八二八年至八三〇年初卜居的生活，讲究的是每天规律生活的节奏，八三三年夏天以后的三四年卜居生活，在步调上弄缓不说，而且相对不那么规律。至少睡眠割裂许多，在睡睡醒醒之间，日夜区分不大。这时，四时感兴成了他日常生活的重头戏。尤其居易勤以用诗加以记录，这使我们今日得窥居易园林生活，前后期方式有别一事，显得不困难。比较前后园居生活重心变换，笔者必须说，前一方式诗作，居易以捕捉一日之中分成昼间和夜间而各自有别的活动为主；后一方式的诗作则不全是在讲日课或夜课活动，而是整天全盘观照或数日合观的行动，才是居易诗作呈现的重点。

秋天忧喜掺杂

接下来，秋、冬、春三季，亦各有不少以季节为题之诗作，正是笔者底下要聚焦观察的所在。先说秋季。

在秋天，白居易心情时喜时忧，反映在诗作上无非这两样心情。

先说喜的一面。首先，八三三年的《秋池独泛》（见白集卷29，页661）共六句。首二句在讲，秋风扫过他家园的竹林，抖落出萧瑟的声息，池塘上有艘船，船上平铺着一张鹿皮。这像影片制作人用镜头先呈现一个画面，接下来作为行动者的诗人入镜了。下二句说，他坐在鹿皮上，手中持有酒壶。这时的他坐姿不雅，而且正酒醉半酣之中，他连自己是谁都想不起来。末二句则自比古人，如东汉初的严子陵垂钓竟日，正是未出山之前的模样，又如战国苏秦尚是宅男、时时仰天长啸的未参政之时。他的卜居使他无所事事，以致在心境上是悠然自得的，如下：

悠然意自得，意外何人知。

又如八三五年的秋天，白居易赋得一诗，取名《七月一日作》，共有十句，可析分成三折段。第一折段上，讲七月一日这一天，秋天来临，整个景致让他高兴起来。第二折段上是写景，说林木间夏雨初歇，池塘凉风渐起。他走在池中通三岛的桥上，望着绿油油的竹林，以及岸边青靡靡的莎草丛。他家池塘上还横卧着一方大青石板，因为它，池水分成两道从石旁经过。他要读者不用惊奇，原是深山中物，如何出现在城中一家家户中。在第三折段上，这时诗篇文本作者又调转笔锋，去讲他有人侍候他的愉悦心情。举凡他要坐要卧，自有双僮协助；只要行走，就有人递给他拐杖以助步行。肚子一饿，胡麻粥一碗立至嘴边；口中一渴，有人立端一碗云母汤至眼前。粥香和汤美更不消说，他最喜好的食物，今天全在身边。至此地步，人间了无憾事，于是他满意的字句从他笔底流泻而出，如下：

此外更何思，市朝心已矣。（见白集卷30，页684—685）

八三六年秋天，白居易对于得以闲官为生计乐不可支，有一天写出《晚凉偶咏》一诗共六句，可析分成三折段。他先是说，夕阳在他家西墙隐没之时，秋风就寻到他屋宇的北窗下来报到。屋中有位逐凉客，正在床榻独自休息。接下来，诗人向外睇视，云天在飘雨，避雨的群鸟也敛翼停飞。这时，新长的树叶可构成树荫，新生的竹笋光洁无比。最后，诗人把视线从室外移入室内。他说，在一个幽深的小池园林中，住有一位优退的闲官。就一般人而言，分司官闲极无聊，是不会喜欢当的，倘若如此，那他没得话说。可对于像他这样爱当分司官的人而言，即便想当也未必可得。言下之意，他以任分司官为乐，用他诗句是如此说的：

不爱勿复论，爱亦不易得。（见白集卷30，页685）

当然，秋天季节多引发人愁思不止，白居易也不例外。像八三三年所作《新秋晚兴》诗共八句，这是在讲一个秋天上午，诗人起床前后的事。先是说季节轮替，暑气已消，但夜间并未全长之时。早晨起床之前，灯座犹有残余火焰未熄，室中香炉散发的香气，犹自若有若无之中。诗人在床上先是听到树下鸡啼，再过一段时间，没想到阳光已晒到屋梁了。以上是第一折段所述。第二折段，诗人工写床铺四周物事。他讲到用的是低枕和软席，床大小适中，可容其身安稳眠。昨夜睡眠好，醒来天还很早，晨风吹进屋内，让室内气温降低。诗人吩咐仆从，施放屏风以挡过堂风，另外将夏衣收拾好。

到第三折段，诗人抖搂自家愁思，说有惆怅事无法忘怀，在此情绪下，揽镜梳理白发，感觉像是镜冰映照着发霜，心情低落极了。

同年秋天，白居易另首咏秋之作，叫《开襟》（见白集卷30，页685），共四句，可析分成二折段。其前段说，在池畔竹林边，敞开着衣襟，任令凉风灌入胸膛，感觉无比舒畅。暑气未全消的此刻，身体还有点因热而躁动不安呢，但早凉的天气，让我对微风有所感激。在后段说，院中槐树叶茂掉了满地，池中白莲花也因梗枯萎而堕水中。想到每年临秋见此残剩花叶，不免起了衰颓的心思。

冬天天寒心更暖

笔者此下要引领读者领略白居易笔下园林冬景。八三三年冬天，白居易赋得《冬日早起闲咏在》一诗，全诗共六句。在首二句，诗人往外望去，是结冰的池塘和覆盖有冰霰的竹林，这时晨旭映照着冰塘闪闪发亮，风吹竹林，冰霰纷纷掉落。眼前是一幅饶富幽致的胜景，不因自己心境闲适而看不出来。次二句，言冬日一整天诗人主要活动有二：晨间时段，在炉香氤氲中，他翻读两卷道家书；至晚上，他抚弄琴弦，将《秋思》曲弹奏一遍。后二句，说除了这两大节目之外，他自斟自酌，在微醺中根本不用来年春风再临，春天就在酒杯上了。（见白集卷29，页661）

同年另首诗，叫《岁暮》（见白集卷29，页661），是诗人悲悯世人之作，全诗十句，可析分成三折段。第一折段只二句，主要在讲年尾最后十天里，一副急景凋年的惨状。他用霜风把人脸撕裂，以及冰雪载途摧损车轮，来形容年尾的惨况。第二折段有四句，主要讲诗人我命运奇佳，完全不辛苦。早晨厨房有米可煮，晚上准备用餐时有柴薪可生火。在御寒衣具上，诗人我可一件不少，护耳有夹幞，护身有宽袍重裘。再加上我有酒可喝，喝得我全身暖洋洋的。第三折段，诗人则挂怀全洛城的士庶人家，有许多人家处在受冻挨饿状态，储存食物的酱菜缸内早就空空如也，且缸口早已堆满尘埃。诗人自己估算，全城像他这样衣食无缺的人，百不及一。想到这里，他自觉羞愧，只能吟诗，算是赎过了。

八三四年冬天，白居易有两首咏冬之作，是以寄赠老友刘禹锡、吴方之二人的方式写的，叫《懒放》，共二首，都是四句。第一首分成二折段来说。在第一折段，先是说有仆人来报，说天亮了，叫起床，并催盥洗。仆人又说，今天天寒，郎君不用出门为宜。这一副有仆从照料生活起居的幸福状，跃然而出字句之间，一目了然。第二折段说，诗人想到这样天气应不会有来客拜访，于是自忖如何度过这一天。想到就做，于是诗人在室内选一角可容阳光照到的所在，就在那里暖酒起来，同时打开诗卷，准备阅读。你瞧，多快意的人生。

第二首的第一折段中，说床铺很暖和，便整个白昼赖床不起，到了中午还贪睡不醒。到了晚上，炉火烧得很旺，便舍不得夜间就寝，宁可在炉火旁坐到深夜。第二折段，说无人来访，自己又懒得出门，于是披头散发，根本就不梳理。这种情形，原是期待刘禹锡和吴方之来访的。可知即使冬天天寒地冻，白居易怡然自得的心境一点也不受妨碍。

八三五年冬天，白居易行年六十四岁。冬天对穷人严苛的折磨，但对照诗人幸福百分百，他在自足中，又满怀对穷困中人的惭歉之心。有首诗叫《风雪中作》，共十二句，可析分成三折段。在第一折段中，说时值岁暮，北风吹动地，到了夜间，大雪连天而降。那诗人我人在哪里呢，我坐在暖炉前。此外，暖帐包覆我和暖炉，故而一点都不觉得寒冷。在第二折段，说我的床上，有两条厚毛粗布被，有一领花茸毡垫，足够我安眠的了。到了天亮，童仆呼唤我喝热粥，我起不来，太阳已到日午，我安睡如故。这时，我的身心完全超脱人间闲事之外，感觉怡然自得。在第三折段，诗人笔触推己及人，想到远游客和上早朝的同僚，他们不是踏着冻土日夜急行，就是天没亮冒着风雪上朝。接下来四句话，几乎可以贯穿白居易晚年隐居林园生活的情调：

> 心为身君父，身为心臣子。
>
> 不得身自由，皆为心所使。
>
> 我心既知足，我身自安止。
>
> 方寸语形骸，吾应不负尔。　（见白集卷30，页677）

白居易在解放身体这方面的认知，他称之为"自由"，这是他常用的语词，主要在讲一个人的内在超脱物外，他的形体才会真正解放。约六年后的八四一年，同一主题居易又重吟一次，诗题叫《自戏三绝句》，分成《心问身》《身报心》，以及《心重答身》三诗（见白集卷35，页805—806）主要在讲是十一年前，自己下定决心要卜居，才让身心舒服度日至今。

这年冬天，白居易另首诗，叫《雪中晏起，偶咏所怀》。这是标明送呈洛阳三位友好，即张正甫、韦楚，以及皇甫曙的一首诗作。这三人是经常陪居易游宴的腻友，特别是皇甫曙在若干年后，与白居易结成亲家，让女儿嫁给居易养子（居易弟白行简的儿子，过继给居易）。这首诗是首破格的诗，字句不均，七言、八言，以及九言皆有，同样可析分成三折段。在第一折段上，说洛阳城笼罩在大雪纷飞的雪灾之中，可是路上有行人，一步踏下雪深及膝，也有人驾驶轮车在赶路，但泥雪让车轮难以转动。邻居之中，有人深夜要到当铺典当衣物去借钱，有人一大早出门，要去粮行赊米。如此急景凋年之中，我却非常幸运，可以在室内施挂两重暖帐，还加盖两重被褥在身上，让我感觉温暖如春。在第二折段上，居易从己身谈起，及于全家生计无虞的幸福状：我怕冷，就窝在被褥之中，到中午早已睡足了，还频频打哈欠想再睡。我的酒瓶中满满是酒，我的温炉满是木炭。家里面，饭瓮中有的是煮熟的饭，厨房里则堆满柴薪。我的仆隶婢妇吃饱穿暖，还可晚起，他们全都快活自在，不是没有原因的。在第三折段上，居易纵笔及于他的社会责任。他自谦没有治国本事，上不能辅佐君王，下不能救生民出水火。更糟的是他德行不高，没有古代著名隐士高蹈的襟怀，也不像亡商的遗臣，凭吃山中野菜很辛苦地活着。接下来他讲对于出处行止的看法，说有人隐居终南山，有人纵身红尘追逐官位。他游走于这两策略之间，在终南山隐居是"冷"人生，在朝廷出仕的是"热"人生，他则是在这冷热之间寻找安身立命所在。再接下来，讲自己如何实践这不冷不热的人生哲学，他有两年多时间任河南尹，有两次被任命太子宾客、分司洛中。他的自处之道，自评如下：

非贤非愚非智慧，不贵不富不贱贫。（见白集卷30，页678）

如此，他度过六十岁，且闲居了七年。讲到这里，他要请教三位朋友，你们认为我是怎样的人呢？

白居易在八三五年冬天，所作以上两首咏怀诗，都刻意突出了他的自得心情，但之中又夹带对弱势者的一份不安心理。

白居易很清楚，比起社会的穷苦大众，他的生活如此自在自得，已至没有缺憾的境界。为此，他在八三五年冬天（阴历十月、十一月之间）的某一天，写出《自在》这一首诗，同样传递了一如前述两冬日咏诗的心情。此诗共九句，可分成三折段。第一折段讲一个出太阳的冬天白昼，他怡然自得的情景：有太阳的冬日，是可爱的。我移动床榻去就有阳光照到的所在，去那里闲坐，我还身裹毛皮大衣，腰带也不系了。我叫小奴槌我脚，叫小婢槌我背。居易先呈现这般有人服侍又有阳光照着的冬日大白天。在这时光里他忽然自问，那我是谁、我何以如此安泰自适这两个问题。

在第二折段上，说要与人论安泰自适的道理。人生在世，有时心定下来了，但有事而生情牵，最常见的事是饥寒交侵于外。有时事情理顺了，但心中挂虑煎熬着。第三折段上，说我与世人不同，因为我太幸运了。外在事物与内在心理融合为一，而且无论内外之别，还是两者之间的联系之处，全都一无罣碍。因而借由今天有冬阳的日子，向朋友你讲关于自在的奥秘。（见白集卷30，页685—686）

春日精神旺

白居易辞尹是在八三三年夏天，这年春天仍在府衙。居易返家后第一个春天，是在八三四年。居易咏春之作，是以他家居生活所见所思入诗的。他有首诗叫《南池早春有怀》（见白集卷29，页661—661），可析分成二折段。在第一折段上，他以园林即景方式呈现，把一天作息完全入诗。先说早上在北桥一带赏玩，入夜则选靠池塘南边的居屋睡眠。这天日西斜之时，园中雪全融化了，东风吹入园林，池塘的冰也就破散了。这时池中游鱼成群出没，我饲养的鹤则已换了羽毛。泥土是温暖的，因此草也开了芽包，沙岸上的泉脉不知如何不见了。池中岛里原来长苔的地方，因白天阳光照射，小花也冒出头了。到了晚上，岸边的蒲草倒让露水给滋润了。在第二折段上，说此时洛城白天变长了，我想起江南应该春天已过半了吧？时光匆匆过，人世间事是可堪嗟叹呢。这时刻，我倚着船桨回想去年春天，到底是谁陪我在池上消磨时光。

这是一首温馨之作，是诗人尚处在八三三年冬天感恩之心持续加温当中。翌年，即八三五年，春天又如何呢？他连写《春寒》（见白集卷30，页678）、《犬鸢》（见白集卷30，页679），以及《闲吟》（见白集卷30，页680）三首诗，洋溢着感恩和自得的心情，跃然纸上。在第一首中，他在讲吃，吃地黄粥饮薤白酒，还佐以专为冬天准备的腌渍食物。之后他想起前哲来，说有人嗜酒但酒杯常空，有人求饱不得常挨饿，他的幸运令他愧对古人云云。在第二首中，说有一天散步到中庭大门，看到门外有只狗晒着太阳入睡中，接着抬头望天，有只鸢鸟飞上天。他估计这只狗因无锁链故可自由自在，至如那只鸢鸟，因高飞在天，故可免遭猎人猎杀。他看到这两生物都可遂其秉性，与他心很契合。这时诗人再加码，读起《逍遥游》来。这一地步是达到"适"的境界，但还未达悟道忘言的境界呢。在第三首中，讲的是穷人和富人各有局限，而且光阴易过但闲适日子难得。诗人自己则置身非穷非富之间，而且闲适过日已经七年。据前析述白居易诗文本中，以咏赞四时变化为主题的诗，我认为从八三三年冬天延续到八三五年春天，将近一年四五个月时间，白居易在园林日常生活，感觉旺盛的无非是怡然自得这一份精神状态。

以上，我从居易八三三年夏辞尹归里，顺着夏、秋、冬、春四季的顺序一一析述从八三三年至八三六年居易园林生活另创模式。同一个园子、同一些园物，会因四季有所变化，而诗人心思则感恩基调始终不变，且加强和深化。

六、长安最长的严冬——八三五年"甘露之变"外溢洛阳的效应

大和九年（835年）十一月二十一日，长安城发生一件大事，在居易历经七年大体平静园林生活中，投下一颗震撼弹。这使他在历经丧子丧友之恸事后，才刚平静两年多的心，再起波澜。不过，这只是居易波平晚年的一个插曲，从长程来看，确实如此。

八三五年十一月底，皇帝近侍大臣李训，说宫殿外某处天降甘露，值得皇帝御赏。皇帝便命禁卫军头目仇士良（宦官头子）先前往验看。这是李训意图破解皇帝受制于权宦的一招妙计，接下来便利用外军解除仇士良兵权。不料在这过程中被仇士良窥破玄机，反过来大捉朝士。一日之间，四位宰相，即王涯、贾餗、舒元舆以及李训惨遭杀害，连同其他大臣十余家，皆惨遭族戮。长安城乱了十天之久，局面才慢慢平息。这便是中国历史上有名的"甘露之变"，它是外朝大臣意图诛除内廷宦官势力，不成功反遭宦官势力还击致

败的事件。[1]四位遇害宰相中，舒元舆、王涯以及贾餗，皆是与白居易有深厚交情的朋友。

十一月二十一日这一天，白居易不在家内园林，而是做客龙门山香山寺。事后他听闻长安惨案事，即赋诗感事，诗题为《（大和）九年十一月二十一日感事而作》，共四句。首句说福祸难料，但自己多年前预先退出长安朝廷，倒像是一位先知。第二句对被杀朝士说：

当君白首同归日，是我青山独往时。

第三句，他将此惨祸比附西晋的嵇康临刑索琴，欲弹《广陵散》曲。秦朝的李斯父子在赴刑场时感叹说，早知如此，反不若早年在家，每天与黄狗为伴。兹征引如下：

顾索素琴应不暇，忆牵黄犬定难追。

其末句说这些被祸朝士皆一时之选、国之干城，有如麒麟、飞龙一般尊贵，却被人当成食物，给烹煮掉了。反不如我这只在泥土中打滚的曳尾龟呢，或说如同被糟蹋成泥中龟般卑贱。兹征引诗句如下：

---

1. 此一事件较系统的载记，数司马光《资治通鉴》（北京：中华标点本）卷245，页7911—7915。系于太和九年十一月壬戌日条下，叙至癸亥日止，才两天不到工夫。司马光之前叙事件原委者，推刘昫《旧唐书》（北京：中华标点本）卷169，《李训传》为主，特别是页4397—4398，余散分王涯、贾餗、舒元舆、郑注、王璠、郭行余、罗立言，以及李孝本八人传记中相关部分。读者可以参考。

麒麟作脯龙为醢，何似泥中曳尾龟。（见白集卷33，页734）

此事件入诗一次尚不够，白居易又赋诗一首，题名《即事重题》，兹俱引如下：

重裘暖帽宽毡履，小阁低窗深地炉。
身稳心安眠未起，西京朝士得知否。（见白集卷32，页734）

这是讲西京朝士尚处在危疑震撼的氛围，反衬居易自己在此隆冬时节，他家有十全的御寒设施。每晚安睡，即至天明常常起不来，而西京朝士一定吓到夜不成眠吧？

对此惨事，居易的第三首诗作，叫《咏史》，下注"（大和）九年十一月作"。兹俱引如下：

秦磨利刀斩李斯，齐烧沸鼎烹郦其。
可怜黄绮入商洛，闲卧白云歌紫芝。
彼为菹醢机上尽，此作鸾凤天上飞。
去者逍遥来者死，乃知福祸非天为。（见白集卷30，页686）

此诗意思显豁，不消解释。比起前二首诗，多出一层含义是，福祸非天意，唯人自招。再进一步说，我白居易知道官场凶险，早一步到洛阳当有职无权的分司官，各位朝士深知福祸之理，仍执意立身庙堂。今天同被惨祸，其实乃预料中事。

在唐代，民俗以阴历三月三日教人去水边净身除秽，以祈求趋吉避凶，这叫"祓禊"活动。八三五年尾的甘露之变祸事，到了来年即开成元年（836 年）的三月三日，白居易居家临池赋诗一首，取名《三月三日》。此诗乃七言律诗，共四句。主要在讲园中即景，有柳絮、燕子、临池石阶、丛花，他有人侍候在旁。白天时，一边喝温莲子汤和冷酒，一边试穿春衫，聆听着《柘枝曲》。入夜之后，他上楼观赏一弯新月，婢女跟着他对月指指点点，这时他看到新月和素手互相比美。（见白集卷 33，页 742）

白居易想对罹难朝士有所悼念，但在八三六年尚有忌讳。到了开成二年（837 年），洛阳最高行政长官裴度乃四朝宰相，身份尊崇无比，就怂恿他出面主办当年三月三日的祓禊大会。这时的河南府尹是李珏，他于八三六年七月调任洛阳。居易与李珏有交情，乃致诗《惜春赠李尹》，要李出面举办春游节目。同时居易鼓动裴度莅会，他以《对酒劝令公开春游宴》诗致裴，说："自去年来多事故，从今日去少交亲。宜须数数谋欢会，好作开成第二春。"（见白集卷 33，页 753）方式很别致——他要裴度邀集洛阳重要官员，搭乘一艘船，沿着洛水出城至上游，在船上安排歌舞伎表演。如此盛大其事，沿着洛水从事祓禊法会的人群，势必为这艘官船的行动歌舞表演所吸引。船上有官员十七人，由裴度带头赋诗一首，接着大家一起唱和。当场白居易将整个活动写成十二句长诗，献给座上宾，包括具名操办此活动的河南尹李珏。（见白集卷 33，页 757—758）这次活动费了一整天，沿岸群众都见证此番移动歌舞表演，诗有序文，内中说"观者如堵"。李珏对外称此次活动是为了"人和岁稔"而举办，这就将政治风险降到最低。在宦官势力高涨时日，不能公然与权宦为敌，只能用此迂回的方式表达对死难者的悼念。

裴度在开成三年（838年），已奉调为太原留守，在三月三日那天，犹记去年此日：白居易酬唱他起头诗，他以《忆去岁禊洛》为题，寄诗居易。居易收到诗作，立刻答复，诗题《奉和裴令公》（见白集卷34，页772）。三月三日叫"上巳日"，白于诗中说，去年此日与公（按：对裴度尊称）共泛洛水中流，今年此日他独游香山寺园。底下讲两人因山川阻隔，自己只能在风景中独自寂寞，而公在旌旗围绕下闹中思念远方之友。两人此刻情形就像裴令公是只鹏鸟负天而飞，自己就像泥中龟，以不能同游为憾。可知八三五年阴历十一月二十一日的政治屠杀事件，经过八三七年三月三日祓禊活动，可消解得无影无踪。留在居易心版的，是八三七年行船洛水的节庆日。裴度在政坛屹立不挠，大风大浪见惯了，然而裴度念兹在兹的不是富贵，而是珍惜与友如居易共度佳节的事。裴度下一个上巳日是在长安度过的，不过已重病在身，顾不得节日了，他死在这一年，即开成四年（839年）的三月十四日。此年上巳日，居易为苏州南禅院转轮经藏的落成，写了篇题记，同时为募集雕刻师、石匠而伤神，不仅没过节，而且也不知裴度在长安行将过世。

　　但不论如何，八三五年甘露事变的阴影，白居易应已抹除。日子还是要过、要向前看的。伤心归伤心，经过一番心理调适，这件惨事就被搁下了，白居易又回复园林生活常轨。唐代政治史上惊涛骇浪的甘露之变，窜入原本人生平静的白居易心中，只是让这位诗灵庆幸自己当年急流勇退是正确决定，从而益加坚定他晚年卜居洛阳的平静却享乐的园林生活。

　　总之，八三五年长安士族惨案事件，只会让居易园林生活轨迹益加运行裕如。所以,居易伤友罹祸是一回事,暗中更加令居易觉得侥幸,而认定享乐人生路线正确无比!

*****

白居易从五十八岁至七十五岁卜居洛阳,徜徉于自家和别人园林生活期间,基本上是追求成为生活达人的人生。依笔者看来,倘若观察全程,则约略有两大时段的内容变易。在卜居头两年,白居易珍惜寸阴,注意一天之中,配合自己作息,而安排节目,这是比较规律的生活。到了八三三年夏天辞尹返家之后,他的园林生活纪实文化活动,倾向四季季节变化所影响及园林容颜的倚变,并加以咀嚼而记录之。他的心情会随季节迁移有所不同,他亦加以细心体会。

十七年放下追求名利心的生涯,有两个事件令白居易心理有所起伏。第一件是两年二个月的河南尹居官生活,这时官场的前呼后拥,让他过足勤于旅游和宴会的人生,可真是热闹、风光至极。加上他的顶头上司——各任东都留守都是他的旧识,他可更加无所顾忌。至如第二件事,即八三五年阴历十一月的"甘露之变",是唐朝政坛宦官与朝臣多年政争的总爆发,结局是朝臣大败。居易在立场上当然偏向朝臣。他年轻时代讥弹过权宦,结果使他贬逐在外五年,他是宦官手下败将,影响他选择退缩人生至巨。如今朝臣大败于宦官之手,他是感同身受的。他一方面为此事的死难朋友,同时也为自己,花费两三年时间疗伤止痛,另一方面也为自己及早脱离官场是非庆幸不已。以上两事件使他平静晚年的湖面,产生阵阵涟漪，久久才平复，之后又很快回到既定生活常轨。笔者解读白居易晚年闲适诗，发现是诗人对园林生活持感恩、庆幸，以及自由自在的态度，构成再现诗人卜居生涯诗文本中所蕴藏最重大的讯息。这也是白居易勇于面对晚年的信念所在。

倘若笔者取以对照唐宋名家之亭／园记文本，所解读出的从政二药方：其一，借园林疗愈利禄心；其二，增强斗争意志。此处居易的闲适诗文本虽同样语及园林，但已另辟蹊径，大奏起个人生命的享乐乐章。这真的是独自享乐，不同于日后司马光故意对呛并反讽政敌，所标榜的"独（自享）乐"，那还是很政治。白居易盛年对从政第一药方的研发有过贡献，不想晚年对从政第三药方的开发，固是功不唐捐的。但富贵险中求的诱惑，禁止了白居易的再生产，古往今来白居易永远只有一位，很难复制。

第四章

洛阳园林／花会历史的定位争议

唐宋洛阳园林的观园看客入公私园林者不可胜数。每逢春季赏花时节，最大的赏花公园，要数天王寺门前广场一块无主之地，它除了是花市，又是家庭亲友围幕聚餐野宴的赏花好所在。而私人园林中，有的开放收费许人参观，有的只邀私交入园。前者有公园性质，只是要付费。园林固然皆有四季花卉供赏，但花事和花信只是园林构成的一项元素，配合花事和花信的，有成林乔木、水池，以及人工建物等其他元素。故而赏花活动一方面是观赏园林文化活动中一项突出项目，另一方面它又是整体园林文化的转喻。唐宋三百年洛阳观园活动如此劳师动众，又如此全城沸腾，是否有洛阳花客落笔记其盛事？有！先是有人用诗零星且无系统地聊表洛阳名园风华于万一，继而有人以谱录形式记叙或单一花卉，或各种花木。最后，有人从成百上千名园者中，择其优胜者一体记录之。以上三百多年洛阳园林史中，主要有唐代白居易以诗传史，有宋代欧阳修专写花王牡丹如何称雄花坛，有周师厚谱写各种花木入史，有李格非勾选洛阳名园前十九名排行榜，并试图总结这段极其负面的园林史。其他零星载记花卉之事，本章将搭配之前四人文本作研究，说详见下。

以上攸关洛阳园林三百年史的记叙文本，有用诗或用文，再现这段史事。这些历史书写攸关其时的园林文化，或花文化的建构与解构，而重点在于文化精英以书写的文化行动参与其盛。他们所采用的书写形式，只是文化载体，而且所呈现的园林／花文化史，只是这个文化史所再现的四扇窗或四个视角。笔者据以解码这四份叙事文本，充其量又多一个历史再现，只是这次用现代眼光去看待这三百年史。

一、白居易的园记史诗

从中唐至北宋，历经八、九、十，以至十一世纪，共约三百年，中国北方贵族豪门流行的居住文化，是朝向大型园林豪宅式形态发展。这有异于南宋起以迄清代，盛产于江南的小型园林形态。大型园林在土地取得方面花费甚多，且又因园区辽阔、经营不易，另在维护上的开销之巨，更是惊人。要有足够财富才能购置，并维护得了大型园林。社会上的豪家巨富本就不多，他们之中还要有相当文化品位的人，才当得了如此的园林主。很独特地，唐宋园林主多集中选居洛阳。因此，洛阳园林之群聚效应，冠绝天下，一时无两！这是一个方面。另一方面，由唐至（北）宋，政治上派系斗争激烈，政治上的行动者兼经济／文化上的园林主，除了要将政敌排除权力中枢之外，还要让政敌痛失洛阳园林，以瓦解其反抗意志。这是继先前政坛零和游戏格局的稍事缓和，这点已见本书第二章，不赘。其实，京城政坛和洛阳园林两俱全的政治人，并不多见。勉强找之，裴度、牛僧孺、富弼、文彦博，以及司马光等五人是够格的，此外就罕能一睹了。但这五位政坛强人在官场上不是日日常青，而是有起有落。在繁华落尽的时刻，还能享有园林生活的，就数富弼和文彦博这两人了。相形之下，政治位望上不属重量级的白居易，不仅能终老园林，而且享有长达十七年的园林生活，可真是政坛异数。不仅如此，幸而有居易以诗篇勤记洛阳名望家园林，唐代洛阳大型园林的一鳞半爪，才会让后代的我们，得以稍加想象唐代洛阳大型园林风华于万一。这是白居易对中国居住文化的超级豪华类型，因凭其记录，而留下宝贵文献，提供后人得窥唐代巨型园林全豹的斑样。

笔者以下所作，即以白居易记录的七座洛阳唐园，为研究样本。

底下所作旨在观察园记诗篇所叙述的园林要素究竟有哪些，以及园记诗的言外之意为何。还有，居易钟情的少数名园，与他在精神涵养／文化品位上有何关涉。这些事涉诗篇文本作者日常生活的私密部分，与公共领域无干。

裴度城内外两园记行

白居易自己拥有一个园林，坐落在洛阳城内，洛阳城外尚有不少著名园林，是居易卜居洛城期间屡次光顾的所在。这之中最有名的一座在洛阳南边十里处的南园别墅，是裴度的私产。裴度另有私产在城内集贤坊，它在宋代改叫晋公园，此园在日本，更是声名大噪，叫兼六园。白居易的私园，在宋代叫大字寺园，白居易为亡友元稹做功德增建的香山寺园，宋代因袭不替。这三个唐园，加上北宋中后期始兴建的"富郑公园"（按：富弼私产），全都是名园。

笔者先讲白居易数度游南园别墅所记。在讲之前，裴氏城中园，也精彩绝伦，不容错过白氏为我们的铺叙。白居易任职刑部侍郎于长安时，宰相裴度就有心结交他，时邀白氏往兴化坊私园做客。[1]

---

1. 白居易曾在长安裴度兴化坊私第客宿，翌日还向主人借船出游。居易辞别裴度往赴洛阳之时，还将一对丹顶鹤送给裴度。宿宅和送鹤分别有《宿裴相公兴化池坊》和《送鹤与裴相，临别赠诗》两首诗为证。分见白集卷 26，页 582 和页 583。白居易任刑侍，裴度其时已贵为四朝宰相，双方地位悬殊，若非裴度主动结纳，居易是不敢高攀的。先是裴度请居易至私第相见，这留下《酬裴相公题兴化小池见招长句》（参见白集卷 25，页 561）可为证。继而，裴度向白居易索鹤，这有《答裴相公乞鹤》诗（参见白集卷 25，页 573）为证。

八二九年三月下旬，居易要离京前赴洛阳之时，裴度于兴化坊设宴，为居易饯别，当时作陪的有刘禹锡和张籍。这奠定了裴白之交的坚实基础。后来白居易任洛阳分司官时，裴度与居易的交谊更加深化。两人分处西、东两京，还作诗唱和呢。[1] 凡裴度居洛时期，时邀居易前往南园做客不说，裴度洛城私邸在集贤坊，也是一座园林，居易亦时有前往。

裴度是在八三四年三月被任命为东都留守的。他一获命便立即通知白居易，且约定同游龙门山。到了四月，裴度抵洛。前此抵洛途中，裴度等不及看到居易，便写诗给他，遣人先行送达。笔者从居易两首酬答诗，可知裴、白之间情谊，并不因地位悬殊或年龄差距，而有所妨害。[2] 裴度、居易两人友谊之发展，像似忘年交。

裴度洛城宅在集贤坊，中有亭、台、阁、楼、假山、池水，池中有二岛，分栽杏花和樱桃，裴度大宴宾客于其间。主人让所有宾客搭船，行驶池中，观赏山水阁楼等景物。裴度于席间当场赋诗一首，共二十六句，特别送给白居易。白居易更以五十句唱和，共五百字的长诗。前三百字在写亭园风光，后二百字铺叙裴氏功业，誉为比之古将相，不遑多让云云。（见白集卷29，页666—667）

1. 白居易酬裴度诗，有《酬裴相公见寄二绝》，收白集卷27，页612—613。

2. 参见白集卷31，页713，有《侍中晋公欲到东洛，先蒙书问，期宿龙门，思往感今，辄献长句》，以及同卷页714有《奉和晋公侍中，蒙除留守，行及洛师，感悦发中，斐然成咏》两诗。

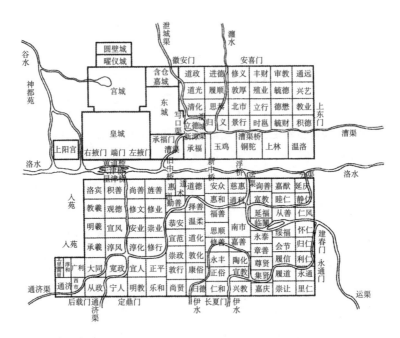

图 4-1　洛阳城坊分布图

说明：白居易、裴度、牛僧孺、元稹，还有崔玄亮分居履道坊、集贤坊、归仁坊、
履信坊，以及依仁坊。他们都住在城中东南，有伊水流经处。

资料出处：根据勾利军《唐代东都分司官研究》（上海：上海古籍，2007）页
231，《东都外郭城图》所绘。

　　有一次，裴度单请居易至集贤坊私邸用晚宴，事后居易写下《夜
宴醉后留献裴侍中》一诗（见白集卷 32，页 724）记其事。这是第
二次进入裴家园林，由于是晚宴，没见到亭园风景。此诗有四句，
前两句说主人以十二位歌伎歌舞表演款待居易，居易以描写歌舞为
主。后两句写居易半夜醉醒，想到如此宴会，乃人间少有。再一次
又是裴度邀白居易晚宴，居易有幸又入裴园一次，原本没机会游园。
没想到主客欢谈到了入夜，主人说有事值夜皇城，非离开不可，临

106

行就问居易需要什么。居易说，你家园池闲着也是闲着，能否让我夜游一次？事后居易写《集贤池答侍中问》一诗（见白集卷32，页724），可惜只短短两句，专写主人留客家中、自行离去前的两人问答。居易侧重的是游园的机会，当晚真正的感受却未入诗。

事实上，居易履道坊自宅，距集贤坊裴宅，只有步行一百三十步之遥，可以说两人为邻居。居易很喜欢裴园，时常前往观赏，并接受主人邀宴。居易曾以集贤坊裴园为题，写出《代林园戏赠》《戏答林园》《重戏赠》以及《重戏答》四首诗。（见白集卷32，页721—722）

八三五年时，裴度在洛城南郊筑有一大型亭园，叫"南庄"或"南园"，这下居易又有一游的好去处了。裴度有此佳园，当然要向居易夸示一番，乃寄诗《南园静兴》给居易。居易与之唱和，因成《和裴侍中〈南园静兴〉见示》一诗（见白集卷30，页678），共四句。第一句写池馆静谧，料想主人怀抱清幽。第二句，写风吹拂过，窗帘先动，而水池上整天有桥的倒影。第三句写园中静极，幸而主人有鹤为伴，那种闲适的心境与天上浮云相似。第四句画龙点睛说，园林主的襟怀，是不用效张良学仙的，直接上山觅赤松子这位仙人好了。

一个夏天雨后，南庄主人写下《夏中雨后游城南庄》，共八句，送交白居易。白居易立即作诗奉答，（见白集卷32，页720）也是八句。前三句讲景致，岛中密林间，雨虽乍歇，但水气旺盛。四周山岚忽起，五月水声犹自洋溢着寒气。园中有鹤三只，间杂在万竿新竹之中。后五句则因景生情，说整座园俨然具有天竺佛寺般力量，至此地步，严子陵隐居垂钓滩，立可被移走。严子陵垂钓滩是救世主的隐喻，这是对园主裴度莫大恭维。心里觉悟到闲的重要，闲就越发重要，就像身体因健康而精神愈发愉悦。白居易又说，园主受君主看重，视他如风后，百姓期待他是谢安石。年纪虽大，但高阳酒徒的意兴是很旺盛的。接着，白居易不脱戏谑地说，倘若良辰美景没邀我去，杯盘也就无用处了。

以上白居易两首酬答裴度关于南园之作，可见他是去过南园，否则他如何形容园景呢？白居易尚有几首诗写到获邀南园做客的情形。

裴度经营南庄园，甚为着力。此一园林粗略完成，裴度就大宴宾客不说，还邀请二三友好入园受款待，白居易自是这少数中的一位。园林中有一重要建物，裴度命名为"绿野堂"，堂竣工之后，裴度邀居易合赏，两人还为此堂赋诗唱和一番。裴诗叫《新成午桥庄、绿野堂即事》但已轶，今只留白诗。白诗名为《奉和裴令公……》，底下援用裴诗题名，不赘。白诗凡十句，可析分成四折段。第一折段上，说裴家园林新添工程在于，一是多凿一新池名"凤凰"，二是主体堂阁，他称之"丞相合"。这一天，旧有散步道上开满桃花和李花，可知这时应是八三五年的春天，距去年裴度抵洛，应约莫相隔一年时间。在第二折段上，说此园远离尘嚣，适合安闲度日于此。在堂合中远眺，远处青山仿佛是此园的屏障，而眼前的绿野，则成了此园的前堂。至此，居易点出此一堂合在整座园林的枢纽地位，并附和裴度称呼此堂合为"绿野堂"之高明。底下诗人又指出，园林修筑一大特色是水流布局随势而作，松树栽植更加不可死板，切忌排列整齐。在第三折段上，说每季节花开，就有不同景致可赏，春天的时候，可看到农人栽桑情景。园中花绽放到会让东晋的谢安乐伎妒忌，园中兰花香到可令东汉荀彧家中香炉的香气为之逊色。园中的柳絮往往随风飘入酒席，瀑布水流会溅到演奏琴筝的场所。至此，诗人趁机摹写裴园布局和景致。第四折段上，诗人发挥微言大义，婉劝主人在退隐和处世之间找出平衡点。所以诗人才说，巢父、许由是远古著名隐士，萧何、曹参虽是汉初名相，但终生忙碌。千年以来有各种人生典范任公选择，如今公官至中书令，位望之高无与伦比，但却不用管事。白居易借比古代名人，加以衬托园主历史地位，超迈古今。身为园林主的裴度，听白居易如此恭维，哪能不邀此客为常年伴游的呢？这种朋辈间甜言蜜语，正是友情发酵的表示。

又有一天，是八三七年的某一春天吧。裴度又在绿野堂前广种各色花卉，邀居易至园同赏。裴度当即赋诗一首，取名《绿野堂种花》。白居易当场酬唱，吟出《春和令公……》诗，共两句，如下：

绿野堂开占物华，路人指道令公家。

令公桃李满天下，何用堂前更种花。（见白集卷33，页741）

这是不着痕迹恭维裴度的高明诗作。诗人虽然揶揄裴度堂前多事种花，但暗中大赞裴度培植天下英才更胜花。此外，也歌颂绿野堂把附近风景尽纳眼帘，美不胜收，而且已成当地地标，成了路人经过便辨识得出的一所园林。

八三五年十月，汝州刺史刘禹锡奉调牧守同州，途经洛阳，特别留洛近月。裴度出面邀禹锡，欲为饯行，还特邀居易、李绅（时任太子宾客、分司东都）作陪。四人在南庄园中即席赋诗联句，其中白居易吟唱道：

诓厌杯行疾，唯愁日向曛。[1]

这应是白居易形容良辰美景当前，友辈欢会时间不够用。裴度诗的标题为《刘二十八自汝赴左冯途经洛中相见联句》即知其事。

八三六年七月，刘禹锡除太子宾客、分司东都。刘禹锡抵洛之前，白居易和裴度喜不自胜，频频相互打探消息。白居易先写一诗《喜梦得自冯翊归洛，兼呈令公》，末句表明届时要向裴度讨酒喝。（见白集卷33，页748）裴度在得知禹锡抵洛后，便向居易打听禹锡近况，有一诗寄居易，诗名《问刘宾客归来称意无》。白居易马上奉和一诗，回报称曾陪禹锡游沙苑、洛桥两处，也跟禹锡喝过黄萄酒，唱过《紫芝谣》曲。最后说，称心如意不得了，有钱可花又不用上朝。（见白集卷33，页719）

八三六年冬天，白居易长斋斋期一过，裴度特邀居易和禹锡到南庄赴晚宴。没想到居易当天酒瘾大发，已等不到晚上，就在白天与禹锡大喝起酒来。待裴园宴后，白居易回溯前情，写出《长斋月满，携酒先与梦得对酌，醉中同赴令公之宴，戏赠梦得》一诗（见白集卷33，页750）。此诗只言与禹锡的酒友关系，未道及裴园宴会事，但可以确定居易又入裴园一次。

同样是八三六年冬，又有一次应裴度邀宴，白居易又入裴园。

---

1. 这一联句收载曹寅奉敕编《全唐诗》（上海：上海古籍出版社，1989 五刷）第11 函第9 册，页1940 上栏，裴度诗处。

那次是下雪天，白居易无畏风雪照样去。他这次留有一诗，题名《酬令公雪中见赠，诧不与梦得同相访》。白居易此诗未写园景，只写期待裴度邀宴的心情。（见白集卷33，页752）

八三七年春天一到，白居易厚颜求裴度邀他入园赏景。他寄给裴度二首七言绝句，这两短诗都提到园景。一首说环绕堂合四周花团锦簇，但他却偏爱堤岸柳树两三株（见白集卷33，页755）。另一首说，他为不让裴度楼合空在那里，何妨让他这位赏景达人登楼四眺一番，以不负此春光。他只忧愁花丛群莺饶舌，偷偷跑向宫城上班中的主人裴度，密告有人入侵园林。（见白集卷33，页756）此诗戏谑中，有点惋惜园林主为事业奔忙，无福享受园林春光。

果然裴度又邀白居易入园一游，这次应是在裴园过夜，才会有裴白两人晨间游园事。裴度当场赋诗一首，取名《一日日一年年杂言》，送给居易。居易立刻奉答一首（见白集卷29，页673），此诗共七句。前三句，言自己是个废物，只知闲适度日，然而身份尊贵的裴度却愿折节下交及己。这话暗捧裴度气度高，这是一方面。另一方面，也暗示两人交情突破贵贱的限制。后四句讲裴度一方面当权理事，另一方面又知所偷闲赏玩风景。又说，已连两夜宴会，今晨在池潭上桥头赏玩景致。这种晚上赏月、白天喝酒送春的日子，多惬意呀。因此，诗人自叹不如，推尊主人为偷闲第一人，他只能算第二或第三人。这简直颂扬裴度既能立功人间，又是生活达人了。而对照居易自己，只知享受浮生闲日，却无功人间，裴度人生高度不是更高了吗？我料想裴度喜欢居易，是有缘故的。居易很会讲话，为博取裴度欢心，往往讲到裴度骨髓里去了，并以此换取入园赏景的机会。读者别忘了，裴度二园中，光是城中园就在唐宋三百年内抡元，而在裴、白心中，城外园更优于城内园。可惜见过裴氏南庄者不多，即令少数造访者中，也乏人为之喻扬，再加上南庄应毁于九世纪八十年代，它的存世时间甚短，这是中国文化一大遗憾。居易福泽多深厚，身为园林主的裴度在园之日，恐怕与居易游园之日相当吧？裴园在洛城南郊十里的伊水畔，此距正南方的嵩山只一点距离，绿野堂前的青山即指嵩山。居易往后会数度前往嵩山游历，照理会途经裴园的。

八三七年三月三日的被禊之会，是由裴度带头下在洛水举行，已见先前第三章所述，不赘。二个月后的五月三日，裴度调任为太原尹、北都留守，离洛而去。从此，两人不再见面。

牛僧孺园林的记贪玩

洛阳城郊好去处，除了南边嵩山，乃伊水上游处所之外，伊水近城的龙门山，以及北边过黄河到济水上游的王屋山，这两处都是居易晚年素喜的旅游去处。特别是龙门山上的香山寺园和济水源头叫平泉的一处地方，他有两位好友，即崔玄亮和韦楚，都有大型园林在彼处。所以，香山寺园、崔氏平泉园，以及韦氏平泉园这三园，是居易屡游不倦之处所。不过，我还是要先讲洛阳南郊另一名园，是当朝宰相牛僧孺的园林。

白居易之与牛僧孺，是座师与门生的关系。白居易在八三三年罢尹时，想再回任为分司官，他想到可以援引的关系，就是牛僧孺。居易有诗《求分司东都，寄牛相公十韵》（见白集卷23，页519），即讲到求官分司一事。开成二年（837年）四月，裴度离洛赴太原，五月，东都留守换成牛僧孺。牛有六年之久，任官淮南府（在扬州），如今朝廷由李德裕得势，牛氏只能屈居闲官的东都留守一职。牛氏先在城内归仁里筑第。据《旧唐书·牛僧孺传》载知，牛把扬州府第搜藏的"嘉木怪石"全运来洛城，加以安置。整个园林风貌，《旧唐书》本传再现说："馆宇清华，竹木幽邃"，还说其常与白居易吟咏其间。然今存白集不见有归仁坊第的吟咏诗篇，疑已亡佚。牛氏亦在洛阳南郊修筑一座园林，称之"南庄"。八三八年初，牛僧孺的南庄已落成启用，白居易偕刘禹锡首度造访牛氏园林。当天宴会后，牛僧孺写诗《自题南庄》一首，寄给白居易。白居易立刻唱和一首回敬，并兼呈刘禹锡。这首白诗共四句，前三句写景。白居易说牛园"最新奇"，眼前山势似园的屏风，篱笆墙是花丛所聚。夜晚在池中赏月，赏到月影落桥底。待晨光乍现，屋梁映辉耀目。抬头看着酒杯时，莺鸟出来招呼客人，池水根本不着尘埃，微风却多事来清洗池水。最末一句说，这园的好处说不尽，唯独两位闲客以诗篇细说分明，否则更有谁知？（见白集卷34，页771）

这次游园后，居易犹念念不忘，乃向牛僧孺直说再聚一次。

白居易这次的央求，直白到向牛僧孺讨酒喝还不算。白居易又写一诗，叫《早春忆游思黯南庄，因寄长句》，寄给牛僧孺。题目中"思黯"两字，是牛僧孺的号，此诗是七言绝句。第一句说，念念不忘南庄的胜景，但由于园区辽阔，需要向你借车乘坐，才能从早游到晚。第二句说，竹廊和柳桥这两景点，真是美不胜收。第三句说，时当早春，冰雪刚融，水汩汩四处流，淹没大地，又恰值雪刚不下，因而远山在楼合就看得清晰无比。第四句说，设想等春天一过，想要同赏这等绝世美景，莺鸟早已飞走，花朵也早就凋零，那就错过了这良辰美景。（见白集卷34，页770）

面对白居易催促如此其急，牛僧孺借了一个因头，宴请白居易和刘禹锡。刚好任职于苏州的李绅，才寄了一大片太湖石给牛僧孺，牛就以赏玩太湖石为名，总算邀了白居易入园一游。牛僧孺为此奇石写了一首二十句的长诗，赠给白居易，居易不含糊也回赠二十句来唱和。白居易此诗诗题除有明言"奉和"牛氏二十句诗外，还"兼呈梦得"。（见白集卷34，页773—774）此诗前十三句都在描摹奇石之独特。之后三句，说此方奇石如何由水路运抵洛阳，换成陆运之后，又如何耗费巨大人力推运到相府。（按：请读者留意，洛城园林主为求奇石，不惜一掷万金，将之解运抵洛。想想日后宋徽宗得臣下运奇石至汴京，成了当时劳民伤财的秕政。园林政治的另一面在于贪腐。）而媒合此石成为丞相私藏者，厥为苏州刺史李长官。其后再四句说，宾主几人一面贪看此石，一面饮酒。最后居易说，他与禹锡先后当过苏刺，竟无缘碰到如此一方奇石，从而哀叹一声说，白、刘真是白白统理苏州了。最后一句让牛僧孺听来，多暖心呀，难怪牛僧孺有宴会非邀白不可了。此诗，白被太湖石深深吸引，又受限于诗题，无法去叙写这次观园所见，这在笔者看来殊觉可惜。然而，园中置有奇石是当时各个园主暗中较劲的心理驱动力所在。这方面，杨晓山书中胜义迭出[1]，笔者就不用重复劳动了。

八三八年五月，夏天来临，居易可能至少又一次获牛僧孺邀宴入园一游。事后牛、白留下互相唱酬的诗篇，这次牛诗题为《晚夏

---

1. 参见杨晓山作、文韬译《私人领域的变形——唐宋诗歌中的园林与玩好》（南京：江苏人民出版社，2009）第二章第四节，页61—75，以及第三章全章，页76—125，全在处理唐宋名人恋物癖的对象——太湖石。

雨后感秋》。白诗有谓"酬思黯相公诗见赠"（见白集卷34，页775）此诗没写园林风致，只说季节轮换有所感兴，最后劝牛相身体强健，不用感时婴心云云。

八三八年八月有一晚，白居易携带家伎入南庄园，接受牛僧孺邀宴。白为此留下《与牛家妓乐两夜合宴》一诗（见白集卷34，页777），可惜此诗只重歌姬舞艺之描写，未及园景。

八三八年十月，牛僧孺被迫罢官。到了八三九年八月，牛复起往官山南东道帅职，这才离开洛阳。从罢官到复起的这十个月期间，牛僧孺无官一身轻，与居易和禹锡园中相会更加频繁。可惜在此期间，笔者未见有何南庄园游诗篇。

白居易于八四二年七月，痛失至交刘禹锡。但居易与牛僧孺的缘分未断。八四三年二月，牛僧孺复任东都留守。这下，白牛两人又可聚会于南庄了。

八四二年四月，白居易正式向政府报请致仕。在唐代，致仕有两种：其一是停俸；其二给予官衔，并依此官领半薪。白居易此后八个月，因未被授予官衔，故而遭断薪之苦，家人亲友惶惶然不知所措，很为居易担心。然而，居易总是福星高照的。八四三年二月，牛僧孺复任东都留守，听闻居易有难，乃报请长安宰相李德裕——牛氏一生死敌——请予居易半薪，获李德裕批准。在对待届龄七十二高寿的白居易而言，牛、李能摒弃嫌隙，共同扶助居易，殊为难得。居易在得知可领半薪的好消息之后，写一首诗，向牛僧孺致意。白诗题为《初致仕后，戏酬留守牛相公，并呈分司诸寮友》。（见白集卷37，页844）之后，白居易又赋诗一首《戏问牛司徒》，兹征引如下：

斗薮尘缨捋白须，半酣扶起问司徒。

不知诏下悬车后，醉舞狂歌有例无。　　（见白集卷37，页845）

这是在问牛僧孺，有几人像他在致仕之后还狂放自恣的。可以说白在用一种委婉方式向牛道谢。

有一次白牛师徒两人在庄园会面之后，互道旧日时光。牛先有诗《同宿话旧劝酒》，寄给白。白立即以"酬寄见赠"为题，赋诗一首。这首诗思往道今，最后两句如下：

交游今日唯残我，富贵当年更有谁。

彼此相看头雪白，一杯可合重推辞。　　（见白集卷37，页846）

综上析述牛白的园林会，游宴只是手段，庄园只是媒合友情的布景道具，在白牛互道衷曲之时，白居易没有余裕去写景。这是极其自然的事，我们莫要为白徒游园不写景感到遗憾。园林毕竟是寄情的场域，景致只是兴情的外部刺激兼灵感泉源罢了。想想裴度、牛僧孺大权在握，仍要处心积虑多待园林一刻是一刻，但他们都没想到会死在离园甚远的地方。八四四年十月，牛僧孺在李德裕排挤之下，被贬至南疆蛮荒之地，并死于是处。本书先前已及，裴度更早死于八三九年三月。李德裕只比牛晚死四年，且死于今海南岛，更是荒疆野处。李德裕的平泉庄园（按：在洛城南伊阙畔），他生前权势熏天时，没有享受过哪怕一时一刻。李比起牛、裴来，后二人即便遭遇再坏，晚年都有几年时光在自家大型园林中享有清福。而且更重要的是，他们共同拥有一位识趣的谈客兼酒友——白居易。

如此一来，牛白、裴白都在彼此园林，度过许多美妙的享乐时光，倒是李德裕徒拥名园，却无福分享有一时半刻。更惨的是，死后园林由他人占有，甚至倾毁，子孙根本无法保有此名园，兼且违逆了德裕不许将名园易手他人之训诫。对此，说详见后。

白居易如此意识，自己跻身园林主之后，便已深深感觉许多园林主空有其名没有其实。因为他们都听任园林空在那里，每天在京城忙着权力斗争，没时间返园一趟。反倒是白居易，说自己是百分之百的园林主，而且如假包换。这还不算，他还是一位货真价实的园林客，他是许多名园的常客，往往代园林主逡巡他们的心爱物，且加以铭刻在诗篇之中。如此，他则反客为主矣。居易自家园小，却珍爱不已，又往往伺机觅隙去游他人更加豪华版之园。

崔玄亮城内暨平泉两园林一瞥

洛阳北郊即临黄河，渡河而北是王屋山余脉所及，又是济水发源地。在此山水汇聚处，唐人称之"平泉"或是"济源"，都指涉同一处。王屋山当时是道教圣地，有一些名观藏匿其间，这一风景区是居易喜履并宿住所在。他两位私交甚密的朋友，即崔玄亮和韦楚，其庄园就坐落于此，这是吸引白居易常往这两园投宿的动力所在。这个地点离洛城白家稍远，到达目的地后，人至少非住一宿不可。

崔玄亮与白居易关系非比寻常。白、崔是贞元十六年（800年）同科进士，这是同年关系。贞元十九年（803年），两人又是吏部任官考试"书判拔萃"科录取者，元稹也是该科被取中。另，王起是同一年"博学宏词"科录取者。这是在官场上，何以元、崔、白，以及王等，会互相照拂、提携的关键所在，并在这同年关系基础上，这四人友谊持续增长。现在回头讲崔玄亮，居易于八二三年底杭州刺史任内，崔玄亮调任湖州刺史。杭、湖两州尽管分属浙东道和浙西道，但因近邻，故而两人时常以诗唱和。一年多后，居易离任，并在洛阳任分司官。之后，八二五年五月，居易调任苏州刺史。时崔玄亮仍在湖刺任内，直至八二六年八月，居易才离苏北归。湖、苏两州更为相邻，因此崔、白又有一年多时光，可在江南赋诗唱和。八二七至八二八年，居易在长安、洛阳两城之间走动。八二九年三月，居易确定以太子宾客、分司东都，此后卜居洛阳不再动了。这年四月，居易返洛之时，一群老友，包括崔玄亮在内，给他接风。崔玄亮此前以秘书少监、分司东都，先白一步抵洛。尽管二月时，朝廷要调他任曹州刺史，他辞不拜命，专程在洛等待居易到来。时洛阳东都留守是令狐楚、河南尹是冯宿，都是居易至交好友。崔玄亮是到八三三年二月，才被调任虔州刺史，而离洛他去。从八二九年四月至八三三年二月，约有近四年是居易、玄亮过从甚密的一段时光。崔玄亮在八三〇年三月离洛去长安任太常少卿，之后调升谏议大夫。但崔玄亮城中、城外宅第，是居易可以随时入宿的。玄亮后于八三二年冬天以太子宾客、分司东都，返回洛城。

崔玄亮的洛宅在依仁坊。崔玄亮赴长安任官，有一晚投宿在白居易长安新昌坊家。巧的是，那一晚居易正好宿在玄亮洛城依仁坊宅。事后居易得知此巧合事，乃赋诗一首，名《闻崔十八宿予新昌弊宅，时予亦宿崔家依仁新亭。一宵偶同，两兴暗合，因而成咏，聊以写怀》（见白集卷22，页494），以资纪念。此诗共六句，每句上半写玄亮宅宿，下半写自己宅宿，予以对照。前四句说，自己

118

长安敝居有七棵松，室内窗台在月光照射下分外清晰；而洛阳崔宅，植有万棵竹，竹林旁有一湾水池，在风吹拂下，池水一片碧绿。后两句写两人志趣相投，多喜幽静宅居，谁家谁住都一样云云。从此诗，可知崔玄亮洛城家，比居易洛城宅气派多了，有万株竹，池塘应比居易家池更为广阔可知。但诗的弦外之音是坚不可摧的友谊，彼此可入宿对方园林，只是友谊的外显表征罢了。

崔玄亮的济源山庄在平泉风景区。居易于八三一年十月，因登王屋山，顺道去崔玄亮济源山庄，这是居易第一次到访济源崔园。时崔玄亮在长安任官，不在园内，但居易还是入园参观。观园之后，居易赋诗一首，叫《题崔常侍济源庄》，（见白集卷25，页577—578）此诗为五言绝句。第一句言庄园景致，坐落谷口，有云雾缭绕，将园中竹林、池塘给笼罩在里面。第二句和第三句说，主人不在园，而在京师当大官。第四句说，诗人知道主人虽身在朝，却心系家园山水，但请问何年返乡呢？这是在催促园主赶快返园林，来和我居易共度良辰吧。

八三二年冬，白居易再度往游王屋山，游山毕居易再访济源庄。这时，他已知玄亮辞职、百日告假，即将返洛。这次游园，居易留下一首诗，叫《题崔常侍济上别墅》（见白集卷27，页625），乃七言绝句。第一句说，世上官员都忙于求荣争宠，只有崔玄亮脱去官服，离开官场。第二句说，汉代的疏广也曾罢官，但只是小官，晋代陶潜同样罢官，但管的只是小城邑。这里暗示，同样罢官，要看官职大小，其中代价高下有别。易言之，崔玄亮把两位古贤给比下去了。第三句写园景，说崔园在晴天时，是远山最好看、泉水声最好听的时机，特别是在醉酒时分。第四句说，园主在思念园林客的你，你知道吗？园主正放弃青云之志，返回他的白云家园。

居易很可能又一次游平泉，他写五言绝句《游平泉，赠晦叔》，（见白集卷27，页615），晦叔是崔玄亮的号。此诗第一句说，就水照脸，是一张老脸，但仍有余力登山。第二句说，想睡就喝酒，暂时歇息就吟诗。第三句说，很高兴自己身体健康，而不受束缚，两鬓仍长有发是有点惭愧。第四句说，回头向登山友说，闲适十年才登山，是迟了点。此诗言外之意是晚年闲适生活要趁早，这是居易在向老友邀约。

八三三年七月，崔玄亮逝于虔州刺史任内，享年六十六岁。看来崔比白大四岁。崔遗言墓志交由白居易操刀，白居易果然替玄亮写了篇令人感动的墓志。（见白集卷70，页1469—1472）崔玄亮的去世，令居易多年邀约共度余年的梦想成空，足见居易伤心之巨！

平泉还有一处园林，是居易向往之处，园林主叫韦楚。

韦楚平泉园林修真福地落空纪实

居易从八三〇年到八三六年，结识一位民间友人叫韦楚。他在平泉拥有大片园林，里面有农场，大批佃农耕种其间。韦楚曾去居易履道坊宅做客（见白集卷28，页633，《池上赠韦山人》诗）。后来韦楚离洛去云游江南，从此两人似乎不再见面。居易送行诗《龙门送别皇甫泽州赴任、韦山人南游》（见白集卷32，页732）中有谓，这两人离洛之后，自己就没了伴游人。诗题中的皇甫泽州指的是皇甫曙，乃白居易晚年伴侣兼亲家，因官泽州刺史，故诗题用的是官衔。白居易有首诗叙及，他曾一年内去了韦楚的平泉庄园四趟（见白集卷32，页722《醉游平泉》诗），但不知具体是何年。笔者考证居易分别在八三〇年和八三二年去过韦楚平泉园林。在八三〇年那次，居易有诗《秋游平泉，赠韦处士、闲禅师》（见白集卷22，页497），可以为证。此诗写到韦家是在涧底，闲禅师坐锡寺是在山头。山头是云发源处，涧底是有泉，涌泉声似天籁云云。八三二年的夏天苦热，白居易去韦庄访韦楚，顺便避暑。全诗六句，前两句言为热所苦。第三句言自己老病缠身，适值苦热侵犯。第四句说自己没有佛教驱暑良方，故而无法解热。第五句说自己装扮无益消暑解热。第六句说当学韦楚辟谷散发，才是正办。（见白集卷21，页476，《赠韦处士［大和］六年夏大热旱》诗）居易有一诗赠韦楚，主要在赞赏韦楚人格风标，而未及其庄园。（见白集卷32，页723《题赠平泉韦征君拾遗》）

居易如此勤奋前往韦楚庄园，可知此园林必是居易赏玩去处之一，可惜他吝道韦园景致，仅凭居易诗篇上述寥寥数句，难令今人得窥此园美妙所在。但从另一方面看，居易去韦楚园林，侧重的是道场修炼，园景反而是附属物。韦园散发的符号是修道，这才是吸引居易不惜长途跋涉的动力所在。

香山寺园成居易最爱园林

接下来，笔者要谈居易晚年体力可及的一处园林，即坐落在洛阳城南郊龙门山处的香山寺园，此园北宋时尚在。八三一年七月，白居易至交元稹去世，元家人为感谢白居易为死者撰写墓志，致酬七十万贯钱。居易用此款重修香山寺，历时三月而竣工，时为八三二年六月。为竣工事，居易于该年八月，写下《修香山寺记》一文（见白集卷68，页1441—1442），提到与此寺园有关者计有二端，如下：首先，居易说前此七八年，每感寺坏久矣，思有所济助，如今愿成。据此，可知居易在修香山寺前七八年，游历此寺多次。其次，该《记》文本言及寺园处，在园区内的，特别标榜"香山泉石"、"石楼风月"这两景致。寺外远景的，以居易用辞是说，"关塞之气色"，以及"龙潭之景象"这两样。"龙潭"是附近著名的水潭，居易有首诗提到此潭。八三〇年六月，夏天苦热，居易到香山寺避暑，到了晚上，在室内仍热到睡不着，只好往龙潭泡水，泡到全身舒爽才返回室内。（见白集卷22，页495—496，《香山寺石楼潭夜浴》）该《记》文本言及寺园处确实不多，反不若居易题诗纪念此竣工事。居易诗题叫《重修香山寺毕，题二十二韵以纪之》（见白集卷31，页700），望题即知此诗共二十二句，可析分成五折段。其第四折段言诗人在室内活动，诸如写作、泡茶、焚香，以及熬药等事。第五折段，写诗人往佛路走，确定香山寺是极佳灵修所在，因而决定不作"恋家囚"，改而长住香山寺。笔者回头讲第一折段，言有缘助成修建佛寺之原委。以上三折段都不关香山寺园景致。第二折段以鸟瞰方式望尽香山寺四周远景如何。第三折段才及香山寺园本身，共四句。第一句说，关于香山寺建物，台殿在清晨最为漂亮，房廊在晚间呈现更清幽的氛围。第二句说，千种花卉间杂在塔上塔下之间，寺脚下的伊水充斥着来来往往的舟船。第三句说，云雾出入在山林之中。第四句说，环境安静到可听到森林中的樵夫在谈话，就连山下伊水上船夫的歌，都听得清清楚楚。

在此诗文本，已透显出诗人不是将香山寺园当成避暑胜地而已，而是要将之提升为取代履道坊家宅的地位。在八三二年秋天，即已透露要将寺变成家的意念。居易于《初入香山院对月》（见白集卷

33，页746）诗中，说从中秋夜晚起，寺便是家，如下：

从今便是家山月，试问清光知不知。

居易另首诗《香山下卜居》，从题便知以香山当终老之地，中有谓：

老须为老计，老计在抽簪。
山下初投足，人间久息心。（见白集卷33，页744）

这只是表达为修道而隐居香山。居易更有将洛城家中之藏酒和藏书之一半，搬至香山的纪实诗，叫《香山二绝》，其一后一句有谓：

家酝满瓶书满架，半移生计入香山。（见白集卷31，页705）

居易还有多首咏赞香山寺园的诗，但因诗句能呈现的毕竟受限，应以前述《重修香山寺毕，题二十二韵以纪之》一诗，为写香山寺园的代表作。事实上，龙门紧邻洛城南郊，是居易可以乘坐篮舆这种简易交通工具，便捷到达的风景点。据居易《香山避暑二绝》（见白集卷33，页744）之二说，从山寺回返履道坊宅，有十八里距离。以十八里来回做一日游的旅游计划，是白居易不宿香山寺园的旅游手段。为了利用白天玩到尽兴，又能夜半返洛城家中，白居易将前半夜的睡眠寄托在乘坐篮舆这一交通工具的方法上，这有类今天搭夜车旅游的况味。半夜抵洛城，幸而唐代从八世纪末起，京城是城开不夜的，故而白居易半夜入城这一条件，是当时新兴要素。没有这个前提，香山寺园一日游的旅游行程，白居易是设计不出的。本书一起始，就写到白居易利用白天极尽赏玩之能事，这需要学早鸟早起，还要省去赶路时间。白居易发明入夜离开园林风景地，从风景地移动到家的便宜办法，便是利用夜间乘舆。这一办法让交通移动和睡眠不至占用玩赏的时间，这在古代是相当有创意的风景区一日游玩法。这代表当时观园文化之吸引玩家至何地步，白居易香山一日游事件是有它时代象征性的。另外，白居易把入城时间点设置在夜间，这拜京师居民争取到夜间行动自由之赐，这不过是近四十年的事。京师居民推倒了城坊制，换得的是经济管制的解体，还有行动自由的扩大。原本夜间是不许人出门活动，以及不许人进行经济交易的。如今买卖可以夜以继日不算，另外争取至少任何地点都可交易的经济自由度。

在同一方向上的另两大名园，即裴度和牛僧孺南庄，离城距离也应是十余里（按：裴园确定距城十里），但在地望上，裴牛两园是以洛城东南方位的嵩山，作为南向的目标物。所以，裴牛两庄应在伊水东岸，而龙门香山寺是在伊水西岸，嵩山之于香山寺龙门山，恐怕在视觉上不像平地望嵩山的那种景致。

白居易宗教信仰上，是吃斋事佛的人，但不是斋日，就不戒荤、不戒酒。这只是半套斋戒，但在园林主圈子中，已是异数。另一方面，居易勤走他人园林，是他贪玩重游的晚年节目。可以玩到夜以继日，真是不失玩家本色。在此，重点是有人相伴互动，才是吸引居易勤于出访的动力所在。

白居易看过或投宿过的洛阳园林不知凡几，并不止此处所举七座而已。为免文章臃肿，笔者无法穷举并一一细数。重点是居易园林生活步调以及他所自以为的卜居生活重心，才是笔者要关注的所在。据上述园林例析述，经笔者稍事为读者整理之下，获知裴度集贤坊宅和崔玄亮依仁坊宅坐落在城内，它们可能都比居易履道坊宅还壮阔。但居易对此二园笔触平淡，只及建物或植物栽植，当然园中池水是必有之物，非提不可。必须指出，这个水池的水源赖伊水注入所致。有水无山，是这两城中园美中不足之处。

相形之下，居易叙及城外园林，可就虎虎生风，有的作品还下笔汪洋自恣呢。城南的香山寺园、裴度南园，以及牛僧孺南庄，或本身踞山（龙门山）而成，或依托远处嵩山为屏障，都有山景元素加入。在水景元素部分，水又分自然水源和人工引水这两种。香山寺园近有山涧水可亲近，又可居高临下俯瞰伊水。裴、牛两庄是引伊水入园，只能在水池上添加物事，互别苗头。裴度在池中岛上栽植花卉，使四季有不同花种可观赏，牛僧孺亦在环园篱笆上选种四时花卉。在动态描摹上，在白居易笔底倾泻而出的，或搭配季节性云、雨、雪，或为禽虫类的鸟和蝴蝶，这让园林客在造访园林上，产生动态的变化。园林美景如此，更加相得益彰的是，有老友同游其间使得日常生活丰饶起来，才经营得出良辰的美妙时光。

至如洛城北边，渡过黄河而至的平泉，有崔玄亮和韦楚两处庄园。这两园共有王屋山山景，和济水上游的水源，这是天生优势，毫不假借人工为之。白居易只消描写山色和水声就足够了，更何况他还会提到竹林和山云，更增添园林风姿。这两个自然园林，白居易重点不在写景，而在表达对入道生活的向往。韦楚是位货真价实的辟谷士，过着道人隐士的生活，那是白居易汲汲追求的另一人生境界。至如崔玄亮，居易则认为玄亮白白拥有一修真的福地，可惜他无法对官场断念。居易原本私心期盼大他四岁的玄亮能及早卜居，与他一起修真，过着神仙般的园林生活。可惜事与愿违，崔、韦两人均让居易失望。可以推知，经如此一番人事折腾，香山寺园自是成了居易死前六七年的寄望所在，想以寺作家，追求佛性为依归。

以上五园坐落自然风景区，建物反居附庸地位，这五园应属天下奇观所在。我们幸而拜居易书写之赐，得睹五园风姿于万一。除香山寺园外，其他四园应毁于唐末，宋人根本无福得见，这也是宋人写作园林史的损失。更扩大说，这洛城南北四园（撇开香山寺园）的消失，使我们后人痛失珍贵的文化资产！

另外，在世代上，裴度稍长于居易，牛僧孺则为居易后辈，但居易分别与裴、牛产生忘年交的情谊。在大和、开成年间，这三人适值晚年，所异者，居易放弃权位，裴、牛则克享权势，但需不时与政敌周旋，做殊死斗。值此关头，裴、牛在势屈时，分任东都留守官，恰可与卜居洛城的居易时相过从，而分别在裴、牛大型园林，共度不少欢乐时光。裴、牛算晚运不错，不但拥有豪华园林，而且竟然有闲暇享受园林生活。就在这一点上，裴、牛碰上了一位资深园林主白居易。当腻自家园林主的居易，因碰上裴、牛两园主都喜欢自己，而让居易成为这两家园林的常客。这才使居易光享乐，不付代价呢。

笔者读罢居易对其他园林主的园林叙述，写园景反少于写友情。园林主偕客游园，重在以享乐为主，独乐乐反不如与友乐。而这个朋友是否贴心，则是园主选择关键。居易这位园林客成为各名园的最佳客人，是他为人风趣又体贴入微的人格特质所致。偕友游园才是卜居享乐的最高手段，笔者会不惜辞费，去说明居易与各园林主的关系，其缘故无他，端在这主／客关系，或友／友关系，才是游园诗文本的文本脉络（text contest）所在[1]。

居易卜居洛城，看够园林，也看到许多园林主无福享受自家园林生活。像他有首诗说：“试问池台主，多为将相官。终身不曾到，唯展宅图看！”（见白集卷25，页568，《题洛中第宅》）这像是讽刺像李德裕这种园林主。再有首诗：“多见朱门富贵人，林园未毕即无身。”（见白集卷28，页638，《题西亭》）你看，园尚未盖好，人却死了。又有诗说：“不用将金买庄宅，城东无主是春光。”（见白集卷28，页642，《吾土》）这是说城东园林花开，但不见主人在，这本身已成城东一大风景！容我再引白诗一句话：“大有高门锁宽宅，主人到老不曾归！”（见白集卷28，页652，《履道居三首》）唐代官员追求权势，为的是有能力购置园林宅第好过上享乐人生，然而在拥有宅第之后，却没福分享受一天园林之乐。相形之下，白居易没有权势，不但自己拥有园林，而且洛城比他的园林豪华得多的他人园林，多成了他观赏甚至有时多所投宿的存在，形同在替主人享乐园林生活，居易不愧是唐代卓绝一时的生活达人。白居易这种生活形态拜国家之赐，让他平日开销不虞匮乏，以此为基础，他才可以深化园林生活的某种可能性：修真、学佛，以及交流友谊（不

---

1. 关于园林主之间关系的讨论，杨晓山的侧重点异于我关注之处，在于杨氏强调园主和园主之间的礼物交换关系。参见杨晓山著、文韬译《私人领域的变形——唐宋诗歌中的园林与玩好》（南京：江苏人民出版社，2009）第四章第一节，言裴度向白居易索双鹤（页126—135），第二节，言裴度和白居易之间用马换人爱妾（页136—141）。

管眼前友或是远方友）。居易作诗的文化活动，既留下他建构幸福生活的实践，也为我们后人留下得窥唐宋巨型园林生活的一鳞半爪。

唐园的巨型式样，还会往下流行到北宋。有意识去记述这一独特居住文化的人，在唐代虽未产生，但难得有白居易以诗的文学形式去加以记录。这也算难能可贵了，身临园林生活其境的唐人多矣，却只有居易这位记录日常园林生活的有心人。但这和有意识去记录园林般居住文化，犹有不同。人先有文化行动，之后意识到此行动是有意义的，这时才会有人加以珍惜地去记录这类文化行动。到了宋代，为留下这一抹美丽园林身影的作家才出现，而且至少有两位。一位李格非写有《洛阳名园记》，另一位欧阳修写有《洛阳牡丹记》。事实上，园跟牡丹花是有互涉关系的，书名的聚焦，或取园或取花，但文本内容是园／花一起处理的。中国理想居住文化史的巨轮行驶至此，这些记录就不只是居住文化这一层意义而已，还有花文化的另一层意义。这样宋代的情形，我底下会处理，此处暂置勿论。

二、欧阳修、周师厚对洛阳花会的特写
牡丹花在唐宋期间于花王国中抡元之争议

欧阳修（1007—1072年）出仕之时任洛阳留守府推官，于天圣九年（1031年）春三月抵洛就职，至景祐元年（1034年）春二月离任。按说他应在洛阳亲见四个完整的花季，但三月是花季尾端，故而第一年只见花季尾末。第二年任期，欧阳修于仲春出游嵩山，返洛时已过了花季。第三年任期的春天，欧阳修因公出差至京师汴州，返洛时同样误了花期。第四年因任满离任，只见到花季的早期。

但无论如何，欧阳修见到了两次洛阳花季，一次是晚期，另一次是早期。可是，欧阳修在离开洛阳不久，对于洛阳花季的居民集体活动，恋恋不舍，且加以载记，而有《洛阳牡丹记》这一小册子的写作。这个事关洛阳花文化史文本的诞生，帮助我们后人对唐宋洛阳人的花季文化活动的了解，提供极为有利寻访花文化的线索。唐宋三百年（从第九世纪至第十一世纪）的洛阳花文化当道之时，多少人沐浴其中，却久久不见有人意识到此事之珍贵，值得加以记录。直到人们从事花文化活动二百多年后，才有欧阳修这位“曾是洛阳花下客”，用一本小册子的篇幅，直道洛阳每年花信事及其文化。反观在洛阳居住达十七年之久的白居易，尽管消费洛阳花文化，但以其适值花文化的历史初期（828—846 年），花文化尚在形塑过程中，白没有为文直道其事，自是情理中事。

欧阳修以其过人的历史嗅觉，得悉一件历史事物形成不易，故

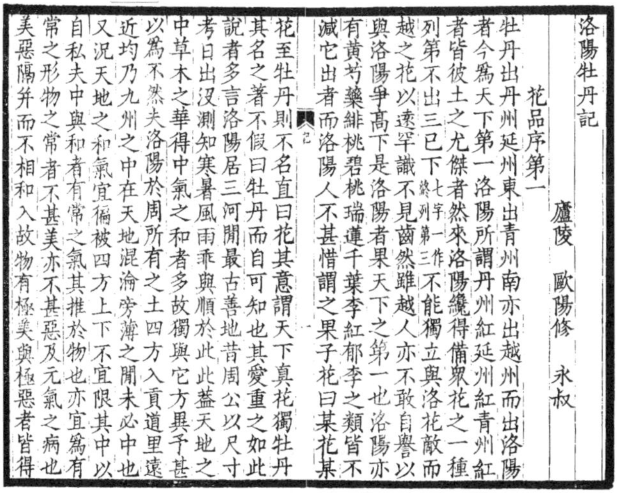
洛陽牡丹記
廬陵　歐陽修　永叔
花品序第一
牡丹出丹州延州東出青州南亦出越州而出洛陽
者今爲天下第一洛陽所謂丹州紅延州紅青州紅
者皆彼土之尤傑者然來洛陽纔得備衆花之一種
列第不出三已下七字一作終列第三不能獨立與洛花敵而
越之花以遠罕識不見齒然雖越人亦不敢自譽以
與洛陽爭高下是洛陽者果天下之第一也洛陽亦
有黄芍藥緋桃碧桃瑞蓮千葉李紅郁李之類皆不
減它出者而洛陽人不甚惜謂之果子花曰某花某
花至牡丹則不名直曰花其意謂天下真花獨牡丹
其名之著不假曰牡丹而自可知也其愛重之如此
說者多言洛陽居三河閒最古善地昔周公以尺寸
考日出沒測知寒暑風雨乖與順於此此蓋天地之
中草木之華得中氣之和者多故獨與它方異予甚
以爲不然夫洛陽於周所有之土四方入貢道里遠
近均乃九州之中在天地混淪旁薄之閒未必中也
又況天地之和氣宜徧被四方上下不宜限其中以
自私夫中與和者有常之氣其推於物也亦宜爲有
常之形物之常者不甚美亦不甚惡及元氣之病也
美惡隔并而不相和入故物有極美與極惡者皆得

图 4-2　欧阳修的《洛阳牡丹记》

而愿意投注时间和心力，写出《洛阳牡丹记》这样的花文化叙事文本。如今笔者想来，仍觉殊为不易。

　　欧公文本中提到，洛阳花文化乃宋朝专属物事，此前的唐朝并不存在。他的证据是说，白居易、元稹、宋之问，以及沈佺期这四位著名唐诗人的诗篇，并不言及牡丹花独贵一事。就算刘禹锡有《咏鱼朝恩宅牡丹》诗一篇，只言"一丛数万朵"而已，而未提到牡丹花之"美且异"。[1] 这点，欧公对花文化史的分析，与笔者有异。依欧公说法，到他活着之时，牡丹花成为百花之王的历史，只有区区宋代百年不到。欧阳修以中唐之前有四位诗人咏及牡丹花事，并未独异牡丹，而为此论断。他忽略了这四位诗人中，活到最后一位的白居易，死于八四六年，从八四六年至九六〇年，之间还有一百一十五年。亦即在宋代之前，其中诗人成百上千位生逢其中，他们如何谈牡丹花及其他花的，欧阳修并未全面去翻检晚唐、五代的诗人。二十世纪六十年代台湾史家李树桐发表《唐人喜爱牡丹考》[2] 一文，照见了欧阳修论断唐宋花文化史的不足之处。[3] 此外，另有一条证据是北宋人周师厚讲的，说详见后。

---

1. 参见欧阳修《洛阳牡丹记》（台北："中央研究院"历史语言研究所傅斯年图书馆藏《百川学海》本），《花释名第二》，页5b—6a。
2. 李树桐文一九六九年发表于《大陆杂志》卷39：1、2期合刊（1969年7月）页42—66，后收载氏著《唐史新论》（台北：中华书局，2015年二版二刷），页212—281。类似像李树桐做法的，有王永平，写有《游春赏花》一文，其中言及唐人春游赏牡丹处，收载氏著《游戏、竞技与娱乐——中古社会生活透视》（北京：中华书局，2010），页300—304，同样引证唐诗，唯不出李树桐文范围。
3. 关于从中唐至北宋，时人如何建构花文化，笔者的初步意见，参见拙作《陈寅恪学术遗产再评价》（台北：时英出版社，2010），页31—34。

以上，是关于唐宋花文化的议题。北宋人欧阳修身在其中，而且正处于此花文化烂熟地步，更是该文化的消费者兼记载者。他认为，虽然迟至唐代才将牡丹花引进国内，但牡丹花被人们视为艳冠群芳，且进一步发展成唯独牡丹花配称花，余皆非有具体称呼不可。[1]今人中的李树桐，其研究指出，在唐代牡丹花受到社会各阶层喜爱，唯李氏未往宋代探究。笔者则指出，由唐入宋，牡丹花在花文化的特殊地位，由唐至宋为一脉相承。

此处，笔者欲借欧阳修文本，想进一步理解以下情况：第一，洛阳原非牡丹花产地，如何变成牡丹花培育中心？第二，从品种开发到品种竞逐排行的产生，如何涉及一个庞大花市？第三，有花文化的行动者如何为观赏牡丹而产生付费行为？第四，是谁撑持这文化产业，它跟洛阳园林豪第有何关联？第五，欧阳修的历史考察中，他的疏漏之处，我们如何加以改善？

北宋人对洛阳牡丹花文化之觉察

到了北宋，洛阳牡丹花冠绝全国之声名，益发显著。身在洛阳城中居民，处于牡丹花文化热潮之中，不觉太特殊，故而懒于记叙，这也不难理解。反倒是非洛阳的外人，于得履花文化中心之洛阳，觉得相当特殊，有着强烈非捕捉牡丹花文化热潮不可的写作冲动。这在北宋有两位臣僚，因官洛阳得以亲自领教洛阳花文化热潮之冲击，趁着印象鲜活之际，着手描写洛阳牡丹花文化此一景象。前述

---

1. 参见欧阳修《洛阳牡丹记》（台北："中央研究院"历史语言研究所傅斯年图书馆藏《百川学海》本），《花品叙第一》，页1a—1b。

已及，欧阳修始仕，因任西京留守府推官之便，得睹牡丹花在洛阳惊人的文化力道，于离任后立即写出《洛阳牡丹记》这一近乎近现代人类学标准的田野报告。这一牡丹花文化调查文本约莫撰写于一〇三三年。到了欧阳修晚年，约当十一世纪六十年代，一位著名的书法家蔡襄（1012—1067年），因读到欧公《洛阳牡丹记》文本，乃以毛笔抄写一遍，并请匠人依其字迹，刻于石上。蔡襄并复制一份石刻摹本，寄给欧阳修。欧阳修阅后，为其写下《牡丹记跋尾》一文，并交代子孙珍藏此石刻版《洛阳牡丹记》摹本。[1]可知欧公此文本流传甚广，在引起众人注意声中，连名书法家蔡襄都深受感动，为之制作石刻摹本，这等于用印刷术手段加速欧阳修文本的传播。可以想见，洛阳牡丹花文化在欧阳修生前其文本加值之下，益发深入人心。待欧公死后，更因文集中收有《洛阳牡丹记》小册子，便造成石刻摹本和印刷文集本双线传播《洛阳牡丹记》了。

另一位以叙事手段再现洛阳牡丹花文化风华的人，叫周师厚，北宋鄞县（今浙江省宁波市）人。他于皇佑五年（1053年）中进士，之后曾任河南府（即洛阳）通判，元丰四年（1081年）春莅任，有幸首度目睹洛阳牡丹花文化热潮的种种。于翌年（1082年）春二月，再浸泡一次洛阳牡丹花文化热潮之余，立刻着手写成《洛阳花木记》一文，[2]时为元丰五年（1082年）春二月。可知周师厚连看两次洛阳花季之后，便迫不及待地将所见笔之成文。同样记述洛阳牡丹花

---

1. 参见《欧阳修散文全集》（北京：今日中国出版社，1996）《序跋类》，页406。
2. 参见周师厚《洛阳花木记》，收载周伯谦主编《全宋文》（成都：巴蜀书社，1993）卷1514，页334—335。

文化，周师厚晚于欧阳修，二者相隔五十年。当时园林豪宅热照样魅力四散，而附着于园林的花文化，依旧在蓬勃发展之中。它将会如下文所示，一直演进到北宋亡国前夕。

观周氏《洛阳花木记》文本，与欧阳氏《洛阳牡丹记》文本，两者最大的差别在于，欧阳氏接受洛阳人习俗，说花之尤者为牡丹，除却牡丹不是花，只是果子的前身。至若周氏则反其道而行，欲将洛城各种花搜罗殆尽。周氏又认为，芍药不逊牡丹，特为寻求之，得四十余品。牡丹和芍药之外，其他杂花共二百六十余品，周氏全做成谱录予以传世。首须声明，关于周氏文本，今只见文，不见录。可是日后有刊刻者专取收录的牡丹一色，予以刊行，内收有牡丹四十余品。唯笔法上，类同欧阳修《洛阳牡丹记》的《花释名》，详述各品色泽、花瓣几多等等细节。[1] 刊刻者为有别于欧阳修《洛阳牡丹记》，乃命书名为《鄞江周氏洛阳牡丹记》。

周氏文本另一重点，在于传承先前洛城寻花客的牡丹花谱。他说看过李德裕《平泉花木记》[2] 所附牡丹花谱，以及欧阳修和一位范尚书之谱，范尚书有牡丹花品五十八种。他又说，对照以上三谱

---

1. 参见周师厚《鄞江周氏洛阳牡丹记》，收载《丛书集成续编》（台北：新文丰出版公司，1989）册83，页456—467。

2. 根据《旧唐书·李德裕传》（北京：中华标点本）卷174，页4528载云："（德裕）东都于伊阙南置平泉别墅，清流翠筱，树石幽奇。初未仕时，讲学其中。及从官藩服，出将入相，三十年不复重游，而题寄歌诗，皆铭之于石。今有《花木记》、《歌诗篇录》二石存焉。"这是五代人编纂《唐书》时，至少史官曾见《平泉花木记》石刻。可知花谱之书写作为，唐代即有。幸而，李德裕《平泉花木记》收载于元代陶宗仪《说郛》（上海：商务印书馆，1930，据涵芬楼本排印）卷67，页3B—4B，文名为《平泉山居草木记》，而内中已无北宋人所见的牡丹花品。

所记牡丹花品，他亲自所见都已不全。要之，他把旧谱所载其中犹可见者，加上新栽植新品，所得牡丹花品，有百余之多。牡丹花品种之开发和记录工作，由唐至宋，经人以花谱文本方式在登录。这样的文化工程，是与洛城花文化热潮遥相呼应的。周师厚可以看到李德裕所传牡丹花谱，等于是推翻了欧阳修牡丹花独贵由宋始之说。同时，这也证实笔者所说，唐宋花文化是一脉相承的。倘若我们将李德裕搜求牡丹花品并加以记载的文化行动，视作一指标性行动，那么，以李德裕死于八四九年往前推至他活跃政坛时间起讫，那么由八一七年至八四九年，应是德裕以其权势营求牡丹花种的时间。其间，元稹、白居易，以及刘禹锡等，恰好均置宅洛城，并多少生活其间（只有元稹在洛阳有园却无缘生活其中）。元刘白三人先后死于八三一年、八四二年，以及八四六年，都属于李德裕在大肆营求牡丹花品，以及制作牡丹花谱的同一时段之内。抑且以上四人都设宅洛阳，李德裕珍爱牡丹花之举，其他三位邻居不能说毫无所知吧？再说花谱的出现，意味着人类特定文化活动，经久被人意识到，以致予以记录。文化行动在前，积久被人觉察出，而有了相应的称呼或定名，社会因而公认这是有谱的行动。牡丹花热流行多年后，身为洛阳花下客之一的李德裕，发愿以花谱形式记载其事，与他同时的元白刘三人，不可能不知其事，以及其事背后的文化意义。还有，搜求品种并加以登录的工作，非有权有钱者无法为之。李德裕加上乃父，权倾天下超过四十年有余，李家财力之雄，更是无与伦比。这是白居易和刘禹锡绝对做不来的事，元稹要到任职浙东观察使时，才开始有机会积累财富，可惜积累时间不长。所以，元稹也无法达到作谱录的条件。（按：李德裕于八三五年四月，以太子宾客分司东都，时洛城花季已过。）同月，李德裕再被逐到袁州，这是李德裕任官洛阳的一段短暂经历。他一辈子只能在纸上想象洛阳花季，不像元白刘三人，曾在洛阳住过，并亲自浸淫洛阳花季之"疯会"（cult）。附带言之，李德裕的洛阳南郊宅第在伊阙平泉风景区（按：不是洛阳北郊且过黄河的济源平泉），他也无福一天享受过。这或许是李德裕比之后三者，更具强烈动机要去完成牡丹花谱的制作工作。李德裕每读所作花谱一次，即类似卧游自家园林一般。

约略后于李格非的朱弁（1080?—1144?年）于其所著《曲洧旧闻》一书中载云，自欧公作花谱，后继者继踵为之。先有宋敏求（1019—1079 年）《河南志》，比欧公多牡丹花品二十余种，后有张峋撰谱三卷，凡一百一十九品。朱弁又说，在大观（1107—1110 年）、政和（1111—1117 年）年间以来，新增花品又多，超出张峋花谱之外，可惜无人谱而图之云云。[1] 可知花品不断推陈出新，而作花谱之人来不及登录也。又者，宋敏求和张峋的谱记，元代以后都已亡佚。宋书在清代有人设法集佚，但不完全。关于朱弁其人，略事简介如下：他于一一○二或一一○三年起，从成名学者晁以道游，于宣和年间（1119—1125 年）或政和末（1117 年），随晁氏卜居新郑县洧水处。朱弁于一一二七年家破人亡，遭金兵虏往山西，勾留十六七年始归临安京城，一年后去世。

唐末名人段成式（803?—863 年）比李德裕晚生十七年，在其所著《酉阳杂俎》一书中，有专记牡丹花事一则。[1] 首先言安史之

---

1. 参见朱弁《曲洧旧闻》（上海：商务印书馆，1936）卷 4，页 30。

135

乱前后，有大臣两人从山西汾州、太原移植所发现牡丹于长安，至长安有牡丹花会，由慈恩寺负责举办，而有诗人记其事："长安年少惜春残，争认慈恩紫牡丹。"其次，则言元和年间，长安兴唐寺和兴善寺各植有奇种牡丹花一株，以及如何奇特云云。最后，记述一则栽植牡丹专家的故事。话说时任侍郎的韩愈（按：那应是八一八至八一九年，以及八二二至八二五年期间），为一疏族侄儿不受教所苦。有一天，韩愈教训他说汝不念书，将凭何能存活于世间。不想这位年轻人说，他专长栽植各类牡丹花，只要叔父要何牡丹，他立刻栽植出来。事后验然，果如所说云云。据此，唐末的段成式告诉我们，中唐时长安已有牡丹花会，而且是由民间而非由官方来主导，此其一。其二，社会上因应牡丹花会之需求，已有栽植专家应运而生。以上从李德裕作牡丹花品谱录，到段成式有意识去记载，从安史乱前至乱后，长安即有牡丹花会。这说明欧阳修论断牡丹花文化由宋始之说，是需要修正的。这篇载记，作者并未设题，其实可命名为《长安牡丹记》。

周氏《洛阳花木记》最后一个重点，是在解释洛阳花文化何以冠绝全国这一问题。他撇开洛土宜植花木这点环境、气候因素不谈，指向人文因素。他认为洛阳为全国衣冠家族所聚之处，豪宅鳞次栉比于其中。这些衣冠人士游宦四方之余，将远方异种花卉移植回洛阳家中不说，还把所得肥沃土壤运抵洛城。再加上周边辅助性因素是洛阳有专业花农，懂得如何栽植花卉，衣冠士人遂仗以成全其

---

1. 参见段成式《酉阳杂俎》（台北：源流出版社，1982）前集卷19，页185—186。

牡丹花文化热潮的各项行动。这个解释道尽洛阳成为花都，是集全国有钱有闲阶级和专业花农群聚效应所致。这是其他消费城市（像唐长安、唐宋汴梁，以及唐宋扬州）做不到的事。

　　文人对于花品，从搜罗到记录，是一种认知花文化的艰辛过程，这不同于纯粹消费花文化的寻芳客。以上，唐代的李德裕、段成式和宋代的欧阳修、周师厚，只是这一波花文化记录运动为后世所知的少数人，可能更多这一类的文人淹没在历史洪流之中。之后续作牡丹花谱／记，并为后世所知者，尚有李格非等五人，说详见后文。兹先列表如下：

表4-1　唐宋残存牡丹花谱／记出现序列表

写作时间 作者	时间点	谱／记文本
李德裕	840 年前后	《平泉花木记》记收牡丹花品种
段成式	860 年前后	《酉阳杂俎》前集卷 19，记长安牡丹事一则
欧阳修	约 1033 年	《洛阳牡丹记》所收牡丹花品 28 种
张峋	十一世六十年代后？	《牡丹花谱》3 卷，记收牡丹花 119 品
周师厚	1083 年	《洛阳花木记》，被出版家抽出《序》和《牡丹谱》，分别出版，后者尚改成《鄞江周氏洛阳牡丹记》
宋敏求	1083 年，司马光写序	《河南志》记收牡丹花品，比欧阳修多 20 余品
李格非	1096 年	《洛阳名园记》记牡丹花事数则

写作时间 作者	时间点	谱／记文本
朱弁	约 1120 年之后	《曲洧旧闻》记十二世纪初所见牡丹花品，超出张峋所记甚多
张邦基	1140 年前后	《墨庄漫录》卷 9，"东坡罢扬州万花会"条，记 1092 年扬州牡丹花会结束
张邦基	1140 年前后	《墨庄漫录》卷 9，"陈州牛氏缕金黄牡丹"条，记 1112 年陈州花农不堪官方压迫，自行结束牡丹花种植事业

说明：本表据作者考索、论证所得，加以制成。其次，必须指出，李德裕、宋敏求，以及张峋等，著书记花卉事，特别是牡丹花，在元代已亡佚，但之前宋人尚能见到。

欧阳修花谱文本之分析

早于周师厚五十年写下牡丹花谱文本的欧阳修，对洛阳牡丹花文化热潮，有着不同的记述。欧阳修所作花谱，在详细说明这一功夫上，胜过周师厚。周氏何以省下记述工夫，而只呈现花品序列，这点是他自觉无法后来居上才加以省略呢，抑或有其他考虑，笔者难以论定。周《洛阳花木记》文本应是花谱的序文，但如今花谱部分已佚，无助笔者解决此中疑问。现在回到欧阳《洛阳牡丹记》文本。

《洛阳牡丹记》文本区分成三篇，即《花品叙》《花释名》，以及《风俗记》，兹次第转述其要点，并加以分析如下。

在《花品叙》部分，欧阳修将自己搜集的牡丹花品种，共计二十八种，理出一个排行榜。排名愈前的，愈受人喜爱，也愈价值不菲。欧公言及，教他牡丹花品种的老师，是他上司，即东都留守钱惟演。欧阳修亲见钱氏家中有一屏风，上有密密麻麻字迹，乃九十余种牡丹花，可知这是钱氏生前秘而不宣的牡丹花谱。可能钱氏死后，此谱亦未遭整理、刊刻吧？欧阳修说，他自己只搜求到三十许种牡丹。此处，显示不同花品收藏家各有不同花谱。

在这排序公布之前，欧阳修主要在讲三个要点。第一要点，即前述已指出，牡丹花取代众花，成为花之代称，意即只许牡丹才是花，其他旧称之某花，均不足称花。

在第二要点上，欧阳修反驳洛土特异论。一般以为洛阳居天下之中，故得中气之和者独多于他地。欧阳修以为，在成周时期国土范围恰好以洛阳居中，通向四方里程相等，这时称洛居天下中或许有理。待国人世界观扩大，西极有昆仑山，至此洛阳不可再称天下之中。又，气候涵盖四方土宇，不可能有凡居中之所，最得气之和。再者，物有极美和极恶之别，此得气之偏造成。以此论之，花中之美与丑者，皆得气之偏。据此，洛城牡丹花不是气之和，而是气之偏，才得以得天独厚。这是一种气候决定论思维。

欧阳修指出，洛城数十里栽植牡丹花易成，出其城外则失效。他认为，天地之大，存在许多不可考知的事物。洛城适宜栽植奇特品种牡丹，在欧阳修看来，属于不可知论范畴。

又说在不常有的奇物之中，有害人者曰"灾"，不为害但教人惊骇者曰"妖"。以此而论，牡丹花属妖物。

这一部分第三要点，是在讲欧公亲身在洛城观赏牡丹花之经验。这里，他提到钱惟演的教导。这些都见前述，不赘。

比较周、欧两人解释洛阳牡丹冠绝全国的原因，欧公持气候决定论和不可知论，周氏则相信气候和人文两大因素相乘，有以致之。在此，周氏是对欧阳之说有所修正。

在《花释名》部分，欧阳修主要在探讨特定品种命名之由来，或以最先发现者之姓名，或以产出之州名，或以地名，或以颜色名，或标举特异处，来取得社会公认的品名。在此，掺杂许多人物故事，欧阳修特地为我们一一道出。这部分牵涉到本书攸关的园林文化，并使得欧阳修文本更具人类学家田野调查的秉性。

欧阳修笔触所及，从牡丹花原生地在帝国西北边荒山地，到被移植至洛阳。从原生地土人无视牡丹花之存在，只取其木本可供柴烧之用，到洛阳士庶寻求异种牡丹花并给予排名序，这相异之两地正可见出，一者是无花文化，另者是有花文化。人类对特定自然事物，是否会赋予特殊意涵，是由文化行为决定。[1]同样是牡丹花，西北山民视而不见，而洛阳士庶每春为之争睹不已。这是洛阳牡丹花文化，其从无到有，的确有一形塑／建构的过程。

欧阳修同时讲述了各花品的来历，或由某民人发现山中，并带回洛城栽植，或民人将发现之新花种，直接卖给豪门。一般平民发现新品种，通常以其姓氏取得冠名权。欧阳修在一一细说各花品种样貌时，注意到颜色、花瓣多少，以及开花期之后先。对于特定品种落植在豪第或寺院，更是留心。

---

1. 英国历史人类学家杰克·古迪（Jack Goody）于其 *The Culture of Flowers*（Cambridge：Cambridge Univ. Press, 1993）第一章 "No Flowers in Africa?"，开宗明义即说，非洲人视花如草芥，日日践踏之，不以为意云云，即是没花文化的人，眼中无花之意也。

在豪门所拥特定品种上，欧阳修为我们介绍了几所园林。以老品种出于唐代而言，欧阳修举有三例。其一是唐代宗朝宦官鱼朝恩（死于 770 年）宅第植有牡丹花，欧公说扬名于宪宗朝以后的刘禹锡（772—842 年）见过，且特为咏诗一首。（按：刘禹锡在鱼氏当权之时 [763—770 年]，莫说尚未出仕，正确地说还未出生呢，如何到得鱼宅且有幸赏花？况且刘文集中亦无此诗）其二，唐宪宗朝宰相李藩宅中，植有"潜溪绯"种牡丹花。入宋以后，李藩宅变成潜溪寺，坐落在龙门山。其三，欧阳修还说唐末某当权宦官，有观军容使之职（按：我猜是田令孜或杨复恭），他宅第所植牡丹花，叫"叶底紫"，或"军容紫"。据上所述，这种不是宰相，就是大宦官之宅第园林，植有特种牡丹花现象，在唐代即有。但欧阳修坚持唐代不若宋代之盛，用他的话说："是洛花自古未有若今之盛也。"[1] 此处，古今分指唐宋也。

在宋代，豪门势家拥有牡丹花特种者，欧阳修为我们介绍三位园林主。第一位是魏仁溥相，他家宅第，欧公说这园林池馆甚大，植有"魏家庄"牡丹。当花盛开时，魏家许人入园观赏，但每次入门票是十几个铜钱，一天下来可坐收"十数缗"钱。一缗是千钱，假定以十五缗计，则入园者每天有千人之谱。单一观花节目，可一天净赚"十数缗"。春天长三个月，假定"魏家庄"开满两个月，则单凭一花季的收入，是"十数缗"的六十倍，约值九十万钱，文化真是一笔好生意。又，流行于欧阳修生前的牡丹花品牌排行榜，"魏家庄"牡丹排行第二，号称"牡丹花后"。可惜魏家之后衰微，

---

1. 参见前揭欧阳修《洛阳牡丹记》，《花释名》，页 6a。

家园沦为普明寺园。

宋代另位宰相叫张时贤，有园在贤相坊，家植"鞓红"和"献来红"两种牡丹花。还有一位宰相，叫苏禹珪，其园林植有"鹿胎花"牡丹。

以上唐宋六座植有牡丹的豪宅，都因宅主凭其权势，变成开发牡丹新品的赞助者。待权势一去，豪宅难以维系之余，连带丧失赞助新品牡丹花的资格。幸而，权势者永远不绝于天地之间，因而新品牡丹花的赞助者永远不乏其人。

唐宋私家园林经营不易，变换主人是常有之事。许多牡丹名品会出现寺院中，一点也不必骇怪。这点，欧阳修为我们列举几例，像崇德寺前有牡丹花新品的实验园圃，又如福严院植有"玉板白"牡丹花种。众所周知，寺院财富由信徒捐赠，寺院是社会财富的汇积所在，当然有财力赞助新品牡丹花的栽植。

在《风俗记》部分，简直是牡丹栽植实用手册。这里面欧公为我们揭开北宋园圃学的神秘面纱，是相当于技术层面的东西。像接枝法、种植法、浇灌法、养植法，以及除却病虫害法等五方面。这部分是植物学范畴，不关文化史事，不赘。不过，此处欧阳修为我们道出了农艺上的科技可以巧夺天工。这一因素的作用可与周师厚强调的人文因素合观并置，可惜欧公不把农业技术的进步这一因素[1]，列入思考何以洛阳牡丹冠全国这个问题。

---

1. 关于唐宋农业技术的因革，成就很大的学者要数日本大泽正昭。这可参见氏著《唐宋變革期農業社會史研究》（东京：汲古書院，1996）。另，氏著《唐代華北の主穀生産と経営》，《史林》64:2（1981），页1—36，亦足资参考。

这部分还别有重点，即牡丹花文化"疯"的情景，在此笔者宁可直接引用欧公文字，如下：

> 洛阳之俗，大抵好花。春时，城中无贵贱，皆插花，虽负担者亦然，花开时，士庶竞为游遨。往往于古寺废宅有池台处，为市井张帷。帝笙之声相闻。最盛于月陂堤、张家园、棠棣坊、长寿寺东街，与郭令宅。至花落乃罢。[1]

据此，可知花季时，全城"疯"牡丹的集中处，有以上月陂堤等五处。更细致说，这五处地方的"古寺废宅"所在，赏花人纷纷搭建临时布幕，与他人隔开，每处布幕之间奏乐器声彼此可闻。这是将花会注入乐器演奏会，两种文化活动做了巧妙的结合。这是洛阳人春天生活的重头戏，是围绕在以牡丹花观赏为主题的活动上。这样文化节目，每年春定期举行。在此，我们必须留意如下一事：同唐代长安牡丹花会一般，官方并不主导其事。

然而，牡丹花的文化产业不是豪门专属，是士庶同享共赴的文化行动，只是牡丹花产业是有分工的。基本上，豪势家的园林需要栽植牡丹花。但牡丹花要每年好看，不是靠原本植株续开的花，而是要用接嫁法，将值钱的品种，给接嫁到原植母株上，这样开出的花才好看。但要搜求名种，或是接嫁名种的工作，豪势家园林主不可能亲自去做这两种专业的事。据欧阳修叙述，每年春天，洛阳有人出城到附近寿安山中去寻觅异种珍品的牡丹花，当然不出"姚黄"

---

1. 参见前揭欧阳修《洛阳牡丹记》，《风俗记》，页 6a。

和"魏花"这一对牡丹花之王后。搜求到异种名品就要栽植到苗圃中，一直照顾到秋天，这时才是接嫁花的好时机。这种人春天入山寻花种，并于苗圃中细心照料，经春、夏两季，等于投资六个月的时间，他们培植出的品种就具备供人接嫁的价值。这种入山寻种将其移植至城治苗圃并妥为照料品种的人，有专门名称称呼，叫"山篦子人家"。虽然欧阳修没有明言，洛城中有多少人赖以为生，但从豪势家需求之殷切，可以推知应有不少人从事这个行业。

从事接嫁工作的，又是另一种人，叫"门园子"。他们应该是我们习称的园丁，但只做接嫁牡丹花种之事。这种人是豪势园林主力邀的对象。为保证接嫁一定成功，买卖双方订有契约。像"姚黄""魏花"这两种，一株价值五千钱。在秋天，富豪预订某株，至来年春天果真开花，这才付清尾款钱数。欧阳修讲到这里，顿了一下，奇峰突起说，豪势家有钱买保证开花的名品，但无奈许多拥有接嫁技术的花农，不愿意帮豪家接嫁珍稀名品，这就是有价无市了。欧阳修还说，有极端的买卖行为是，豪家找到接嫁专家，后者还当场毁掉名品的。这等于向大户人家示威，你是有钱，但我让你享受不到拥有名品的滋味，真是令我们今人大开眼界。在此，我们看到洛阳地方农户敢于对抗缙绅豪门这一特质。在洛阳花文化热事上，虽说是士庶一同的共享文化。但不纯然都是豪绅司令，洛阳地方人士只有俯首听令一途。所以，拥有名品牡丹，不是单纯市场买卖关系这一方面而已，它另有炒作珍稀品种的一面。而且在此，还涉及洛阳本地人士，敢于对抗外来权豪这一政治面向。只是这一炒作名花行为，欧阳修笔触未及。读者应还记得，韩愈的侄儿应该就是"门园子"这行业的先驱吧。

144

欧阳修另及，人们为求异种却未开拓市场的景象。欧阳修把这类例子之一，置放在《花释名》的"朱砂红"品种处。他说，有户人家特地在崇德寺前一块空地上经营一座苗圃，专门栽培"朱砂红"牡丹。到欧阳修写《洛阳牡丹记》文本时，"洛阳豪家尚未有，*故其名未甚著*"[1]云云。这是异种牡丹尚未被人炒作成名之一例。就不知欧阳修写完《洛阳牡丹记》之后，"朱砂红"有红起来的一天否？

欧阳修还讲到一件事。洛阳牡丹冠绝全国的声名，让一位洛阳留守大人，想到可以列为洛阳上贡皇帝的贡品。这里有个技术难关要克服：盛开的牡丹花如何迭经六所驿站，在抵达京城，送入宫中由皇帝瞧见之时，还能维持其盛开风姿？曾任宰相的李迪，出任洛阳留守时，被他想出一个办法。主持递送的是一位校尉，他必须利用六驿乘马，在一日一夜内，将"姚黄"和"魏花"共三十余朵，送抵大内皇宫。另外，李迪要在保存花的鲜度上有所讲究。他想出的办法如下：花朵由蜡封存，连同枝叶，置于由一菜叶所包覆的竹笼中，使马在奔行间其摇晃程度降到最低。

这样，洛阳名品牡丹可直接送抵皇帝御前，这等于将洛阳牡丹花热，扩大空间，传递到远在数百里外的汴梁皇宫大内了。这是让皇帝于每年春洛阳牡丹"疯会"参与有份。只是皇帝在空间上，坐镇汴梁，却在同一时间上，可以与洛城士庶一起"疯"牡丹。

据上析述，欧阳修洛阳牡丹花谱文本，为我们后人再现了洛阳年度花季文化活动的方方面面。洛阳牡丹花会，是划破阶级的全城

---

1. 参前揭欧阳修《洛阳牡丹记》，《花释名》，页 4b。

居民活动。它一方面在豪势园林主家，凡拥有异种名花的少数园林主，或用于招待其社会关系，或不分各色人等只要掏钱付费就可进园赏花。另一方面，对于绝大多数市民而言，洛城提供五处广大公共空间，让赏花民众自围布幕，结成团体各自取乐。这里，赏花之余，还伴以乐器表演。这种赏心悦目的花季节目，令欧公《洛阳牡丹记》文本的读者，虽隔千年，犹神往不已。请看欧阳修说：

> 大抵洛人家家有花，而少大树者。[1]

这是说，洛阳人家中养花不令其长大，成为老株，而是善用接枝法来培养花木。从这句话，约可概见洛城"春城无处不飞花"这花都，真是名不虚传。

*****

有花文化的行动者原属上层社会成员。而且，花是植物结果前的一种植物相状态。果有实用性，花则没有。牡丹花属只开花却不结果的一种植物，其不具实用性必矣。但花文化的行动者，不重实用，而重观赏。观赏之余，还创造文化产值。易言之，拥有牡丹花珍稀品种者，可对其社会身份起到加分作用，遑论举办花会，更可在上流社会中蓄积象征资本了。

1.参前揭欧阳修《洛阳牡丹记》，《风俗记》，页 6b。这话另有一解，即家园种花，胜过种树。

异种牡丹花的发现，需要入山搜寻，权势豪家做不来这类工作。这种工作多由一般平民，而且是洛阳本地人为之。拥有异种名花的本地平民，有权决定是否与权势豪家（按：多半是外地籍缙绅人士）分享名种。权势豪家原可透过金钱买卖，求得拥有名品。但事实上，买卖不能保证拥有名品，这就是并非所有园林主家中都植有异种或名品牡丹花。当洛阳地方人士是名品拥有者，坚持物以稀为贵，有利其炒作价格时，他不见得要多方出售名品。少数豪家即使拥有名品，他也得打点"山篦子人家"，以担保每年名品源源不绝供应。再有，他更需养有一位"门园子"，让接嫁名品牡丹工作顺利，保证来年春天牡丹绽放。在此，洛阳地方人士因拥有搜求珍品的知识和经验，对于外地籍豪绅，不见得完全买单。并不完全只依买卖逻辑建立相互关系，反倒是专业花农因其技能具备了叫板资格，与外来权豪周旋起来。这是牡丹花文化的有趣部分，极其隐微，这是一方面。另一方面，这种为了赏花活动，而有了上、下阶层分工，并同享共赴的年度花季文化活动，全国或许只有洛阳一地才有。产有牡丹的名城，计有青州、扬州，以及越州，在欧阳修写作《洛阳牡丹记》文本之时，似乎不见有牡丹花会。可知洛阳一城独具社会／文化条件，才足以让牡丹花会成为极其奇特的、专属一城的日常文化。这是没有其他城市可以复制的文化奇珍，相当可贵！关于洛阳牡丹花会无可复制性这点，本章另处再详说，此处不赘。

再回到花文化本身。花文化的确立，决定于人们是否意识到某特定植物的花卉具有文化意涵。凡意识到的，花文化才成立。洛城生长各式各样花卉，何以牡丹可独占鳌头，成为花国之王，并让人们觉得它艳冠群芳？这点，欧阳修为我们的解答是说，凡能结果的花，都被时人不视为花，只有牡丹只开花不结果的特性，让它成为单纯意义上的花。接着人们进一步确认这种不结果的花才是花，这是对花重行定义。所以，牡丹的特殊地位，有经过一道人们对花再定义的文化认证过程。

再一点，欧阳修指出各种牡丹在竞逐排行榜名次过程中，是不断在变动的。亦即洛阳牡丹花文化在形成过程中，各类行情是处在一种动态之中。像欧阳修讲接嫁花种时，花品价格会变动。像"魏花"接嫁成功一株要价原本五千钱，[1]但到欧阳修写《洛阳牡丹记》时，降到一千钱即可。然而，欧阳修有此动态史观的意识，他在洛阳牡丹花文化认定上，坚持到宋朝始兴盛，前此唐朝无与焉。关于这个论点，笔者主张，唐宋洛阳牡丹花文化为一脉相承，只是在文化容颜上内容有异。像欧公举唐代元、白、刘三位诗灵，均有咏赞牡丹花之诗篇，但他认为唐人尚未独异牡丹花，到像宋人对待牡丹花的程度。笔者在本章第一节，即约略提及这三位唐代诗灵，他们在洛阳宅第中并未种植牡丹花。此为第一，这是说这三人财力尚不足担任赞助者角色。第二，他们是到他人园林赏花，并写赞咏诗。第三，他们并未做出到特定公共赏花地点搭棚围幕自行取乐之举。根据以上三点认知，笔者认为，在中晚唐牡丹花种尚在搜寻阶段，品种相当稀有不说，栽植技术尚未成熟和稳定。以上两点关系到牡丹花文

---

1. 美国汉学家 Valerie Hansen 于其所著 *Negotiating Daily Life in Traditional China* (New Haven : Yale Univ., 1995) ch.4, 误读欧阳修《牡丹记》，以为一株魏黄牡丹要价五千贯钱，按一贯是一千钱，五千贯则为五百万钱。该页在鲁西奇中译本（南京：江苏人民出版社，2008），页 104。

化产业的周边设施尚未完善，有以致之。在物以稀为贵情况下，这三位诗灵中，有两位并非显宦可以不论。即使其中一位位极人臣，但因握权尚短，因而距成为新品牡丹花赞助者仍有距离，根本尚未跻身到名品拥有者之林。此外，洛城公共赏花活动的物质条件尚未出现。这必须等到唐末黄巢之乱，洛城两度沦陷、惨遭兵燹之灾，留下大片无主空地，这才为大型公共赏花活动创造前提条件。

以上唐宋洛阳牡丹花文化之演进过程，是一在程度上逐渐加温，二在社会空间上，往士庶共享文化方向发展，以及三在打破地理空间限制上，立都汴梁的北宋第一家庭参与洛城牡丹"疯会"有份。

一个花卉文化节让欧阳修创造文学体裁，写出这么令人神往的花文化世界。这种饶富人类学家式的用调写作，对后世仍有深远影响。像南宋陆游（1125—1210年）为记述四川牡丹花会，写成《天彭牡丹谱》一书，[1] 内中亦分《花品序》《花释名》，以及《风俗记》三篇，完全仿照欧阳修花会记事结构体。由此即知，体认到花文化意义之重大，以致付诸纸上，在全书结构创设三大部分结构的书写模式，欧阳修的独特贡献，是至为惊人的，恐怕连他本人都料想不到吧？欧阳修在北宋即有影响，像周师厚写《洛阳花木记》，以及名书法家蔡襄为作《洛阳牡丹记》的刻石即是，更有与欧公大唱反调的李格非《洛阳名园记》一文。李格非之作，笔者更得探讨不可。

1.参见陆氏之作，收载《宋代笔记小说》第9册（石家庄：河北教育出版社，1995），页247—255。

三、李格非园林致亡论述的倡导——兼论洛阳牡丹花会的不可复制性

唐宋上层人士对居住文化心有所属，自是非得追求在洛阳的大型豪华园林不可。洛阳园林豪第的拥有，是唐宋上层社会的一种身份表征兼象征资本。谁家园林较大，建物与花木、水池之配置如何出奇制胜，都是当时社会上下层争相谈论的话题。园林主不能只是拥有宅第便满足，他还要邀人入园参观、听园林客的赞美，才能更加满足其虚荣心。所以，园林主和园林客是一体之两面，缺一不可。就像有了明星，就非得有追星族帮衬一般，是同一道理。否则这个豪奢型居住文化鼓荡不起来，当然也谈不上风行于世，成为当时士风中一个重要文化环节了。

从九至十二世纪，多少园林主居处在洛阳豪宅中，多少园林客受邀入园游赏，浸润在这种豪奢居住文化中人，三百年来不知凡几。却一直等到十一世纪三十年代的欧阳修出书，讲述与洛阳名园相关的牡丹花文化，继而同一世纪八十年代周师厚也出书，重炒一次洛阳牡丹花文化。这已见本章上一节中，不赘。洛阳牡丹花文化"疯"只是年度春季例行文化活动的展演，赏游园林活动则是一年四季都在进行，却一直等到北宋亡国前夕，才有人第一次将所见洛阳名园当作一个整体，给记录下来。这个人叫李格非[1]，写的书叫《洛阳

---

1. 李格非有个女儿，叫李清照，女儿比父亲在历史上还享有大名。《洛阳名园记》一书的作者一度被冠以李廌之名，这是误承毛晋《津逮秘书》之误记。以李格非同时的邵博所著《闻见后录》卷十七，即明指李格非是书的作者。此事经清乾隆朝《四库全书》馆臣已考证出，李格非与李廌为不同之人，李廌是华州人，李格非是济南人。李格非活跃于元祐、绍圣年间，官国子博士、礼部郎提点京东刑狱等官，以划归党籍罢官。李格非书经南宋、元明藏书家著录。

名园记》。不过，李格非一反欧阳修和周师厚站在珍惜和崇尚名园的立场，而是施以批判和唾弃。面对这种全面反洛阳园林暨花会文化的出现，笔者底下要探究的是：大型园林居住文化掘墓者，在这一节骨眼出现的历史意义。

园林书写的双重笔法

要如何书写名园，这是李格非在摊开纸于桌案上那一刻起，首要思考的问题。纵观全书，笔者注意到作者对方位的倚重，他通常会指出园林入口与主建物面向方位的关系。像他说，有个园，由南边入口。据此，读者在脑海中，即知有某主体建物是背北面南的。又如，他说有个园是由北入园，同理我们可以想象，有个主建物是坐南朝北的。其余大多如此，不烦赘举。总之，这是李格非述园的一种笔法。

再来，文本作者要将园区内分布的各种人工建物，诸如亭、台、堂、榭，以及轩等，他用园林客的视角，循着动线逐一点明。像文本作者介绍的第一座园，即富郑公园。他起笔就说，一进园，身处园区东边，第一个景点是某亭，接着登高至某堂，可将全园一览无遗云云。（见《洛阳名园记》[收载周光培编《宋代笔记小说》册9，石家庄：河北教育出版社，1995]页1a，下称园记，不再注书出处。再者，周光培将此书作者误记成李鹰。）再往南走，会过一桥，待过桥又会见到第二景点，由一亭和一堂所构成。过此景点，走向上往右拐，步行百余步，沿途花木扶疏，第三景点在望，由一轩、一台，以及一亭所构成。再往前行，是第四景点，内有三洞、五亭，全与一大片竹林错落其间。再往南行，第五景点赫然在目。它有两台、一堂。这一堂则与第一景点的堂，遥相对峙。即知此一景点坐落在园的西边，可无疑义。在此，读者可以想象，园中两堂是东西对望的模样。

文本作者对富郑公园的描绘，是以园林客依动线所见景物，一一介绍，已如上述。对其他大多数园林，文本作者其笔法大率如此。文本作者另一笔法是去呈现此园的某一特性。像富郑公园，他说："*园为近辟，而景物最胜*"，（见《园记》页1a）这一句话凸显两个讯息。首先，难不成还有其他古旧之园吗？是的，富郑公园是园主富弼为退休赡养计，在洛阳买地整建而成。唐代旧园保留至宋代的，比比皆是，详见下。其次，每园景物如何，经文本作者亲见，并加评比，因而主张富弼之园为宋代所建园林最好的一座。言下之意，唐园中的首屈一指者，与宋园第一者，各擅胜场，难分轩轾了。文本作者在园林评比上，他还区分成唐式和宋式。这是文本作者在叙史上有着演进史观，横亘胸中之明证。

就园林特性书写而言，富郑公园堪为宋式景物第一。其余园的特性尚有如下者：像环溪园，文本作者说作为该园主建物的凉榭，"*其下可坐数百人，宏大壮丽，洛中无逾者。*"（见《园记》页1b）再如刘氏园，文本作者说到其中建物的凉堂时说："*近世建造，率务竣立，故居者不便而易坏。而此堂正与法合。*"（见《园记》页1b—2a）又如归仁园，归仁是洛城一坊名。该园之所以以坊名园，是因整座园林占地一坊之故也。洛城方圆才五十余里，此园独占一坊之地，而惊人的是水池特大。故而文本作者认定以池大小论，此园独冠全洛城之园林。（见《园记》页2b）

观以上三园之评比，或比全园景物，或比堂屋方便性，或比池水大小等，此外，亦有比个别景物者。像苗帅园，其竹林之竹尺寸大小，据文本作者说该园有竹万竿，每株粗大到"皆满二三围"（见《园记》页2b）。一株竹直径大到要用二三人才可环抱住，这应是世上罕见之大竹了。又如松岛园，以其松名园，正是该园特性所在。该园松木其寿长数百年，特别园区东南角的两松"尤奇"。（见《园记》页3a）一个城市中植有数百年松树园，是很奇特，令人叫绝。

更有一园依托自然景致，而大获李格非好评者，即水北胡氏园，它坐落在洛城北郊，近邙山余脉处，有瀍水流经该园。文本作者形容此园说："天授地设，不待人力而巧者，洛阳独有此园。"（见《园记》页3a）这是依托自然全不假人工，值得文本作者指出此一特色。但这只有坐落城外此一条件，才有可能。

末如司马光的独乐园，是所有洛城园中最小的，用作者的话来说："园卑小，不可与他园班"（见《园记》页3b），这是负评了。但他又说："所以为人欣慕者，不在于园耳"（见《园记》页3b），可知司马光独乐园，不因园小而无人光顾。正相反，它以第一代园林主之声名，园凭主贵，这才引起园林客多愿前往一观之，这又是此园的特性。其余各园特性，不一一赘表。在此，笔者必须指出，原白居易园比司马光园少三亩地，如今白园又析分为二，按理司马园不算卑小。还有，文本作者写独乐园时，园主司马光已去世十年以上，是否仍是司马家产业，并无一语及之。

所以，李格非品评各园的标准，是多面向考察的，没有一个一刀切的标准。各园其实是各有千秋、各有特色的。事实上，也非如此不可，否则如何配称"名园"等级呢？

以上是关于文本的书写笔法，以及文本作者所树立的评园标准，不采单一观点，而是聚焦在各园特性上。当然，园分古今这点，是文本作者对历史的尊重，值得我们给予敬意。

预设读者为担心亡国之人，之后则集中成北宋亡国遗民

李格非的园记文本没有明写作于何年，唯文本中有两个时间点较接近北宋晚期，我怀疑那是挨近李格非写作的时间点。其一在写董氏西园时，提到此园辉煌时期，是元祐年间（1086—1093年），说有某留守喜借此园举办宴会（见《园记》页1b）。另一在写东园时，说："今（文）潞公（按：文彦博也）官太师，年九十，尚杖履游之。"（见《园记》页3a）按文彦博生于景德三年（1006年），至绍圣二年（1095年），正好九十高龄，再过两年，即绍圣四年（1097年），文彦博去世。据这两时间点可知，文本作者于十一世纪九十年代，正从事此园记文本之写作。倘若再考虑作者提到写书之时，文彦博尚在世，可知本书作于文氏去世之前。如此更确定在一〇九五至一〇九六年之间事耳。再者，文本中凡言今者，多不出此九十年代，下距北宋亡于一一二七年，才三十年光景，可知多挨近亡国了。总之，李格非书作于一〇九五至一〇九六年之间，虽不中，亦不远矣。

对于园林主之头衔，文本作者主要采取十一世纪九十年代以后时人对园林主依其社会地位的称呼。凡园林主无官职者，则称某氏，而不及名。凡园林主有官守者，则称其官衔或爵号、谥号，甚至有以园主自称者而不名。笔者先将有官衔、爵号、谥号、自称的园林主，制成表格如下：

表4-2　以官衔、爵号、谥号，以及自称所立的园林主表

园序号 园林主	官衔／爵号／谥号／自称	园主名
1	富郑公	富弼
4	王开府	王？
5	刘给事	刘？
6	今门下侍郎安公	安？
8	今中书李侍郎	李？
9	苗帅	苗？
10	赵韩王	赵？
12	李文定公丞相	李？
13	文潞公	文彦博
17	迂叟	司马光
18	裴晋公	裴度
19	吕文穆	吕？

　　以上十二座园，只四位园林主，即富弼、裴度、文彦博，以及司马光等，因名声响亮，即易被笔者破解。其他八位园主只有姓而无名，具体是谁，无关本书宏旨，待考。但可以确定一件事，这些待考园林主其官位至少是五品官，之中到达三品且封侯拜相者多矣。还有，"文定""文穆"是谥号，这表示文本作者在写作时，这两人已作古，可以确定。

　　文本作者对这些大官不呼其名讳，除了尊称这一习惯之外，更大的原因是他文本的预设读者圈很小，只限北宋末年那时有知识且系官宦的人，这是个小圈子，故而那些人多半知晓这些园主是谁。亦即李格非只是写给他活着之时的圈内人看的，而不是为了写给异代读者如我们，而著录此一园记文本。这点不同于欧阳修写《洛阳牡丹记》，对于相关人物，欧公一定提名道姓，以利读者阅知具体何人，毫不隐讳。这也是欧阳修怀抱写史襟识，有以致之。对于目

前园林主不居官的，李格非只赋予其姓氏而已，故笔者可据以制成
表格如下：

表 4-3　无官守园林主表

园／园林主 园林序号	园名	园主名
2	董氏西园	董？
3	董氏东园	董？
7	天王院花园子	—
11	李氏仁丰园	李？
14	紫金台张氏园	张？
15	水北胡氏园	胡？
16A	大字寺园	—
16B	张园	张？

据表 4-3 可知，以上八座园，有六园因园主未在朝居官，故园
名多以园主姓氏相称。此外，其中两园与寺院有关，一是大字寺园，
另为天王院园。这是唐园的遗留，大字寺园为从原白居易园析分而
出，天王院在欧阳修写记时，为唐遗下之崇德寺，至李格非写记时，
已改为天王院。不过，寺院前空地，其实不是寺产，而是无主地（一
说有主）。只因作为牡丹养植苗圃之用，故而一直是空地。

园林致亡论述的建构：南宋初年读者的阅读反应效应

关于唐园遗下至宋者，不止以上大字寺园和天王院园这两园而
已。一如前述，大字寺园原是唐代白居易家宅，至宋时已没落。园
析分成两半，一半是大字寺的寺产，另一半归张氏。关于此张园特
性，李格非评点说："水尚甲洛阳。"（见《园记》页 3b）底下名

园攸关亡国论述，李格非如此说：

> 但堂、亭无复仿佛矣。……岂可因于天理者可久，而成于人力
> 者，不可恃耶？（见《园记》页3b）

至如天王院花园子，一如前述，不是指院中之园，而是院外有
处空地，从唐至宋，一直是牡丹花农设置的园圃。待春天牡丹花大
开，此地便变身为牡丹花市，也是寻芳客赏花去处。可知此空地具
双重功能，更是洛阳牡丹"疯会"不可或缺的一个重大环节设施。

再来吕文穆园，地占原隋唐宫殿之园圃。在此，李格非发出以
下感叹：

> 今遗俗故老犹识其所在，而道其废兴之端者。游之亦可以观万
> 物之无常，览时之倏来而忽逝也。（见《园记》页4a）

大字寺园和吕文穆园在李格非园记文本的序列上，分居十六和
十九，突然出现感叹兴亡之论，恐会令粗心读者，至此产生错愕的
名园致亡论述。但其实读者只要细心，便能发现这其实是有道理可
言的。关于这点，笔者要从李格非文本结构讲起。

李格非文本没有前言，一起笔便是富郑公园，从此纵笔而下，
一一谈及各园，直至第十九，即吕文穆园，戛然而止。关于名园
兴废有常，在叙及第十六园的大字寺园前，尚隐晦不明，但已埋下
伏笔分散在几个园的叙写之中。像言及序号第三的董氏东园，说：
"董氏盛时，载歌舞游之。醉不可归，则宿此数十日。"如今有大

不如前者，至云："南有败屋遗地。"（见《园记》页 1b）再如，序号第八的归仁园，中有株古桧树，李格非说："唐丞相牛僧孺园七里桧，其故木也。"（见《园记》页 2a）读者至此，不禁会问，那牛僧孺园于今安哉？当然已经是废绝了。笔者先前在本章第一节，已指出牛僧孺于洛城中有园，坐落归仁坊。到了北宋，不知何时起，整个坊变成单独一座园林豪宅。唐时，该坊应有数家园林，牛氏园只是其中之一。北宋举坊变成一座园林，当然就包覆了原来的牛僧孺园，牛园中的珍贵桧木，自然亦在其中了。又如序号第九的"苗帅园"，原是北宋太祖开宝年间宰相王溥（902—986 年）的园（按：王溥于五代后周时，即是枢臣，疑其时即建园也说不定）。王溥园虽未废，但子孙难以持有，才会易人经营，而由苗帅所得。此园特性之一，是"园既古景，物皆苍老"（见《园记》页 2b），"苍老"乃死废的前一阶段。又如序号第十二的松岛园，文本作者说园凡三传，此园最早主人是唐代袁象先，再传的主人是本朝李文定公丞相，"今为吴氏园"。（见《园记》页 3a）这种园会易主如此的人事沧桑，亦令人有不胜唏嘘之感。

以上数例，涉及唐园者有二座，五代末、北宋初时园一座，至李格非书写园记文本时，至少超过一百二十年至二百七十年之间。这说明李格非提出名园致亡论述，其实并无突兀之处。他早在文本末尾方始露骨提此观点之前，早有预作伏笔。文本作者借文本提炼文化论述，不能说毫无铺排设计之处。

李格非的名园书写，共选十九园，依次一一叙写，直至写完。最后他才论说其事，说书写名园的因由，在于提出名园致亡论述。这部分，文本作者持否定名园价值的态度。李格非一开笔就说：

洛阳之盛衰，天下治乱之候也。（见《园记》页 4a）

底下说，方唐盛世之时，王公大臣宅设东都者，有千余家。经过五代兵燹之灾，结果如何？他说：

其池塘竹树，兵车蹂践，废而为丘墟。高亭大榭，烟火焚燎，化而为灰烬。与唐共灭而俱亡者，无余处矣。（见《园记》页 4a）

讲完洛阳名园因唐亡而俱往矣，他又敷论如下：

园圃之废兴，洛阳盛衰之候也。（见《园记》页 4a）

至此，文本作者将天下兴亡，归于洛阳废兴，而洛阳废兴系于名园之废兴。原来名园之敷设乃亡国征兆，这让文本作者调转笔锋去论列园主，如下：

呜呼，公卿大夫，方进于朝，放乎以一己之私，自为而忘天下之治忽。欲退享此乐得乎？唐之末路是矣。（见《园记》页 4b）

据此，可知李格非对于统治阶层于退休后大搞享乐，具体呈现在购置园林豪宅一事的看法，他认为是该阶层忽略治理天下的责任承担，反倒去贪图个人享乐，这是要不得的自私之举。这个园林致亡论述的潜台词，应是反奢靡经济行为。关于园林遭受这样罪责式的批评，且容笔者逸出本书说些题外话。李格非忽略了一位官员退休后要如何安享余年，乃个人之事，不应不握权力，还须承担治理天下的责任。国家兴亡应是在位握权者该负责之事。再进一步说，李格非不敢批在位的新党，却隐晦地批评去职退休高官，如此一来，不分新旧党派，全在他批评火力范围之内。

一一二七年北宋亡后，李格非《园记》大受南宋知识分子的赞誉。像出版此书的张琰德为写《洛阳名园记序》，于文末注明写于绍兴八年（1138年）。《园记》末尾，附有邵博（按：此人写有北宋闻见之书，大受重视）、陈振两人附和李格非名园亡国论述的两段话。（见《园记》页4b）李格非的文本大概写于十一世纪末叶，距北宋亡国尚余二三十年不等，最终靖康之变爆发。这让北宋遗民中有人认定李格非预言神准。别小看南宋读者，像前述已及的邵博等三人，在李格非文章被公开出版流通于世后，唯恐读者读不出李书的含义，乃大肆呼应李氏园林致亡论述。这是治阅读史和印刷书籍史者，必须注意的事。南宋读者遵循当年李格非思路，用印刷手段加以传播。至此，李格非文本已从文化层面走向政治层面。

然而，北宋之亡原因很多，很难说就是北宋士大夫中有人为求晚年贪图享乐，便置产洛阳所造成。这不仅无助于历史事件如北宋亡国一事，会得到中肯的反省和检讨，而且对于大型园林居住文化，也恐会有进一步破坏的效应。北宋的华北国土沦于女真人之手，洛阳大型园林居住文化亦随之沦没，这才是真实不过的事。至如北宋是因缙绅阶级因致仕之后，置产洛阳、经营园林，才害得国家倾覆，这应是亡国论述的历史诠释的滥用和误说。事实上，一个明显的亡国近因是，宋军军事上不如入侵的女真族军队。若如治理失能，算到退休公务员的奢靡行为上头也可以，但标准要统一，尚有权势的官僚，特别是亡国前二十多年的徽宗朝权贵，不是更该究责吗？可不能说，这些握权者没去洛阳置产就放他们一马吧？

欧阳修《洛阳牡丹记》的传承

笔者前作欧阳修《洛阳牡丹记》的文本分析已指出，牡丹花生产之所以能上升到文化产业的规模，其中一个因素与牡丹花农借天王院外一处空旷之地给打造出来不无关联。这点，李格非在讲天王院园时，续有发挥，如下：

> 凡城中赖花以生者，毕家于此。至花时，张幄幕，列市肆，管弦其中。城中仕女绝烟火游之。过花时，则复为丘墟破垣，遗灶相望矣。今牡丹岁益滋。而姚黄魏紫，一枝千钱，姚黄无卖者。（见《园记》页2a）

李格非又说：

> 洛中花甚多种，而独名牡丹曰花王。凡园中皆植牡丹，而独名此为花园子。（见《园记》页2a）

前一则引文，在谈及花季，城中赏花民众中，是有女性的。每一赏花团体是搭围幕同乐其中，而围幕层层叠叠，不胜其多。这点类同欧阳修所述，与欧公所言类同。另一点，即上引第二则文，讲洛阳人认定牡丹才是花，其余果树所绽放的均不名为花。还有，花价是一直处于变动之中，像十一世纪三十年代，姚黄种价每株五千钱，魏紫价每株一千钱。但到了十一世纪九十年代，姚黄是非卖品，魏紫仍维持一株千钱不变。李格非说"今牡丹岁益滋"，诚非向壁虚言。

牡丹花的栽植分工为寻种、育苗，以及嫁接等三种。拥有嫁接技术的花农，在欧阳修文本中已叙及。但到了李格非文本，则言及嫁接技术扩及各种花卉，使得远方异域的奇花异卉，都可栽植到洛阳来。这使得洛城成了花卉博物馆不说，更是全国花卉培育中心了。对此，李格非如是说：

> 今洛阳良工巧匠，批红判白，接以他木，与造化争妙。故岁岁益奇。且广桃、李、梅、杏、莲、菊各数十种。牡丹、芍药至百余种。而又远方奇卉，如紫兰、茉莉、琼花、山茶之俦，号为难植，独植之洛阳，辄与其土产无异。（见《园记》页2b）

以上是李格非叙李氏仁丰园，附带所言的部分，对于我们认识洛阳花农嫁接技术之高超，甚有帮助。

另外，李格非文本叙及赵韩王园时，说赵氏福泽不厚，入住园林才百日便归西天了。赵氏子孙多居京师，洛城园宅只好上锁、不予开放。但园中仍保有管理团队若干人照顾园囿，李格非如此说：

> 岁时，独厮养拥篲、负畚锸者，于其间而已。（见《园记》页2b）

这表示园林主不住、不使用的园林，仍要一支小型养护工作小组，来维持日常，使之保持在堪用状态。这点令我想起，前作第二章提到处理园林必须有一支人力维护小组的人事花费，当时只是想当然耳，予以推论所得。如今因李格非文本言及废园状态，尚须一支团队予以护园。这可证园林在使用状态，更须这样一支养护的团队，而且人员只会更多。这种人事花费是一般亭／园记文本作者不会提及的事。本书第二章在处理园林宅第的经济层面上，应有一笔庞大的管理人事开销，从亭／园记文本来看，只能推论，欠缺直接证据。现在，笔者意外在研究李格非记洛阳名园时，得到这宝贵的证据。饮水思源，当感谢李格非作此记文本了。

以上，李格非在提炼他的名园致亡论述之余，对于名园和牡丹花"疯会"的描摹，却让我们后人意外看到园林和牡丹花文化千姿百媚的身影。李格非要批判的，却是我们今天珍惜不已的文化珍品和宝藏。一种文化形成不易，毁灭却不难，此之谓欤？北宋宰相章惇曾说："近世有古所不及者三事，洛花、建茶、妇人脚。"[1] 以上三件珍贵新事物中，洛阳花会位居首位！章惇高尚洛花其事，在北宋十一世纪时，应是共识。

洛阳牡丹花"疯会"无法复制试解

洛阳牡丹花"疯会"是牡丹花发展出文化产业规模，才有可能的事。这里面的消费者是洛阳衣冠人士，凭其住非园林不可的居住文化所激化，生产端是花农在农业科技上的精益求精。还有服务业

---

1. 参见陶宗仪《说郛》卷 12 下，收载《影印文渊阁四库全书》（台北：商务印书馆，1986）第 876 册，页 622。

端，即园丁、司阍、护院之流的下层人士，愿意选做园林杂役工作。居消费端的园林主是这文化产业的火车头兼文化赞助者。没有洛阳园林豪第连云起，加上园林主及其扈从文士、亲友等在花文化涵养上的深厚底蕴，这两相交乘，所产生的文化力道，沛然莫之能御！在此，豪宅主是外地人，服务豪宅的技术管理人员，则是洛阳本地下层人士。这两类人在建构牡丹花文化上存在竞合关系，这在欧阳修文本中意外透露一丝痕迹，但在李格非文本，则毫无所及。

笔者在本章第二节，解析欧阳修花谱文本时，即提到，在十一世纪三十年代时，成功从境外移植牡丹进中国的城市，除洛阳外还有青州、扬州，以及越州等三地。但何以洛阳以外城市发展不出牡丹花"疯会"呢？这并不是说，其他城市没有人尝试去复制洛阳文化经验。十一世纪三十年代之后，到李格非刊行《洛阳名园记》前夕，扬州曾拔得复制洛阳牡丹花文化的头筹！

此事在宋代张邦基（1095?—1148 年）《墨庄漫录》卷九，有一条载记："东坡罢扬州万花会"，提到扬州东施效颦洛阳西施，样子学到了，但内涵不到。张邦基说：

> 西京牡丹闻于天下。花盛时，太守作万花会。宴集之所以花为屏帐。至于梁栋柱拱，悉以竹筒贮水。簪花钉挂，举目皆花也。[1]

这里，张邦基在描述洛阳牡丹"疯会"，官方也插一脚的情形。也就是说，官方在民间做成文化活动节目之后，跑来收割成果。倒

1.参见张邦基《墨庄漫录》（北京：中华书局，2002）卷九，页239。

是欧阳修、周师厚，以及李格非等人，所未言及。这可补充笔者前此述及洛阳牡丹"疯会"的不足。

张邦基的这则记载言及，洛阳牡丹"疯会"事，只是过场。他真正要讲的是，扬州拼命仿学洛阳，亦做到如下地步：

> 扬州产勺药，其妙者，不减于姚黄、魏紫，蔡元长知淮扬日，亦效洛阳，亦作万花会。其后岁岁循习而为，人颇病之。[1]

可知蔡氏任扬州知府时，直接复制洛阳经验，竟然创成传统。但张邦基说"人颇病之"。这是扬州人中有人认为此中有弊端。

什么弊端，又有谁出面除弊呢？原来这与元祐七年（1092 年），苏东坡任扬州知府，因深知"吏缘为奸"，宣布中止这年度牡丹花"疯会"。据张邦基说，每次活动官府一定要大量采购牡丹花，达"千万朵"之多。可知，扬州的花会完全由官方主导，而官府办事，就是要花大钱。一花大钱，官僚才可从中打捞油水，这是苏东坡决定喊停的理由。张邦基还引用到苏东坡私函《致王定国书》，内中谈到苏东坡对中止扬州花会的一个看法，如下：

> 虽杀风景，免造业也。[2]

从以上扬州仿照洛阳试办花会，转生出贪腐案件，索性停办，

---

1. 参见张邦基《墨庄漫录》（北京：中华书局，2002）卷九，页 239。
2. 同上注。

笔者可以推知，扬州民间社会不具创成牡丹花"疯会"的条件。勉强由官方强势主导文化活动，官僚眼中银钱价值大于牡丹花文化价值，变相转生出贪污的因头。至此地步，连富于文化涵养的苏东坡也看不下去了。苏氏的停办花会决定，正显示出扬州不具洛阳文化般实力，却以政治力强推文化活动，其失败必矣。

到了十二世纪初，即政和二年（1112年）春，河南的陈州农民弃种杂粮作物，纷纷各以一顷地改种牡丹。农民用嫁接技术，成功栽植牡丹花王——姚黄。据张邦基书中一则记载可知，这位陈州花农姓牛。他还进一步开发出姚黄变种，称之"缕金黄"。[1] 这是在花瓣边缘，使颜色生变，没想到惊传四方。牛氏索性订出入园观赏门票，一人千钱。才十日光景，牛氏赚得"数百千（钱）"。这时官府也获知消息，就来怂恿牛氏及其协作园户，将新种牡丹上贡朝廷。花农群起反对，理由是每年嫁接功夫不见得一定成功，万一失败，误了贡品事大。官僚又说，那由官府出资，收购母株自行研发，花农也反对。事情至此地步，官方只好收手。可事情并没完，据张邦基报道说，不料第二年，政和三年（1113年），陈州牡丹花农栽培不出"缕金黄"来。更怪的是，陈州花农从此不种牡丹花。如此，陈州的牡丹花培育中心梦碎，当然也说不上牡丹花"疯会"了。

这个记载，我有不同于张邦基的解读。张邦基的理解根据的是陈州花农的托词，未必是事实。其实，事有蹊跷，不可不细审。笔者认为，陈州花农的政治智慧不可小觑！对于官府强索，花农连连拒绝。大家想想看，如此得罪官家，以后有好日子过吗，一定没有！

1.参见张邦基《墨庄漫录》（北京：中华书局，2002）卷九，"陈州牛氏缕金黄牡丹"条，页251。

所谓民不与官斗。所有的祸由皆因培植出好价的牡丹新品而起，避祸之道无他，断了官府觊觎的念头。这是陈州花农的因应祸害之道，说第二年嫁接不出新品，这只可欺人一时。翌年，何以不再试嫁接呢？这多启人疑窦。索性不做牡丹花农，回去当种杂粮小农，以保平安，才是上上之策。[1]

不如此理解，何以解释一年嫁接失败就将产业收手的呢？

陈州民间社会的花农已有能力培育新品牡丹，但官方成事不足，败事有余。官僚只想到巴结皇帝，却没想到以花农的冒险做代价的不智。这逼得花农只好不做新业，回去老路以保命了。陈州牡丹花培育能力好不容易产生后，却自行结束。这又说明复制洛阳花文化，不是易事！

唐宋亭／园记文本作者也好，记叙洛阳花木的欧阳修和周师厚也罢，他们写洛阳名园或牡丹花季，都相当肯定、赞赏这种大型园林居住文化，抑有进者，欧、周两人更垂青牡丹花"疯会"的花文化。这样一种立论的立场，没想到发展到十一世纪九十年代的李格非，会有一种迥然相反的态度，是在批判、反对这两种洛阳地方文化，即大型园林豪宅居住文化，以及牡丹花"疯会"文化。

李格非于十一世纪九十年代发出名园亡国的警告，没想到二三十年后一语成谶！北宋竟然真的亡国了。原是警告，奉劝上层人士不要在居住、赏花的文化活动上，过于穷奢极欲。未料北宋

---

1. 社会上的弱者并非任霸权者宰割，有时弱者扮猪吃老虎，翻转了强者宰制弱者的权力逻辑。对此，参见罗伯特·达恩顿（Robert Darnton）《农夫说故事：鹅妈妈的意义》，收载氏著《猫大屠杀》（台北：联经出版社，2005，吕健忠译），页1—99。

亡国成真，这使得一些南宋知识分子为寻找亡国的代罪羔羊，益加相信李格非的反园林文化、反牡丹花文化论述是真理，而不虞这是过论或谬论。

唐宋亭／园记文本只以一园为对象，加以从事国家论述的文化工作，李格非的文本一股脑用十九座园林作为全面论述的探讨对象。结果截然相反，李格非一反二三百年来对园林豪宅采正面肯定价值的态度，而改采全面抵制和反对的立场。

李格非在政治立场上，应与乃师苏轼相同，是反王安石变法派。这在绍圣年间新党当政时，他自然被划归旧派。但置产洛阳的大官僚，是不分新党和旧党的。像司马光和文彦博，都是旧党大将，都在洛阳拥有园林豪宅。可知李格非所提的名园致亡文化论述，是不分政治派性的。从事后发展来看，李格非是洛城名园园林客的最末代，他看到的是唐宋大型园林居住和赏花文化现象最后一抹景致。过后这种大型园林居住文化形式不再，但园林形式生变，在南宋江南悄悄上演的，是小型园林那套居住文化。不过，那是另类园林文化的下一章，与本书所论不相干了。李格非对得来不易的洛阳园林暨花会文化，加以数落并贬抑，他没想到却是我们今人求之不可得的文化飨宴。李格非一定万万没能预料，八百多年后的今天，价值观变化之大，超乎其想象。

唐末五代初洛阳荒废与四座名园子孙无力继承

唐末黄巢、秦宗权之乱期间（875—888 年），洛阳两度沦陷，一次在八八〇年，另一次在八八五年，都受到严重毁坏。其后，黄巢旧部张全义，替朱温守洛阳三十余年，朱温称帝第三年（909 年）

迁都洛阳，至九二三年，李存勖灭梁建号唐，亦都洛阳。石敬瑭灭唐兴晋，于称帝第二年（937 年）迁都汴梁。洛阳短暂帝都二十八年的时代，终于结束。张全义死于九二六年，享年七十五岁。张全义先后追随过三位主子，即黄巢、朱温，以及李存勖。洛阳城逐渐恢复旧观，张全义与有力焉，[1] 有一个洛阳园林的故事发生在张全义身上。在李存勖朝，张全义已封齐王，位高权重，唐故相李德裕孙延古，托全义要回祖父平泉园林一块醒酒石。这块石的新主人时任张全义的监军，是位宦官。张全义答应代李延古索回平泉园林故物，不料监军不答应，还说：

自黄巢乱后，洛阳园宅无能守。岂独平泉一石哉？[2]

张全义以为监军大人是在嘲讽他曾为乱贼的身份，就杀了监军。李德裕于八四九年身故，李氏园林即告不守，没想到德裕死后七十五年（十世纪二十年代），他园中一块奇石会招来一桩离奇命案。重点是李德裕孙已无力复原其祖的平泉园，只好自我安慰地守住园中一石，聊胜于无了。据欧阳修《新唐书·宰相世系表》（北京：中华标点本卷72上，页2592）载云，李延古在五代官至司勋员外郎，只是小官。

李德裕的政敌牛僧孺，其家族之没落也不遑多让。牛氏园林于

1. 参见欧阳修《五代史记》（台北市：商务印书馆，2010 二版一刷）卷 45，《张全义传》，页 250。
2. 同上注，页 251。

牛氏八四七年死后，子孙恐怕亦不复能守。这才会在宋代出现牛园一株名桧，适逢他人建园时包覆唐代牛园，此树自然变成新园主所有。

事实上，根据《旧唐书》卷一七二牛僧孺传，载知牛僧孺有二子，即蔚、蓁，在黄巢入占长安前后，牛蔚避难山南并致仕，牛蓁避难太原，并卒于是处。牛蔚子，即牛微，于天复元年（901年）致仕，归隐樊川别墅（在长安南郊）。[1] 可知牛僧孺的子孙辈在唐末时，各散东西，不复有经营洛阳宅第之志。牛僧孺生前经营的洛阳城内归仁坊宅与城外南庄宅，恐早已废弃，或落他人之手。五代时，牛家已无人物入仕。倘配合欧阳修《新唐书》卷七十五上宰相世系表，亦证实真有其事。再看李德裕，根据欧阳修《新唐书》卷七十二上宰相世系表，配合《旧唐书》卷一七四李德裕传，载知德裕有三子，在自己遭贬琼州时，其子俱随前往，只余一子李烨幸免，且之后复贬至郴州任县尉，死于任上。李烨有二子，即李殷衡和李延古，于唐末五代分别官至右补阙和司勋员外郎，此后李家不再有人物入仕。李德裕一家二代遭贬，可推知无力保有平泉别墅，遑论经营了。在此附带讲白居易死后，其继嗣子（白行简子过继）不任官，根本没有优渥收入可以维持履道坊宅之营运可知。再说裴度，从《旧唐书》卷一七〇本传可知，有三子在度死后位居方镇，此时应有能力保住父亲传下的两京产业。至如裴度孙辈和曾孙辈财力如何，据翻检欧阳修《新唐书》卷七十一上宰相世系表，知有五孙，二人入仕，分居监察御史和司封员外郎，有一曾孙在藩府任掌书记。可知裴度家

---

1. 参见《旧唐书·牛僧孺传》（北京：中华标点本）附子孙传，页4474、4476。

在唐末五代趋于没落，不具保有园林豪宅的财力。据此，可以推知洛城裴度的集贤坊宅易手他人，乃必然趋势。

洛阳名园废弃后的一石一木，成为人们贪求之物，更别说完好之园，会是人们竞逐目标了。这种抢当名园主的风尚应是那时时兴的一种现象，殆无疑义。

*****

白居易用诗记游诸名园事，看得出来，他原本寄望韦楚以及崔玄亮一起当他学道（教）的学侣，两座园林适好又都在王屋山——道教圣地——余脉的平泉。这是白居易想借韦、崔两园当成修道场的，不料韦楚远走江南，而崔玄亮舍不得官场却死于官场，白居易对这两园的企盼算是落空了。幸而，白还有香山寺园，正朝向把它当成家园的替代对象，而白晚境专心学佛，与香山寺结缘甚深，不脱干系。将园林打造成修道／学佛的道场，而不单纯只是俗家世界的园林而已，这是白居易记此三园稍见突出的一面。

论起俗家园林，裴度集贤坊宅第和城郊南园，以及牛僧孺城郊南庄，是白居易流连忘返的三处名园，留下记园诗篇特多。特别是城郊裴、牛二园，与自然山水融合在一起。二园均临伊水，并引水建造人工湖。更让人心旷神怡的是，尽收南面的嵩山，使之成为园区观景的焦点。这种远山近水的园林格局，应是城中园林所欠缺的。其次，辽阔的园适切嵌在大山大水的大自然怀抱之中。这样与大自然为伍的私人园林豪宅，使城居士族于使用上的近便性，在中国历史上极其罕见。[1] 更奇绝的是，身为园林游客的白居易，论世代居

171

于裴、牛之间，但论官位和权势，则迥不相侔，不及时任封疆大吏或宰相的裴、牛两人远甚。白与这两园主交往，是一种突破官场职级和利害关系的忤白交关系。加上白是位风趣的人，又善以文字表达人际交谊，正是裴、牛这两园主求之不可多得的佳客贵宾。白喜欢往这两园做客，而裴、牛又对白的到访欣喜不已。这样壮阔的园林，配上绝配的宾主，谱写出令人欣羡的园林寄情之诗篇，一点都不意外。

裴度城中的集贤坊园，规模远逊南园和南庄，但以标榜质地上要做到"兼六"的造园最高境界，成了当时与后世公认的梦幻园林。神奇的是，此园距白居易履道坊园，只有百步之遥。白居易独得近水楼台之利，时相前往，不令人感到意外。

透过白居易观园诗作，让异代的我们，想象一下中国史上大型园林的风姿，也就没枉费白居易吟诗时的一番呕心沥血了。唐末五代的战乱，城郊的园林最易遭劫掠。洛阳北边的平泉诸园以及城南诸园，想必因此在劫难逃了。平泉诸园和城南诸园端赖阅读白诗时，

---

1. 勉强说来，东晋及南朝等五政权，即令南来侨姓大族，在山阴一带（即今浙江钱塘江东岸）广占山泽，大建庄园，有着中晚唐权势者修建园林豪宅的况味。于此，参见王次澄《〈山居赋〉与始宁墅庄园文化》，收载东吴大学中文系主编《魏晋六朝学术研讨会论文集》（2005.9），页219。据此，可知东晋南朝园林主其园林土地取得是免付费的。相形之下，唐宋大官僚权势者的园林土地取得，是要出钱买下。算是园林投资成本的一部分。另外，东晋南朝侨姓贵族在建康任官，别墅则建在离建康甚远的浙东地区，这在利用率上变得很低。唐代两京城郊园林，距园林主城内宅第，相对于六朝建康士族宅第，则近便得多，使用率较高。以上土地成本和使用率较高，是唐代城郊园林较之六朝山阴园林，所具有的优势。

才告复活起来。城中的集贤坊裴氏兼六园虽遭两度城陷战祸，却安然挺到北宋时代。而白居易的履道坊园，同样也在宋代的夕照星辉中闪闪发亮，尽管它被析分为二园。

洛阳千座大小园林在九世纪八十年代，两度因城陷遭难，居民出逃一空，园林宅第只有任占领军洗劫的份。经九世纪末至十世纪二十年代，洛阳城经有效防守和治理，以及短暂成为帝都，洛阳园林风华再现。到了十一世纪，据任官洛城的文化精英，这之中包括三十年代的欧阳修和八十年代的周师厚，在震慑于园林之美之余，还留下记录文本传世。周师厚文本经印刷业者析分成序文，以及数据性的谱录这两部分，而广为流通。欧阳修文本除收载自己文集传世之外，又有名书法家蔡襄为之做成石刻版，可供人复制成摹本，传播效益奇高。欧、周代表的是对洛阳群园讴歌的姿态，他们只看到园林和花卉之美，对园林背后的奢靡经济行为以及所代表的贫富悬殊社会问题，未置一词（或无见于此）。身为园林客的青年欧阳修，于仕宦囊丰之余，亦选址颍州购置园林一座，最后退休并往生于此园中。欧阳修死于一〇七二年，距他于一〇三三年发表《洛阳牡丹记》，已是四十年后事，表示欧阳修至死抱持着肯定有经济能力者购置园林不是什么罪大恶极之事的观点。就以提倡节俭有名的司马光（死于一〇八六年，有《训检示康》一文可资为证），在一〇七二年置产洛阳，所修园林叫独乐园，有二十亩大，属于园林王国的小咖等级。司马光并不以在洛阳拥有一座园林豪宅为豪奢之举。从欧阳、司马均享乐于园林而言，可知这两人在心态上，是主张园林宅第不关罪恶，或是负面评价之事的。

这种对园林豪宅持肯定的态度，到了北宋末年开始有人质疑起来。这最早可追溯到李格非于十一世纪九十年代写作《洛阳名园记》，此一文本大唱园林废兴攸关国家存亡之论。这一园林亡国论述配合北宋果真亡于一一二七年，更被北宋遗民中之意见领袖，以邵博为代表，予以喝彩，而更加巩固此一论述。李格非唱衰园林，连带亡国成真的预言，在南宋初一些忧心之士看来，像记警钟，却敲不醒濒于亡国的那些洛阳园林主。女真人入主北中原之后，洛阳园林繁华很可能顿失光彩，但没有花文化的女真人究竟如何对待洛阳花文化和园林文化未见史书，很可能女真人是园/花双文化的终结者，但具体如何终结，要待研究方知，暂置勿论。但无论如何，从十世纪二十年代风华复振的洛阳园林，历经二百余年，似乎已走到尽头。昔日有"花都"之称的洛阳，从此不再成为京城。至如花文化在欠缺高门豪族赞助之下，是否在民间继续流传下去，待考。洛阳在唐代是东都，在北宋是西京，在五代曾短暂是京城，这是洛阳花文化挺立于世很重要的因素之一。

且回到欧阳修牡丹花谱文本上面，他提到名贵牡丹品种跟权势者的赞助，不脱关系。这在唐代，他提到两位权宦，即鱼朝恩和田令孜（或杨复恭），以及一位宰相，即李藩；在宋代，他提到魏仁溥、张时贤，以及苏禹珪等三位宰相。唐宋这些权势人物都出资栽培出异种牡丹花，而使之在花坛上具备竞争力，有些名品的命名，也与这些权势人物有关。众所周知，开发、培植新品存有极大风险不说，还需大量资金投注。这种不惜为花倾家荡产的驱动力，笔者只能说，在牡丹花蔚为风气之后，这样的行为才有积累象征资本的意涵。更重要的是，这些权势人物都创造出有一个豪华园林的城市空间，来供养名贵牡丹花。

从探究欧阳文本工作上，笔者又指出牡丹花栽培是一种文化产业。这一要有一群专业技术花农，提供搜求新种、育苗、接枝等工作；二要有金主赞助以上花农专业作为；三要有闲阶级热衷名品花卉的欣赏会。以上三者不可或缺，才能支撑这文化产业。

接下来，笔者探究十一世纪九十年代会出现李格非整体叙述洛阳名园的文本。首先，他继承了欧阳修虽标榜洛阳牡丹花会，却不忘将之联系到洛阳名园的观点，去讲花会。李格非以名园作为文本题名，可见他亦知洛阳花会与名园关系密切。李格非也讲到花农的农艺科技，是牡丹品种不断出新，以及作为花王和花后的姚黄和魏紫，可以经由嫁接技术保证来年绽放的奥秘所在。当然，李格非多少也提到名园主扮演牡丹花会赞助者这一角色。可知从欧阳修，中经周师厚，以迄李格非，以园记／花记为题，所制作的洛阳花文本记录，是洛阳花文化史广为后人所知的凭借所在。

其次，本章指出，扬州与陈州都曾挑战洛阳花会的独有地位，结果皆以失败收场。倘若再虑及唐代的牡丹花会，是长安和洛阳双中心，但何以洛阳会超越长安，成为唯一？笔者认为关键在于，有钱有闲阶级是否群聚一地所使然。长安大官僚固然有钱，但无闲。若论休闲消费城市的极致，还是非洛阳一地莫属。

最后，李格非于文本中明确反对园林的豪华住宅设施。他认为园林的废兴，攸关国家的命运，即园林兴，国必亡。这样的论调，我称之为园林致亡论。此一观点其实经不起两次历史检验。九世纪八十年代，洛阳城两次沦陷、遭劫，园林残破不堪。历经九世纪最后二十年，再加上十世纪前二十年，正处唐末、唐亡，以及后梁兴亡等连串政治鼎革事件，洛阳园林处于从倾废，到慢慢恢复过程当中。试问在洛阳园林跌入最谷底的这三四十年中，到底国家兴盛了吗？没有！正相反，是战乱加上政权鼎革不已的乱世，中原政权换了三家，即李唐亡、后梁兴，后梁亡、后唐兴。

针对园林致亡论述的第二次历史检验，发生在李格非出书之后。同样，一一二七年北宋政权灭亡，但同时洛阳园林处于完好状态。这是国亡园在，不合李格非论调。然而，李格非文本的预设读者是北宋亡国前夕中人，他们是一看到北宋亡国，就慌不迭地呼应李格非园林致亡论述。他们在南宋绍兴八年（1138 年）刊刻李格非文本的行动中，大谈园林误国，以及李格非的远见如何如何。这时南宋文士只能隔着长江遥望洛阳，根本无法赏游洛阳名园。可是他们压根对园林豪宅抱持敌视态度，恐怕还更进一步视之如蛇蝎般可怕吧？这是用泛道德观点看待经济行为（特别是奢靡行为）。还有，更重要的是，这是将人间幸福国度加以翻转的表示。亦即，白居易晚年力行的享乐人生观，他们将之排除在幸福国门之外。李格非的特定读者倡导的是苦行生活，是不能有娱乐的。此所以有位南宋诗人林升，看不惯西湖杭州人过的享乐人生，用诗讥嘲说：

山外青山楼外楼，西湖歌舞几时休？

此诗题于临安一家旅店墙上，这位南宋诗人就是典型李格非的信徒。社会上是有人倡导禁欲苦行生活，但这违反另有一群人用经济／理财手段，改善生活、厚实生活内涵的态度。这些反李格非文化论述的人，追蹑的是白居易、司马光的足迹，在住宅上面必须大有讲究。司马光是提倡生活花费简约的人，然则在住宅的讲求上，他住的可是园林豪宅等级。南宋时，杭州、苏州的园林宅第接二连三地兴建，一点都不受李格非作品流通的干扰。只是苏杭的园宅比起洛阳园宅，显得小号多了，同时也不时兴花会。这之中历史条件不同，有以致之。尤其重要的是，这时经济行为可否达到奢靡地步的争议，尚未进入历史时程表！故而到了南宋，从事享乐人生的，还大有人在，不让白居易、富弼等唐宋名流专美于前。

第五章

餐馆与外食族的出现

一、欧阳修：爱上京师馆子的饕家

中国文学史上的大文豪欧阳修（1007—1072 年），喜吃汴州开封城——时为北宋首都——某饭馆的猪肉。他是在迁居颍州时，比较了颍州厨师烹饪的猪肉之余，表示口味不如汴州厨师所做，[1] 他特别想念汴州馆肆烹饪的猪肉。到得晚年，欧阳修写其回忆录，叫《归田录》（作于 1071 年），里面有一则大臣上馆子外食的故事，那是欧阳修未入仕之前宋真宗时代（998—1022 年）的前辈事迹，主人翁叫鲁宗道。有一天鲁氏上馆子宴请亲友，这馆子是有名堂的，叫仁和酒肆。方其时，适巧皇帝有事找他，遣中使至其宅传见，中使久候鲁氏不归，待鲁氏面谒皇帝，那已是让皇帝空候多时了。皇帝问鲁氏何故迟迟其来，鲁氏以实对，说在外宴客以致让中官久候，又说外边馆子烹饪设施比较专业，不似家中用具简陋云云。[2] 这个故事让我们见识到北宋真宗朝治下的汴京，馆食比家食讲究，烹饪用具强过家用的。这故事呼之欲出的一大重点是，烹饪的厨师守的是专业的职业。另外，饭馆的美食已超越贵族家中美食多矣。这是中国家外美食史上，很重要的新纪元。从汉代至唐代前期这九百年间，旅客行商居外住邸店，所食用的只是粗食。社会上的珍馐美味

---

1. 欧阳修在致子欧阳发信中，说："颍肉诚不及京师。乍从京师来，诚不好，及食之日久，亦不觉。"收载《欧阳修散文全集》上册（北京：今日中国出版社，1996）《书启帖序》，修致发书第三首，页 359。

2. 参见欧阳修《归田录》，收载四川大学图书馆编《中国野史集成 6》（成都：巴蜀书社，1993）卷 1，页 663。

只能在上层社会家常菜中去寻求。

讲前辈爱上汴京馆子的故事，欧阳修自己何尝不然。这两位爱上汴京馆子的士大夫，并不特出，这是极其普遍的事。同一回忆录中，欧阳修也讲了一则他两位好友，即石曼卿和刘潜，在一家新开酒楼斗酒的故事。之后都下盛传："王氏酒楼有二酒仙，来饮久之。"[1]酒楼不仅卖酒，也烹调食物，以便下酒。前述鲁宗道饮宴的馆子，欧阳修还说此肆："酒有名于京师。"[2]此间酒肆甚至有地址传世，坐落在汴京宋门外浴堂巷。这神奇吧？这好像现今电视美食节目中，总会告诉阅听大众，美食店坐落何处而予以服务似的。

不要以为大城饭馆林立是很久的事，欧阳修所述大城馆子的现象到得他笔下，也不过是才二百年光景。也就是说职业厨师和外食馆子美味供酒食这两样东西，在中国史上是九世纪才出现的新文化现象。中国中古时代（约当魏晋南北朝、隋朝，以及唐朝前半期）行政城市原本是不存在商店街的，[3]更别说商店林立了。

五至九世纪之间的中国行政城市，是将全城划分成百数十区块，当时称为"坊"。每一坊四周有坊墙围绕，每日入晚不仅全城宵禁，而且每一个坊的出入口即坊门，是要上锁的。全城的商业买卖作为，限制在约莫两个定点的集市，在长安叫"东市"和"西市"，在洛

---

1. 参见欧阳修《归田录》，收载前揭《中国野史集成6》（成都：巴蜀书社，1993）卷2，页682。

2. 同上注，卷1，页663。

3. 杨宽《中国都城制度史研究》（上海：上海古籍出版社，1993）有谓，唐以前都城是封闭式的，宋以后都城是开放式的。事实上，开放式都城起源于唐中晚期，而非宋代才开始。

阳叫"北市"和"西市"，而且时间限定在中午开市，到了傍晚就休市了。这在唐代的两京，即长安和洛阳，都奉行同一个运作模式。这种情形，由于其一唐帝国对社会控制力式微，其二京城消费经济力道遽增，旧行定点集市和每日黄昏后休市的办法，已不敷使用。于是乎，废除、推倒坊墙的运动在全城流窜，在坊墙推倒换以店家的店面门，全城商店街林立的景象才现身。[1] 这一部分是过去研究城市史的先贤为我们揭开的城市商业面纱（参见图 5-1），有一特定名称，叫城坊制崩塌。[2] 城坊制废弃之后，唐两京开始城开不夜，甚至城门不闭。本书伊始，讲白居易于八三六年夏天某深夜，乘舆进城的事件，仅是这新兴城市居民作息丕变的一个例证罢了。在城坊制健全之时，商业规模局限在每坊门口的早餐流动摊贩。这是为适应日间到别坊做客，误了坊门上锁时间，被迫或主人力邀之下，暂宿一宵。翌日，客人趁晨曦普照坊墙，而坊门将开之时，趁便在坊门口的早餐商摊解决饥肠闹革命的问题。这样的情节见于唐宋小说文本中。[3]

---

1. 参见妹尾达彦《唐代长安城与关中平原的生态环境变迁》，收载史念海主编《汉唐长安与黄土高原》（西安：陕西师范大学出版社，1988），页 217。图五唐代长安城内的店铺立地，在皇城、兴庆宫包夹的十数条街道，布满店肆。
2. 这类书文甚多，较简洁且周到的提法，参见宁欣《唐宋都城社会结构研究——对城市经济与社会的关注》（北京：商务印书馆，2009），页 14、20、21、26—27、39、43—50 等处，分别讲到唐长安和洛阳以及北宋汴京。坊市制破坏后，店肆的泛滥，从城内蔓延到城关甚至郊区。而店家为空间有效利用，多盖高楼，店家不仅白天营业，甚至有的夜间营业，即夜市。
3. 参见韦绚《刘宾客嘉话录》（台北：商务印书馆，《丛书集成简编》第 724 册，1966），页 11，即有大臣刘晏清晨上朝，喜向摊贩买胡饼吃的故事。

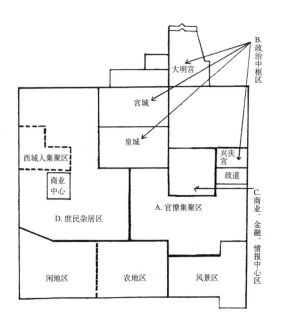

图 5-1　中晚唐长安城商业区出现示意图

说明：(1) 本图依徐松《唐两京城坊考》和布目潮沨《唐代長安の都市形態》一文，
收载《唐·宋時代の行政·經濟地圖の制作》（大阪：大阪大學出版社，1981）
图 11（页 76）制成。以上分区称呼全依据日人布目氏之说法。

(2) 长安加重商业化后，城市分区功能益加浮现，有官僚集居区、政治中枢区、商
业金融情报中心区以及庶民杂处区，分别用 A、B、C、D 标示。

(3) 其中商业金融情报中心区内，店肆林立的景象，是中国城市史的新变貌和新
风格。

(4) 唐代宫殿区，由大明宫、宫城、皇城以及兴庆宫所组成。

　　再回到唐两京新兴酒楼和饭馆的设施上面，这是都城新式城市
业态，专为官家提供应酬而设的社会功能空间。士族官僚群体特选
家外馆子享用美食佳肴，成为一种时尚。但享用美食还只是其次，
更重要的，是借由这城市新公共空间，展开联谊性的文化活动，这

是具有社会功能的文化场域。士族于此饮馔之余，是要人人创作诗篇，会后还得请名家补上一篇为何聚会的序文。接下来，该聚会诗集连同序文，交由印书铺印成数十份的书册，再分发给与会所有人士。尔后此风不替，酒楼或饭馆成了人们社交应酬的第一选择地点。饭馆再加茶楼这种新城市公共空间将在尔后一千两百多年不断上演社会／文化戏码。再者，茶楼亦兴起于中晚唐，唯受史料所限，无法与饭馆一并在此叙说。

二、汴州城物阜民丰

北宋立都汴州，早在唐代中晚期，该州城即告繁荣。韩愈在未得吏部任官状前曾佐幕于此，该城军政长官例为卸任宰相所履任，有一位叫张弘靖的重臣曾履斯地。城坊制崩塌的时代，是城开不夜的时代，有的是令人目眩神迷的夜市，[1]供人消费。汴州州厅幕僚都有逛夜市、过夜生活的习惯，长官张弘靖虽知之，也不禁止。但城开不夜只限于李唐中央政府控制下的城市，一些跋扈的节度使区，特别是河北安史余孽集团的地盘，包括河北、山东，以及河南西部的所有州城，其城市管理文化依然是唐代前期（七至八世纪）实行宵禁、城坊制完好的模样。唐宪宗晚年（819年）一度收复以上河北、山东，以及河南西部的三大节度使区，即所谓的短暂"中兴"时期。在汴州养尊处优惯了的张弘靖，这时身躯已体重破百，被委以重任，前赴河北幽州节度使区，去担任该区初光复时的军政长官。他的幕僚将汴州城夜生活那套文化，直接搬到习惯宵禁生活的幽州城（叫

---

1. 参见张邻《唐代的夜市》，《中华文史论丛》第1辑（1983），页237—246。

蓟府），结果中央派官僚与当地军事精英，因文化冲突而生嫌隙，最后张弘靖遭幽府军人驱逐，其麾下幕僚全遭杀害。[1]

张弘靖活跃的时代，是一个王朝、两套城市文化，一者有夜生活文化，另者无夜生活文化。李唐控制区是城市商店林立、夜生活丰富的文化景观；相反地，安史集团控制区是城坊严密监控、宵禁，不许夜生活的城市文化空间。张弘靖及其僚属过惯汴州城开不夜的生活，这一情景虽未载入史书，但因同一群人履任仍保有宵禁规定的蓟城，其依然保留尚未变迁的唐代前期城市文化，他们无所忌惮地过夜生活，惹恼无夜生活的当地军事精英团体，导致身死人亡。但也因此，我们后人才能望风怀想这群汴州高官平日是如何享受汴州夜生活。正史张弘靖传记文本，意外为我们保存了九世纪初汴城餐饮夜生活的迹象史料。

张弘靖及其僚佐遇难蓟城是八二一年的事。北宋汴州城物阜民丰的情景，虽其源头可溯至唐代张弘靖，或比他更早之前的年代，但毕竟史载有阙。北宋徽宗时御用画家张择端的《清明上河图》长卷，为我们留下汴梁街市直观画面。南宋孟元老的《东京梦华录》为我们留下纸本的汴梁城市书写文字。此书成于一一三〇年到一一四七年间，首版出现于一一八七年，上距欧阳修死亡（1072年），

---

1. 参见《旧唐书》卷129《张弘靖传》，页3611—3612；《新唐书》卷127《张弘靖传》页4448亦同。以上两书使用北京中华书局标点本。另，拙作《没有历史的人：中晚唐的河北人抗争史》（原名《飞燕惊龙记》。台北：暖暖书屋，2020）第13章，页148—152，对于有夜生活文化和无夜生活文化的冲突，有所析述。读者可以参考。

已有一百一十五年。是书中，提到中央大街的西大巷口又西有清风楼酒店，京城中有名的板桥畔，有集贤楼、莲花楼两大餐馆，作者特为说明："寻常餽送置酒于此"。[1]

三、何以应酬诗集湮灭，其中序文独存

汴京街头饭馆林立，满足了城居士大夫阶层凡想到置酒高会，便有了好去处的需求心理。当然这种情形原本可以在家宅、寺观为之，也可以在户外进行（如踏青或乘舸）。但家宅烹饪在味觉上，已令男主人唉腻，或做不出饭馆的味道，以及户外活动饮食只能简单，不若饭馆的便利性和菜色、酒色的丰富性。于此，城居士大夫成了这波新设饭馆的潜在客群。这下城居士大夫成了外食族。在饭馆未兴之前，邸店是因应商旅宿食需求而开设的设施。邸店提供餐点，只为解决商旅免于挨饿的基本需求，自是吸引不了城居士大夫来邸店用餐。而商人旅客长年在外，只能外食。但城居士大夫原本在家用餐的，如今家外有饭馆提供佳肴美酒，城居士大夫从此成了饭馆菜的爱好者。如此，原本身为家食族的城居士大夫，也学商人旅客在外用餐了。但这两群外食族是有差别的，士大夫追求的是美味佳肴，至于商旅只求吃饱的粗食。

士大夫宴饮聚会多为联络感情，并求其放松心情娱乐自己。这里面有一大节目，即是相互作诗酬唱，特别是为朋友饯行的场合。

---

1. 参见孟元老《东京梦华录》（上海：商务印书馆，1936），分见卷2页38，卷6页122—123两处。事实上，书中之呈现只见妓院和食堂最多，且遍布全城。以言食堂，以酒店名者，不知凡几，另以各式饮食店名者，亦不可胜数。本文只聊举三例于此。

事后这些诗作会结集出书，并请座中健笔写一序文以记其事。通常这些诗集都短命，传世不久便堕入历史风尘中，无声无息。但那篇序文却长命得很，往往因健笔的文学生命之长而传世久远。唐宋八大家的送别序大多俱在，但当时那些集众合作的诗集都渺不存焉。至此，读者应分清序之文体，有两种。一是为专书、文集写的书序，此种序伴随书而活，书在序在。[1]另一种是众人为饯行而写的交际诗，因结集成书找名家（或在座中，或事后另找不在座名家）写的序。后一种序的依托主体，即诗集，多半失传。后一种序文，其实是文学批评讲的文类（genre），这在本书特别称之以"送别序"，以别乎一般书序。这里面大有玄机，值得研究者予以勘破，且莫以应酬等闲视之。在此，送别诗集的雕印刊行，攸关中国书籍制作和印刷流通至巨，这是前贤未曾注意的学术处女地。

四、寻觅唐宋京城新式饭馆的踪迹

送别序的主题，多半是临别赠人以言的性质，但这种赠言成就一种励志话语，是中国文化中别具特色之极品，它反映了精英文化中的某种集体心灵结构。这事发生在新冒出历史之表不久的市街餐馆中。这时，这种新生事物还算少，不像明清帝国城镇，饭馆酒肆

---

1. 关于序的历史，余英时于其《会友集》（台北：三民书局，2010）《自序》中讲到这种序的历史，最早起于《尚书序》、《毛诗序》等；接着讲到晋代左思《三都赋》成，请皇甫谧作序；之后又说到唐代元稹《白氏长庆集·序》。这个信息最早见于顾炎武《日知录》（台北：明伦出版社，1970）卷 21 "书不当两序"条，页 560—561。惜余氏失察。又，genre 在文学批评界通译作"文类"，余氏自创一格译为"文体"。按文体另有意涵，不可相混。

遍地都是。[1]然而，励志话语在今天多流于说教的陈腔滥调，可在唐宋，新兴励志话语则生猛富变化，迥出今人意想之外。

欧阳修成名前后分别在汴梁和洛阳的餐馆饯别宴后为送行诗集写序

话说久居汴京的欧阳修，一生经历数十场送别宴会，在汴京、西京（洛阳）酒楼中与朋友作诗酬唱，事后又为合众的诗集出版事写一序文。在欧阳修传世的数十篇送别序文本中，只有两篇明显有在酒楼酬酢的迹象，可惜并未明言具体酒楼名称。

在东京汴梁的一篇，叫《送方希则序》，这时欧公已主盟文坛。该文本文末有云：

> 筹行酒半，坐者皆欲去，操觚率然，辞不逮意。同年景山、钦之、识之亦赋诗以为别，则祖离道旧之情备之矣，此不复云。[2]

这里特别提到三位同年中进士的人士，也有一大堆不具名姓的"坐者"。欧阳修特别提到宴会进行一半，所有人的诗作都已出炉。他也交代嘱他写者，不是别人，而是远行者方希则。欧阳修还点出他俩的交谊，如下：

---

1. 关于明清酒楼饭馆的城市文化史，可参考王鸿泰《从消费空间到空间的消费——明清城市中的酒楼和茶馆》，《新史学》11:3（2000.9）页1—46。
2. 参见欧阳修《欧阳修散文全集》上册（北京：今日中国出版社，1996）《书启帖序》，页375。

以余辱交者，索言以为赠。[1]

唐宋人士利用酒楼或饭馆为朋友饯行，至欧阳修所实践的这一次，发生在十一世纪五十年代，上距发源于八世纪的九十年代，已历二百六十年。欧阳修为方希则所主导的饯别宴，是这二百六十年来发生于唐宋京城文化无数次社会实践中的一次，饭馆成为城市文化新空间，已历年所，毫不稀奇。

欧阳修在西京洛阳为饯别宴再现场景的一篇，叫《送孙屯田序》，这时欧公尚属年轻之时，文中谈到此次聚会人等为"洛之士君子"，如下：

而洛之士君子，故相与翘足企竦，东向而望，俟闻凛然之余风矣。盍各赋《械朴》以歌能官，且贺举者之得人也。犯轵长道，掺袪为别，乌足效儿女之悲哉！[2]

这是欧公事后倒叙回头，他提议众人赋诗唱和之主题是政府用人得当。这一诗集的所有作者在上述文本中是一群面目模糊的"洛之士君子"。当然该印刷诗集已佚，不在话下，只留下欧公此序，有雪泥鸿爪待今人追怀其宴会。至于馆子坐落于洛城何处，序文并未提及。要之，宋代汴京和洛阳（西京）餐馆林立，而且店名高挂。

---

1. 参见欧阳修《欧阳修散文全集》上册（北京：今日中国出版社，1996）《书启帖序》，页375。
2. 同上注，页379。

那唐代两京和汴梁等三城，则其饭馆的情形又如何呢？首先，饭馆不多；其次，几乎没有店名。在馆子屈指可数情形下，馆铺靠的是熟识消费者口碑，而无须店招以广招徕，可以想见。

壮年韩愈两度为洛阳餐馆饯别宴的送别诗集写序

底下，笔者将笔尖往前回溯到韩愈活跃的九世纪洛阳城中，洛城文化精英集会饭馆置酒送别的场景。

洛阳城和孟州城夹黄河对望。孟州为河阳节度使区的首府，在宪宗元和年间，有节度使乌重胤坐镇其中。八一〇年，乌氏为招聘幕士向洛阳求才，有布衣石洪者应幕欲去。洛阳最高军政长官觉得与有荣焉，特设宴款待石洪于饭馆，麾下群僚皆受邀，韩愈（768—824年）以部属厕身其间。该次宴会同样在众食客于赋诗唱和后，各人诗篇交付设宴者，从而结集成册。设宴长官嘱韩愈写序，该文叫《送石处士序》，其中有提到具体饭馆所在，真是弥足珍贵。先说石洪如何通知知交，如何前往某馆，如下：

（石洪）告行于常所来往，晨则毕至，张（筵于）上东门外。[1]

据上引文，可知洛阳城上东门外有饭馆。必须指出，洛阳的饭馆不止城中而已，洛阳的市街已扩张到城门外去了。还有，石洪居所近洛阳北市，而北市往东行，至上东门，（参见图5-2）要经过

---

1. 参见韩愈《韩昌黎集》下册（台北：商务印书馆，1967）五，书序，页33。

三个坊区，每坊长八百八十二米，三个坊长二千六百四十六米。所有宾客特于晨间某处聚集完毕，再一起赴饭馆。请读者留意，韩愈细心到提及客人行动的时间是在晨间，这是否做一日全天宴的表示？惜韩愈语焉不详，无法确定。接着文末，写到大伙为此盛大欢

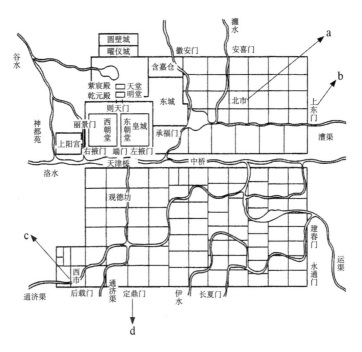

图 5-2　中晚唐洛阳城关附近饭馆踪迹示意图

说明：

(1) 本图参考妹尾达彦《唐代洛阳城の官人居住地》，《東洋文化研究所紀要》第 76 页附图

(2) a 表文中洛阳名人石洪住处，b 表上东门有饯别用饭馆。

(3) c 表文中洛阳名人温造宅与西市相去不远，d 表定鼎门有饯别用饭馆。

送会作诗，如下：

于是东都之人士，咸知大夫（按：指乌重胤）与先生（按：指
石洪）果能相与以有成也。遂各为歌诗六韵。[1]

当然，韩愈也简述此《序》为事后作：

退，愈为之序云。[2]

二百多年后欧阳修读此序文，说石洪之所以名重一时，乃因韩
愈此文：

以尝为退之（按：韩愈的字）称道耳。[3]

这次宴会由东都留守大人举办，与会者均为洛阳政界重要人物。
在饭馆初兴的时代，这家特定馆子能被洛阳当局相中，作为举行盛
宴的场所，应是洛阳社交界的一件大事。初兴外食饭馆能获有消费
能力者（即士族群体）青睐，这对饭馆走向城市新公共空间，帮助
甚大。这是中国城市文化史新的一章。

隔了一年（811 年），乌重胤又在洛阳挖角，这回洛阳又一名

---

1. 参见韩愈《韩昌黎集》下册（台北：商务印书馆，1967）五，书序，页 33。
2. 同上注。
3. 同上注，页 33，转引自注文。

人温造膺选。这一年韩愈是河南令，洛阳官场又为温造办一场盛大欢送酒会。事后韩愈负责写《送温处士赴河阳军序》一文，以志其盛事。洛阳官场自留守大人郑余庆以下，至辖内二县令（洛阳令和河南令），全员到齐。这在文本中提及这些官员平日有事，都曾向温造咨商过。聚会的高潮就是众官作诗唱和，并由长官郑余庆先下场的情形，韩愈特为之再现如下：

留守相公（按：指郑余庆曾为宰臣卸任）首为四韵，诗歌其事。[1]

此序并未明言宴会场所何在。笔者想来应是上回上东门同一家饭馆，理由是设宴者为同一人，而与会者又几乎与上回同一批人也。

青年韩愈两度在汴梁餐馆为饯别宴后送行诗集写序

再回到韩愈年轻佐幕汴州的时代。七九六年，汴州军乱，遭大臣董晋率军敉平。董晋于是开府汴州，韩愈往依，得入麾下当幕职。同僚权某膺为年度汴州乡贡，要远赴长安参加科考。汴州同僚聚会送行，宴罢之后，韩愈负责写《送权秀才序》一文。该文本未提任何聚会的形式，是在公府衙门，抑在民间私馆，不得而知。但以当时汴州饱经战乱，市容或许未恢复，抑未可知。但聚会的重头戏，即参与者当场赋诗，之后并结集成诗集这一节目是有的。这在文本中仅寥寥数语，如下：

---

1. 参见韩愈《韩昌黎集》下册（台北：商务印书馆，1967）五，书序，页34。

于是咸赋诗以赠之。[1]

这一送别序文没有任何线索，可供笔者据以判断即将迈入九世纪的汴州，因繁华而致饭馆林立的景象。

　　韩愈才参与完一场盛宴，齿间余味未退，几个月后，又一场盛宴在等着他莅会。那是七九七年，汴州节度监军俱文珍以任满要调返京师，府主董晋哪敢怠慢？唐代监军例由宦官任之，乃皇帝耳目，主官遇事多看监军脸色。这时韩愈为观察推官，为董晋左右手，这次由府主主办的欢送餐会，已确知是在汴州城青门外举办的。这在由韩愈操笔的送别序《送汴州监军俱文珍序》明白讲出如下：

　　（贞元）十三年春，（俱文珍）将如京师，相国陇西公（按：指董晋），饮饯于青门之外。[2]

这是汴州青门外有馆肆吗？依五行方位和颜色有所对应而言，东方主青色，难不成是某一特定东门吗？依据韩愈《汴州东西水门记》[3]一文，知新筑东门，后称东水门，正是汴河穿汴城的东入口处。（参见图5-3）汴河流经城内，会割裂南北纵贯的大通衢朱雀大街，故

---

1. 参见韩愈《韩昌黎集》下册（台北：商务印书馆，1967）五，书序，页31。
2. 同上注，外集，页74。
3. 参见韩愈《韩昌黎集》上册（台北：商务印书馆，1967）四，杂著，卷13，页8，知东、西水门建成于七九八年，汴州城的扩建在此之前应已完成。

而须筑一弧形虹般板桥，以利陆行和船行各取其便。这段水路沿线正是汴州商业精华区。董晋宴请俱文珍的饭馆，莫非就坐落在东水门附近吗？这可能性相当高，连带笔者推断去年送权某的饭馆为同一处所在。

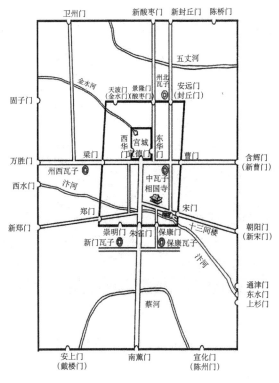

图 5-3　唐宋汴州城城关附近饭馆踪迹示意图

说明：

(1) 本图据薛凤旋《〈清明上河图〉与北宋城市化》(香港: 中和出版社, 2015) 第43页，《北宋末年东京三重城结构及其主要行市分布图》加以改绘制成。

(2) 中唐时，汴州扩建，即图中整个南半部，主要引汴河入城，其入出处新建二门。

(3) 宋代时，相国寺、朱雀门、陈州门三地附近饭馆、妓院林立。

(4) 汴河入城的东水门筑成后，成为饯别的好所在，饭馆集中于此，并不意外。文中的"青门"即东水门。

至于当天场面如何，节目如何，该文本再现其事的，也只寥寥数语，如下：

（董晋）谓功德皆可歌之也。命其属咸作诗以铺绎之。[1]

这是讲餐会主人要求与会部属，在赋诗酬唱上定调为歌颂远行者的功德这一主题，这可能是事实。附带言之，韩愈因在汴州结识俱文珍，这在日后对他的前途是有帮助的。说不定韩愈写的序文发生了作用，不无可能。

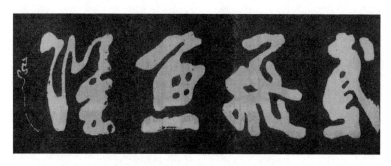

图 5-4　韩愈书迹"鸢飞鱼跃"

此一送别序文本，清楚告诉我们，餐会地点不在城内，而在城外。汴州在九世纪二十年代繁华的场景，是张弘靖其及僚吏享受到的。以董晋在巴结俱文珍都来不及的实情上，餐会一定是汴州最好的馆子，据此可推知汴州青门（疑即东水门）的饭馆一定大有来头。

---

1. 参见韩愈《韩昌黎集》下册（台北：商务印书馆，1965）《外集》，页 74。

倘若这一猜测准确的话，汴州店肆之泛滥，已穿越城门，而抵城外了。出身河东张氏的张弘靖，其祖、父两代先后相玄宗和德宗，他自己在宪宗朝二度入相，可说是一位典型豪门世胄人物。[1]弘靖殆于八一六年或八一七年出仕汴府，于八一九年出任艰巨，调往幽州府而后遇难，已如前述。后于董晋十余年始主政汴府的弘靖，是在汴城扩建成为东部强藩的时期，在领略汴城饭馆珍馐方面，岂会比董晋主政时期差呢？汴州城先后由董、张主政，新兴的城市文化，以饭馆扮演该城重大社交中心角色为重心所在，正在力推之中，也是众食客实践该文化的上升时期。

壮年韩愈分别为洛阳副、正长官子弟于饭馆饯别宴后写送别序

八〇一年，任官洛阳的韩愈，在一场送友赴广州的欢送大会后写下《送窦从事序》一文。其中清楚点出，发起者是即将远行的窦平之族人窦牟，时任东都留守判官，乃东都地区第二号人物。窦牟一声令下，擅文之士二十八人齐聚一堂。同样节目高潮也一如韩愈所言：

赋诗以赠之。[2]

1. 关于张弘靖家世，参见欧阳修《新唐书·宰相世系表2下》（北京：中华标点本），页2679。关于他入仕宰相，参见《新唐书·宰相表中》（北京：中华标点本），页1711—1712。
2. 参见韩愈《韩昌黎集》下册（台北：商务印书馆，1965）五，书序，页10。

这一序文也看不出事件发生于饭馆与否，难不成八〇一年之时，洛阳市容尚未达到店肆林立的光景吗？这事有点可疑，应该是作序者未及饭馆，而不是洛阳尚未有饭馆。

话说韩愈一生重大贵人之一是郑余庆，于八〇六年罢相，先在长安迁任闲官，继而调任东都洛阳，先为河南尹。从八〇八年起至八一一年，再迁调长安任兵部尚书为止，一直是东都留守。八〇九年，韩愈以都官员外郎、分司东都，如此就与乃师郑余庆聚会，并在其麾下任官。这时事有凑巧，余庆长子郑瀚于八一〇年来东都探望乃父，不久升官要赴任长安。想想洛阳最高军政长官的长公子即将荣任京师官守，整个洛阳官场不为之震动吗？由韩愈操刀的《送郑十校理序》——郑瀚在家中排行第十，校理是集贤殿校理之简称，郑瀚真正职事官衔是长安尉——这篇送别文本的可贵之处，是韩愈不吝惜讲出酒宴的地点是洛阳定鼎门外的一家饭馆，还有就是郑长官部属的一头热烈劲，是很惊人的，如下：

于其行日，分司（郎）吏与留守之从事窃载酒肴，席定鼎门外。盛宾客以饯之。[1]

定鼎门是洛阳城偏西的一座南门，地近西市，两者距离在三个坊范围内。（参见图5-2）以此次宴客与洛京最高长官有关，饭馆必定是上等规格。这更可取以证明，九年前即八〇一年的一场聚会，没有饭馆的概率甚低。只是选洛城西南角的南门外某饭馆设宴，

---

1. 参见韩愈《韩昌黎集》下册（台北：商务印书馆，1967）五，书序，页38。

198

与洛城人士送人往长安任官，多年来已成习惯。本书第三章于论白居易晚年卜居洛城私生活事上，知白氏送友往长安赴任，多在定鼎门外。这是又一旁证。

当然当天节目最高潮是作诗酬唱，韩愈如此再现其事如下：

> 既醉，各为诗五韵。且属韩为序。[1]

从韩愈在洛阳讲到的宴会场所可见，至少有两处是有名堂的，一在定鼎门的某饭馆，另一在上东门某饭馆。这两次都是盛宴，可想象其场面之惊人。这样大规模官僚士大夫的文化活动是相当可观的，详见后文分析。此处所要指出的，是九世纪前十年的洛阳文化，饭馆作为大型社交空间，已确定为城居士族首选的地点。这应已成为文化习惯，而韩愈于此的推波助澜，功不可没。

晚年韩愈在长安为同僚饯行后诗集写序

韩愈晚年在长安任京官时，有一次朝臣大规模饯行行动发生在八二三年阴历四月，工部尚书郑权往调岭南节度使。送行人中又是韩愈负责操笔撰写送行序文，叫《送郑尚书序》，文中再现送行规模如下：

> 将行，公卿大夫士苟能诗者，咸相率为诗，以美朝政以慰公南行之思。[2]

1.参见韩愈《韩昌黎集》下册（台北：商务印书馆，1967）五，书序，页38。
2.同上注，页36。

提到作诗唱和的节目，这次倒是别有机关，就是要预祝郑权达到目的之后，很快归来长安，因此诗的韵脚规定用"来"字为韵。如下：

韵必以来字者，所以祝公成政而来归疾也。[1]

原来岭南帅是个大肥缺，这些人真心预祝远行者在海捞一票之后速速驾返长安。可知这次作诗酬唱，还有点难处。但这应难不倒与会食客，他们是作诗老手，难度愈高愈显示各人神通。长安饭馆初兴，城中社交中心问世，处于九世纪二十年代的韩愈，是在已成形的长安文化中趁势打造的有功人士之一。但长安城新文化打造的圣手，另有其人。详见下文。

唐辖境一级城市和二级城市消费经济的不均整性

析论至此，笔者必须指出，前述已及，八、九世纪之交，从韩愈在汴州和洛京的三次聚宴其所遗留送行序文本观之，这两地市容如何，以及街市林立的景致，虽不见言及，但洛京的上东门和定鼎门附近有饭馆，可以确定。而关于汴州的另一次明言是在城外聚餐，即使是私营馆肆，也令人对城内店肆设施起疑，疑其等级皆不若城外这间店肆。说到市容繁华，甚至市的规模已从城内扩至城外，或许这时仅限两京、汴州、扬州四大城罢了。这里有一则旁证似乎可以间接证实我的猜测。

八〇七年，已成名诗人的刘禹锡（772—842年）经过湖南沅

---

1. 参见韩愈《韩昌黎集》下册（台北：商务印书馆，1967）五，书序，页36。

江畔，看到一处集市景观。话说那年二月至六月湖南遍地干旱，官府为解决民生问题，迅即将城郊市集悉数集中至州城城门附近，搞一个市集大会的模样。刘禹锡从高处仔细观看百业交易情形，直至日暮罢市为止。可见南边官府行的仍是唐代前期管制市场的办法。即令当时北边的四大城市（两京加上汴州和扬州）已是城坊制崩塌，商贩在城中四窜，而且有的昼夜二十四小时经营，但是绝大多数消费市场不若四大城的其他州城，恐怕施行的仍是旧日管制经济的老办法。也就是全国经济发展是不均匀的，新的经济模式虽然出现，但只限在局部地区推行。更何况安史集团管控的地方实施的是军管制，商业自由度是不大的。

再回到刘禹锡为我们目击的市场这一幕。他事后写有《观市》一文以纪其盛。内中有云：

> 业于饔者，列熏饎、陈粸饵而苾然，业于酒者，举酒旗、涤栖盂而泽然。[1]

这是讲面食店和酒店，虽然是流动摊贩式的。接下来他讲各类猪、羊、鱼、野味等生鲜肉类的当场屠宰情形，以其文繁不引。这已是城市街市化的前身，值得留意。要之，刘禹锡观察南方某州城市场买卖场景此举，有助于笔者推敲当时北方走向市场开放新模式，所能达到若何地步。特别此文所述的时间点是八〇七年，与前述由韩愈所目击的汴州七九六年和洛京八〇一年，是极其挨近的时间点，

---

1. 参见刘禹锡《刘禹锡集》（北京：中华书局，1990）卷 20，页 247。

极具对照价值。从七九六年到八〇七年，正是新生事物方冒头，而旧时事物依然持续的过渡时期。

权德舆分在两京饭馆为僚友和亲属办饯别宴并写序

刘禹锡的老师权德舆（759—818 年），主盟贞元至元和年间（792—818 年）的文坛，位高权重，又久居京师，替人写送别序如家常便饭。我之前说打造长安城新文化的圣手不是韩愈，而是另有其人。我指的是此处的权德舆和下文将及的柳宗元。底下，笔者要透过权氏送别序文本，一窥两京饭馆的文士唱酬活动。

权德舆在长安，在其《奉送杜少尹阁老赴东都序》中，提到送别的队伍为中枢领导班子及其他高官人等，如下：

> 岐燕元老，理具惜别，文昌六职，夏官卿赵公而下，举白出祖，交欢道旧。鄙人（按：权氏自称）病不能醉，亦笑言击节于其间。众君子皆赋，愧序引之辱。[1]

权氏在此特别提到三位重臣（按：岐公疑即权氏生平第一位长官杜佑）。他虽对聚餐情形描摹不足，但举凡节目必有的饮酒、联络情谊，以及重头戏的唱酬诗句等，无不触及。对于他本人所扮演的角色，他除了提到诗集由他写序之外，还特别讲到那天即令是抱病与会（可知给足宴会发起人和远行者面子），他是少喝了酒，但

---

1. 参见权德舆《权德舆诗文集》下册（上海：上海古籍出版社，2008）卷 36，页 548。

亦与众人有说有笑，有肢体接触云云。此一文本，权德舆对于饭馆吝于一提，殊为可惜。

八一三年阴历七月至八一四年阴历十月，权德舆暂离长安，往赴洛阳当东都留守。就在八一四年阴历九月，有位起居舍人因病返洛阳养病，等于是致仕。这位官员是权德舆的舅公。洛阳当局帮主官的退休舅公，举办了一次盛大的接风宴。事后起草诗集的序文，当然是权德舆的事。这篇序叫《奉送韦起居老舅假满归嵩阳旧居序》。文章一开头，作者就将欢聚的热闹气氛给再现出，如下：

前此，中朝荐绅先生之徒，车毂击于通逵，觞酒交于竹林，执其衣袪，惜乎分阴。弦晦屡移，其欢不厌。或发于歌咏，以将厚意。[1]

文中提到，洛阳的中央大道让此番高贵宾客所乘的马车给压得受伤，这是说贺客身份是有车阶级的人。这也提醒我们，以洛城之大，前述韩愈及其僚友赴上东门和定鼎门那两次餐会，与会者必有交通工具为辅助，否则往返皆成问题。另外，欢聚的时刻是在晚上，因为作者提到弦月，似乎是作竟夕之欢。反正洛阳长官权德舆是餐会主人，与会者第二天没去上班，乃小事一桩。

这份文本的后面又将宾客和致仕者的情意缠绵，描述得情见乎辞。更妙的是告诉我们，欢聚场所大致在洛阳城何处。且分引句子，并说明如下：

---

1. 参见权德舆《权德舆诗文集》下册（上海：上海古籍出版社，2008）卷37，页550。

是行也，朵颐者知惧矣。[1]

这是说食物丰盛以至于宾客吃到叫不敢。再看：

出车家林，挥手青门。[2]

这是说，每位宾客出门从自家园林中驾车而来，罢宴后大家在洛京青门处向致仕者挥手道别，这可知饭馆必坐落在洛城青门不远处。如前已及，汴州青门疑是东水门，同理可知洛京青门应系东门之一，说不定就是上东门。韩愈于八一〇年提及的上东门饭馆，又在八一九年的权氏送别文本中再次现身。这一饭馆的风华延续十年时光，足见经营得法，多令缙绅之士神往。倘若笔者称之为洛城第一社交中心，应不为过。

底下一大段写客人不忍与致仕者分别，以及宾客之间互动之真诚等情景，极具细节，俱引如下：

拥途而祖者，惟恐不及。合欢也，忘印绶之轻重；陈诗也，无章句之约束。放言无择，造适则笑；行觞无算，既醉而罢。[3]

这么热情，不知是洛阳官僚为配合宴会主人而演出激情如此？假如

---

1. 参见权德舆《权德舆诗文集》下册（上海：上海古籍出版社，2008）卷37，页551。
2. 同上注。
3. 同上注。

大家都情真意切，那真是史上难得一见的成功聚餐会了。当然，权德舆内心想一定要做足面子、扇热场子给舅公看，自是不在话下。然则这些宾客也铆足劲，配合主人需求而忘情演出了。

回顾权德舆在七九二年甫入长安，始任京官，为太常博士。他有位表舅崔稚璋要远赴浙东台州任官，他邀集几位友好为崔氏钱行。在权氏主笔的《送台州崔录事二十一丈赴官序》文中，说崔氏"受命选部，出车东门"，指的是要由长安城东门出行。长安东门有三，未知孰是。但笔者考虑到春明门多店肆，可能就是这里。(参见图5-5)这时的权氏阮囊羞涩，恐怕无法花大钱去筹备大型欢送会，更何况在七年前皇帝因兵变出走，长安城商业自由度一时之间或许仍不高。但商业是不可能绝迹的。文中的节目，只有唱诗歌咏，不及饮酒啖肉的情形，恐怕是省笔。春明门畔的店肆其活动迹象，或可由此窥出端倪。权德舆文提到食客写的诗，主要紧扣远行者的德行和所欲往的台州景致，如下：

二三君子，送远加等，酾酒以祖道，歌诗以发志，贤稚璋而思仙山故也，各见乎词。[1]

权文还提到室内聚会完毕，还加码移到户外了。权文指示我们：长安春明门在八世纪末有饭馆存在。

1.参见权德舆《权德舆诗文集》下册（上海：上海古籍出版社，2008）卷37，页552。

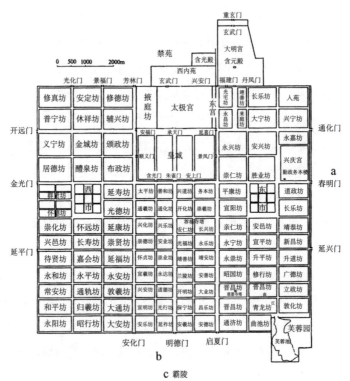

图 5-5 中晚唐长安城关、郊外饭馆踪迹示意图

说明：

(1) 本图据平冈武夫编《唐代的长安与洛阳资料》（上海：上海古籍出版社，1989）所附地图绘制。

(2) 由长安城坊示意。

(3) a. 文中的"青门"疑即春明门，有供饯别用饭馆存在。

(4) b. 明德门是进出长安最频繁的交通所在。

(5) c. 明德门外郊有霸陵，是长安居民饯别朋友的一处所在，有饭馆存焉。

八世纪末长安饭馆初兴时刻，柳宗元送别序适时为我们捕捉历史新事物

权德舆另一学生柳宗元（773—819 年），在七九八年获吏部任官，到八〇五年发生"永贞内禅"事件被排出京之前，期间一直

206

任职长安。有许多餐会场合，唱酬诗集的序由柳宗元主笔。在这里，我们看到长安城饭馆的影子，以及文化精英送行文化之种种。长安饭馆扮演新式社交中心，柳宗元是推动新城市文化的先驱之一，可以确定。

七九九年，汴州来使杨凝在处理完公事要返回任所前夕，长安一群高官显宦为杨凝举办了一场餐会。与会者中有两位名人，一位是许孟容（官礼部郎中），另一位是崔群（官工部郎中），分别是主持赋诗的主席和第一篇送别序的作者。若干年后，许、崔两人均成为重臣。这是后话，不赘。且回到当时，柳宗元屈居末位，被分派写最末一篇送别序。柳写的送别序，题曰《送杨凝郎中使还汴宋诗后序》，内中提到参与者的规模，如下：

> 时当朝之羽仪，凡同官之僚属，皆饯焉，容受童儒（按：宗元自称，时二十七岁），使在末位。[1]

从语气看来，应系在室内进行餐会，唯不知是否在街肆之中。

有一次崔群要出仕洛阳，餐会会后的送别序文又是由柳宗元操刀。文中，柳宗元说："且饯于野，或命为之序。"[2]由"且"字可知，聚会所由酒肆移至室外。

在七九三年，在送一位中举者归第省亲的送别序文本中，柳宗元是该序作者，明白讲到是在长安城南大门的明德门外霸陵（参见

1. 参见柳宗元《柳河东集》（台北：河洛图书出版社，1974）卷22，页376。
2. 同上注，页377。

图 5-5）的一家饭馆举行聚会的：

群公追饯于霸陵，列筵而觞。[1]

而唱和诗的情形，作者三言两语交代如下：

送远之赋，圭璋交映。[2]

这是赞美每首诗作都熠熠生辉，属于好诗。

八〇一年，柳宗元在另一为欢送中举者而举办的餐会唱诗活动中，负责主笔送别序。其中群彦饯行唱名记之，如下：

从容燕喜，是又可歌也。故我与河南独孤申叔、赵郡李行纯、行敏等若干人，皆歌之矣。[3]

可知这只是年轻一辈的小型聚餐会。但霸陵属长安郊外，有馆子踪影是确定的。

也有更多名落孙山者，柳宗元也写了不少这类劝勉的送别序。兹举一例，序中柳宗元于文末简单几笔交代唱和的情景如下：

---

1. 参见柳宗元《柳河东集》（台北：河洛图书出版社，1974）卷 22，页 383。
2. 同上注，页 383。
3. 同上注，页 385。

献之酒，赋之诗而歌之。坐者从而和之。既和而叙（另有版本作"序"）之。[1]

另一例是为下第的从兄柳宗玄而写的送别序，时为八〇一年。这次参与该餐会的人士众多，集诗五十七首。柳宗元在其中角色，明言是"于是赋而序之"。[2]

在八〇四年，柳宗元写《送韩丰群公诗后序》，这次餐会比较盛大，此诗集前序由赵佶主笔。除了聚会唱诗这一节目之外，与会者尚为远行者走出室内，而祖道于外。这在柳文是说："凡知兄者，咸出祖于外。"[3]此处，我们见识到当时送行诗集之类雕印书刊，序文不止一篇。当然，今天所能见到的，只有柳宗元的后序一文，而这本诗集和赵佶写的前序一文，则遗落在历史尘埃之中。

在八世纪末、九世纪初，因有柳宗元坐镇长安，写下一些送别序，让我们见识到室内聚餐的情景。只是饭馆的踪影，若隐若现。就中除了城外霸陵设筵席，确定是有餐馆之外，城内餐馆却杳无声息。霸陵已是城郊，店肆有往城郊发展，更确有其事。[4]柳宗元主笔长安送别序的文化活动，比起其前辈韩愈或权德舆在两京写送别序的时间点，略早得多。但也幸亏柳氏为我们勾勒以下图景：两京

---

1. 参见柳宗元《柳河东集》（台北：河洛图书出版社，1974）卷23，页398。

2. 同上注，卷24，页402。

3. 同上注，卷25，页414。

4. 参见宁欣《唐宋都城社会结构研究——对城市经济与社会的关注》（北京：商务印书馆，2009），页23、24，在讲商业区的扩大，虽然较集中讲北宋汴京，但之前的唐两京应该也是这种趋势。

已市场化的几座城门口和南城门畔的郊区，已然开始商业化，而有了馆子的开端。而更重要的是，长安新式社交中心，往新兴城市空间——饭馆——聚集。这是新式城市文化，乃前所未见的文化现象。

*****

本章主要涉及八、九世纪之交（公元八世纪九十年代至九世纪头十年），仕宦中人，特别是大官僚，成为外食族主力或外食倡导人，他们将饯别宴从家内移至家外，这样的需求被嗅觉灵敏的厨工嗅到商机，便在两京（长安、洛阳）以及汴梁针对人群出行最频繁的城门附近，设饭馆开张。当然，以上所叙，不见载记，乃笔者借由送别序文类推敲、考索而得。这一文化巨变，前贤学者均未发现。在此，文化活动中涉及雕版印刷和饮食文化这两大项目，自来研究者不会将这两项历史变化合并处理，自然就失去捕捉真相的机会。再加上送别诗集这一物理迹证，无一幸存。即令名家文集中充斥送别序文，但八百多年来无人注意到这一破解历史大事的线索。这使得印刷史研究者不免忽略唐代文人及其团体对雕刻印刷史有其一定贡献，并不输给印行历书和佛经的一些行动者。[1]

唐代的饭馆饯别宴席上，不只是吃吃喝喝罢了，重头戏是与会

---

1. 近年来辛德勇在研究印刷史上，以元稹和白居易两人反对雕印文集，而商人反热衷雕印《白氏六帖》却不经白居易同意这两件事，推论雕版印刷技术始兴，文人仍走手抄制书老路。对此，参见辛著《中国印刷史研究》（北京：三联书店，2016），页 309—324。

者联席赋诗，待众诗人／食客／送行者交出诗篇之后，餐会主办者会嘱咐席中健笔人士（通常是名闻遐迩的文坛大国手人物），要他负责为这册诗集写一序文。主办者待送别序一到手，便立即嘱咐属下找一家可靠的印刷业主，负责承印这册诗集，并限时完成。故而，每一饯别宴文化活动的结果，就是诗集的印刷和流通。然而，在中国印刷出版史上，唐代饯别诗集文本未曾有过一册传世。反倒是大国手的送别序，随其文集刻印、流通益广，而传世至今。笔者专凭此送别序，勘破饯别宴文化与饯别诗集印刷出版文化活动，虽曾经存在过、但终究湮灭的一段历史。

送别序另有一条线索，协助笔者考掘出唐两京和汴梁在外食饭馆初兴时的知识，这有两点值得注意。首先，这些饭馆必坐落在这三座城习惯送行的热门地点。这在长安，是三东门之一的春明门和三南门之一的明德门。春明门外饭馆乃城内第一条商店大街的延伸，是此街商业活动的外溢效应。至如明德门外有名的霸陵柳树林，原本就是特选送别的景点所在，饭馆设于此处，合乎市场运作原理。其次，洛阳的外食饭馆，不是设在三东门之一的上东门，就是设在三南门之一的定鼎门，这分别与洛城北市和西市的商业外溢有关。而定鼎门附近饭馆则是为专门送任官长安的远行者而选的社交场所，以其在地望上正好朝向长安方向的缘故。至如汴梁城，新建的东水门内外，有外食饭馆兴建，这可能是与汴梁城出入靠汴水作为交通要道，远行者要出城，通常选此码头登船有关。

唐代外食饭馆初兴，被笔者考掘出的第二点知识是，何以送别序上凡提到饯别宴席设所在，不言饭馆具体地址，只言饭馆所在地标？我以为，此时外食饭馆相当稀有，只需告知赴宴者地标，便知具体是何饭馆。这也解释了，何以唐代三都会型城市外食饭馆初兴之时，这几所饭馆尚不需有店招和名号。待北宋欧阳修主盟文坛的时代，即十一世纪五十年代，那时全城饭馆林立，为有所辨识计，饭馆名就成为不可少的店招设施了。

外食饭馆不同之前的旅店。旅店本职是为出门者提供住宿服务，但住客的三餐食用，旅店应住客需求而有所附设，旅店餐饮菜肴可能不如士大夫人家厨工所烹调的可口。相形之下，外食饭馆厨工则在厨艺上非精进不可，否则他们比不上士大夫人家厨工，城居的大户人家哪需上门外食呢？所以，一般百姓家用，以及旅人外食的食物，属于基本需求的粗食，上层社会家中才会有美食。这是中国食物料理史上第一次出现分殊：旧式粗食仍适用一般家户和旅店住客，但新式食物料理是中国美食的滥觞。这要比西方美食文化的出现，早了八九百年。[1] 然到了八、九世纪之交，唐两京和汴州这三城，出现了上层社会家中美食之外的另类美食，后一种美食是由新开饭

---

1. 杰克·古迪于其《烹饪、菜肴与阶级文化》（*Cooking, Cuisine and Class : A Study in Comparative Sociology*，王荣欣、沈南山译，台北：广场出版，2012）页 230 称，根据布劳岱的研究，欧洲要到十六世纪的法国才有美食烹调。古迪于其 *Food and Love* 一书，台湾中译由台北联经出版社于二〇〇四年委请杨惠君译出，于杨译本第 136 页，指出法国首部烹饪手册诞生于 1651 年。另外，美国史家 M. Freeman 力主中国美食出现始于宋代，其文收载张光直主编 *Food in Chinese Culture* (N.Y.: 1977) p.144。本书则推翻 Freeman 之说，另，美国汉学家 Eugene N. Jr. Anderson 于其 *The Food of Chinese* (New Haven : Yale Univ., 1988) 第五章，仍依 Freeman 之说，主张中国食物进一步处理始于宋代，该书由南京江苏人民出版社委马缨、刘东译成中文《中国食物》。

馆的专业厨师掌勺而然。而这些料理美食的专业厨师藏身在新式馆子——一种隐藏的舞台——大秀其手艺，凭此让一众欧阳修般的饕客经常准时报到，不管用什么名义聚餐。专业厨师及其各色服务人员，躲在历史的暗角，窥伺着韩愈、欧阳修等名流兴高采烈的模样。这些人虽不具入史资格，却值得我们去想象他们出现历史舞台的关键时刻——八、九世纪之交。

第六章

饯别宴：远行者和送行者的欢会

一、十一世纪送别序中再也不提饭馆的秘密

北宋欧阳修的首席大弟子曾巩（1019—1083 年）于一〇三八年游京师（汴梁），二年后（1040 年）结识欧阳修，翌年（1041 年）正式入读太学。一〇七〇年，曾巩出仕越州。就在曾氏出京赴任越州后，他的同僚于是年阴历三月，举行一场饯别宴，远行者叫钱纯老，官司封员外郎兼秘阁校理，正要出京赴任婺州。曾巩不在场，原与此事无关，但同僚为此番餐会酬唱所集的诗集稿件，交付给钱纯老，原本应在汴京付印的诗集书册，因要远赴婺州的钱氏，属意曾巩写送别序，一方面要把诗集带往南方付印，另一方面把人在千里外的曾巩，给扯进这场餐会。一众送行者之所以会把曾巩给拉进钱别宴，实因曾巩仕宦京师之时，亦官馆阁校理之职，所以这次餐会的食客，猜想多半是曾巩旧僚。这也解开了钱氏会找不在场的曾巩，为餐会诗集撰序，乃因曾氏是这一团体的前辈，请托之事不涉唐突，相当自然。

请读者留意，这场餐会不在通衢馆肆，而是选择静谧的佛寺精舍，然其场面热闹，曾巩为之再现如下：

> 三馆秘阁同舍之士，相与饮饯于城东佛舍之观音院，会者凡二十人。纯老亦重僚友之好，而欲慰处者之思也。乃为诗二十言，以示坐者；于是在席人，各取其一言为韵，赋诗以送之。纯老至州，将刻之石，而以书来曰："为我序之。"[1]

---

1. 参见曾巩《曾南丰文集》（台北：河洛图书出版社，1978）卷 5，页 52。

据此，可知此诗集至少有二十一篇诗，再加上曾巩一篇序。而采用的印刷是石雕版印刷术，而这所雕版铺子就在钱氏赴任的婺州城内。这里，表示这时中国印铺业相当普及，已不限于洛阳和汴梁两京，钱纯老才会错开在汴京开雕印诗集。而这样的印刷业普及，应是宋代超迈唐代的一个发展。中晚唐的石雕印刷中心，根据日本学者妹尾达彦的研究，可知分布于两京、两川、淮南、江南东西两道等七处，钱纯老治所在江南东道，（参见图 6-1）他要印制书籍有其便利之处，毋庸置疑。而婺州和越州紧密相邻，这也是钱纯老务必将曾巩算入这场饯别宴的理性考虑之一。另，长安春明门是印刷业、餐饮业、旅馆业群聚地。[1]（参见图 6-2）前述已及，长安春明门馆子宴客事，事后倘有印刷出版物，就近处理，亦甚省事，一并交待于此。这种餐馆、印刷铺之间的业务合作方式，乃因应饯别宴文化活动频繁而兴起的。唐两京外加汴梁等三城如此发展，想来北宋的东京汴梁和西京洛阳，亦应遵行此一文化模式才是。

该送别文本的文末，曾巩写作日期为"十月日"，可知该文本之制作，上距事发之时已过大半年光景。

这是一篇不在事发现场之人，提笔所写的送别序文本。同时也不在商店街酒肆聚餐，岂不与本文论旨不相干吗？非也，这件送别文本的珍贵处，就在于作者讲出宋代京师士大夫从事外食餐饮文化活动的共同之处，并以此取以对照此番于精舍宴客的相异。该文本在叙明饯别地点在精舍之后，即刻调笔去谈一般使用酒肆饭馆的情景，如下：

1.关于唐代石印业,参见妹尾达彦《唐代长安东市的民间印刷业》,《中国古都研究》第 11 卷（1999 年 7 月），页 226—234。之前研究成果尽在此文中。

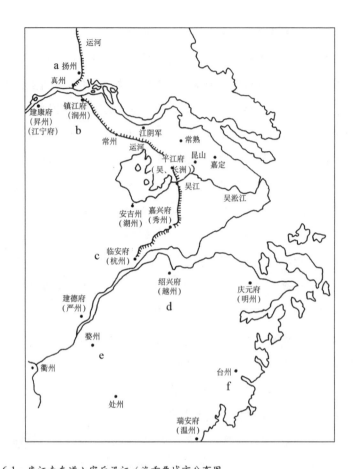

图 6-1 唐江南东道入宋后沿江／海重要城市分布图

本图据森三藏《资治通鉴胡注地名索引附图》（1967年出版）加以改绘制成

说明：

a. 文中王安石知扬州为友写序于此；文中权德舆识杜佑于此。

b. 文中权德舆家族居地，是他青年苦寒时期，为友写序于此。

c. 文中苏轼知杭州为友写序于此。

d. 文中曾巩知越州为友写序于此。

e. 文中曾巩写序对象出仕婺州，该官于该地自印送别诗集，予以出版。

f. 文中权德舆在长安写序，送给要出仕台州的姻亲。

218

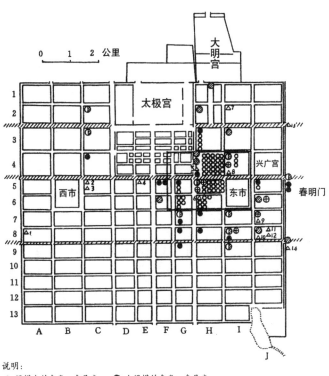

说明:
◉ 规模大的食堂　食品店　　　◑ 小规模的食堂　食品店

⊕ 妓馆　风化街　　　● 旅馆　　　○ 进奏院

▨▨▨ 城内的干线道路

△ 饮食业以外的各种商店

1 丧葬业 2 制玉作坊 3 宝石贩卖 4 旅馆、仓库 5 乐器制造、贩卖
6 高级服装 7 运输业 8 运输业 9 毛毡、贩卖 (推测) 10 庶民金融 11 染坊
12 首饰制造、贩卖 (推测) 13 运输业 14 旅馆、仓库

图 6-2　中晚唐长安城商业区内店肆分布示意图

本图参考妹尾达彦《唐代长安城与关中平原的生态环境变迁》一文, 收载史念海
主编《汉唐长安与黄土高原》(西安: 陕西师范大学出版社, 1988), 页 217, 图五,
加以改绘而成。

219

盖朝廷常引天下儒学之士，聚之馆阁，所以长养其材，而待上之用。有出使于外者，则其僚必相告语，择都城之中，广宇丰堂，游观之胜，约日皆会，饮酒赋诗，以序去处之情，而致绸缪之意；历世寝久，以为故常。……所以见士君子之风流习尚，笃于相先，非世俗之所能及……[1]

据上知，送别场合往往选择汴京城中空间大、风景好的酒肆饭馆，这印证本章以上论述的正确性。当然，另类场合即精舍或道观，这在唐代已然如此，是与酒肆饭馆模式并行的另一方式，这见于唐权德舆的两篇送别序中。先说事发于精舍那篇，题曰《招隐寺上方送马典设归上都序》，这是权德舆年轻时代，约在七八〇年之时，为人操笔于润州的作品，远行者要从润州前赴长安。内中云这是一场润州城内的小小聚会，如下：

予（按：权氏自称）乃与一二疏放之客，诣精庐上方。主人又以啜茗藉芳，代夫飞觞举白……[2]

聚会于佛寺，当然就不能饮酒了，只好以茶代之。

另外一篇题曰《送崔十七叔胄曹判官赴义武军序》，内中有云，餐会成书的诗集有两序，前序由独孤郁操刀，内中既已详叙赋诗唱

---

1. 参见曾巩《曾南丰文集》（台北：河洛图书出版社，1978）卷5，页52。
2. 参见权德舆《权德舆诗文集》下册（上海：上海古籍出版社，2008）卷39，页592。

和情形，权的序就省了这一部分。不过，话虽如此，权氏还是简约道出其情如下：

> 至于道观离宴，歌诗感激……[1]

这才不经意道出设宴地点是在道观，否则独孤郁送别序又失传，要让后人凭何知晓聚会于道观呢。事实上，唐宋京城中寺观林立，也成为可供人们选择聚会的好去处，其在餐饮的社会／文化功能上，不逊于通衢名巷的酒肆饭馆。差别在于菜肴选择上，是重荤食（加上酒）或素食（只饮茶）如此而已。

这些餐饮送别文化要素由于事出寻常，人们平日所习见，在饭馆或寺观为之，已不值得特别言明，而载诸送别序文本中。在曾巩为老师欧阳修举荐的王安石，以及欧阳修另一心爱弟子苏轼这两人文章中，都看得到这点。

苏轼（1036—1101 年）为一○八八年送同僚周正孺赴梓州任官的欢会事，在事隔多年后特为写序，并道出其中因由如下：

> 正孺有书来，欲刻诸公送行诗于石，求余为跋尾。乃记其所闻以遗之。且使梓人知予前诗卒章之意，未始一日忘也。[2]

可知苏轼于餐会之时早已有诗送予周正孺，而之后苏自己亦任官外

---

1. 参见权德舆《权德舆诗文集》下册（上海：上海古籍出版社，2008）卷 37，页 558。
2. 参见苏轼《苏东坡全集》上册（台北：河洛图书出版社，1975）后集卷 9，页 558。

郡。苏写此序距聚会事已有一段时间，送别序中并未语及聚会地点。但远行者欲刊刻当年诗文集，才找苏轼写序，则用心昭然若揭。更重要的是，诗集刊刻地是梓州，地属西川，为印刻中心之一，出版诗集极其方便。从此事推知，聚会后有诗集稿交付远行者，但远行者欲刊刻此集，也不是叱嗟立办的事。事隔多年后才有机会付梓，亦所在多有。观上引文，有关刊刻印刷之迹证其关键词，即"刻……于石"这一表达方式，这里涉及石雕印刷这个技术。

苏轼初任京官时，于一〇五七年，曾为学生某人写送别序，题曰《太息一首送秦少章》，内中言及与远行者交谊及交游圈，如下：

张文潜、秦少游此两人者……少游弟少章，复从吾游，不及年，而论议日新。……作太息一篇，以饯其行。[1]

这已表示，对待远行者，赠人以言强过饮酒啖肉之外在形式。在此，毫无一语及于欢会情景，亦非奇事。

至于任官扬州的王安石（1021—1086 年）青年时期，为人写过一些送别序，但都只管赠言，不及欢会情景。像王安石为部属写《送陈升之序》，预祝他往任宿州得展长才，[2] 不俱引。又如为友人写《送孙正之序》，孙正之兄长欲任官温州，孙正之随兄赴任。王安石属意远行者能实行韩愈、孟子之道，并对他寄予厚望，因而特为揭出此重点，王安石于文末说：

---

1. 参见苏轼《苏东坡全集》上册（台北：河洛图书出版社，1975）后集卷 9，页 556。
2. 参见王安石《王临川集》（台北：世界书局，1966）卷 84，页 536—537。

正之之兄，官于温，奉其亲以行，将从之。先为言以处予。予欲默安得而默也。庆历二年（1042年）闰九月十一日。[1]

看来王安石对于饯行文化，唯重"赠人以言"这部分，对于燕私之会飞觞举白那套应酬举动，毫无兴趣。故而，王安石不会告诉我们，在那繁荣喧闹的扬州市街，一群士大夫如何借乎饭馆宴饮为乐的情况。王安石所省略的这部分，千年之后的读者如我们，是可以想象的事。

曾巩于一○五九年，以四十一岁高龄始仕，出外郡。除了从四十三岁至五十二岁有十年长驻京为官，以及晚年有四年（六十一岁至六十四岁）任官京师外，其余时间均在南北为宦，从越州而齐州、襄州（三年）、洪州、福州、明州、亳州等州城历任长官。他在上述各州城多少写些送别序，但皆不提及聚会场合地点。这些地方重要城市到了十一世纪下半叶，不可能在城中没有店肆。

笔者欲破解饯行餐会从私宅或寺观移至街衢上店家之原因，故而很重视饭馆所在，特别是商店街初现、伴随职业厨师开店的中晚唐，更是笔者设法寻觅饭馆踪迹的用力点。但发展到宋代，街市林立，饭馆泛滥京师各处。于是乎，送别序文作者对于何处设宴不甚关心，这当然增加笔者考证饭馆的困难度。基本上，北宋送别序作者不提饭馆是理所当然，但今之研究者要发覆千古遗迹，自是与此目的背道而驰。

---

1. 参见王安石《王临川集》（台北：世界书局，1966）卷84，页538。

二、送别序文本中的励志话语

行文至此，总算进入本章的重头戏。那就是送别序文本的主题是"临行赠人以言"，这是此类文本写作的大方向，是任何作者无论再怎么耍弄文笔，都会万变不离其宗的所在。这是送别序的灵魂所在，它承载的是餐饮活动中勉励人生、激励斗志的一种理性。却是以笔锋带有感情的方式，让远行者感受写序者对他的深切期待，这是送别餐会中很重要的文化成分。这里所蕴藏的励志话语，是传统中国士大夫文化中的精华部分。只是到如今这种文化已经式微，但送别餐会依旧存在，徒留吃喝打闹的形式罢了。这是后话，兹不赘论。另外，写送别序的作者与先前写亭／园记的作者，重叠面很大，似乎是同一批人。没错！唐宋科举的胜利者兼官场／文坛的顺利者，在其生命周期中，青壮年时或以成功人士身份撰写送别序文，以勉励后进；或在政海跌跤、受挫之时，借园林竣工写亭／园记文，来一吐胸中块垒并扛起某核心文化价值大旗。等这些成功人士进入老年，又有幸没在政海灭顶，这时他们会以园林纳福，来安顿其余生。这种成功人士的生命乐章，青壮年以励志为内容，老年则以享乐来取代。

再回到励志话语上面，作序者要对远行者认识通澈，才能讲到这个人的骨髓里面去，对于他未来的行止，才能提出一番周到又深刻的道理，而为远行者所心悦诚服。这样的讲话是透过书面语来完成的，这是中国古代精英文化的瑰宝，是现代中文世界遗失已久之物。况且本章所举的写序者，是唐宋时代一群文学天才，他们写的送别序，更是这方面珍品中的极品。

送别序文作者行文时，多陈述其与远行者的关系，此第一。第二，远行者出处状况决定了，作文方向是偏勉励，或偏慰问和解惑。第三，对于已仕者（包括即将入仕）处逆顺和亟欲入仕者前途茫昧，作者常以务实或高蹈的姿态去设论。以上三点是文本制作者在书写策略上多思虑及之者，但也不能一概而论。这是因为人之际遇情况非一，前辈教后辈，或成功人士期望尚未成功人士当所取法的策略，不可能预先有个策略数据库，供人取用。底下所论，笔者欲针对已仕者和初入仕者两种情况分论之。

人生不如意者，十有八九。以知识分子而言，屡试不第当然导致失意连连，即令幸而入仕，也不见得人人获美职、升高官，多数官员不是沉沦下僚，就是遭谪遭而在边鄙之地任官，可说比比皆是。这些人需要类如今天励志类书籍的激励，才能重燃斗志、再战江湖。不过，唐宋时代是个没有励志书籍的年代，而送别序文本扮演的正是今天励志书籍的角色。在前述的送别序文本作者当中，有中年拜相前的权德舆和王安石，也有拜相后的权德舆，同时有少年即得志的明日之星，诸如柳宗元、欧阳修，他们先后都接触到权力中枢；也有老来处顺的韩愈和曾巩，更有青年风光之后却蹭蹬官场、老死边鄙的苏东坡。比较而言，权氏和王氏即使中年平步青云，但之前贫苦沉潜的日子可也长得很。看来这些擅写励志文章安慰人的作家，其人生也不是一帆风顺。但不论如何，他们以过来人身份发言，本就易取信远行者，再加上既有声望也有体贴的心，故而提笔为文，足以打动尚处逆境的人士。

作序者对落第考生满怀希望

先说他们如何抚平挫败人生的心灵。欧阳修曾为三试进士不第的方希则写送别序。在这文本中，作者先点出追求禄位的世俗价值不若另一种人的价值，用他的话来说是"达人之节而大方之家"，这是该文设论的中心所在。继而介绍远行者虽命蹇数奇，但不失为一位君子，也类似古贤。接着点出作者也是科第中人，只不过是过来人，但在京师也阅尽天下考生，甚至交结其中不少人。然而这之中，作者与远行者相处最相得，作者把两人的交谊比成战国时代的庄子和惠施的交情。之后作者点出远行者在参与科考上出了纰漏，以致失意买棹东归。

以上，我一连讲了该文本的三个重点，即设论、远行者其人相关数据，以及作者和远行者的交情等。接着第四个重点来了，作者要说一番体己话好抚慰远行者受挫的心灵。作者先抬高远行者的修养质素，说他是达人，而非浅见寡闻者。继而作者相机进言说，两位汉代名臣也是官运甚差，意即这类挫折是常态。作者再肯定远行者水平过人，至如会使才华一时无用武之地，或许是老天有意考验。作者再以大器晚成的良工，以及后发先至的良驹为譬，以宽慰远行者。最后，作者对远行者明言将来终会成功云云。其中最令远行者感受体己的一句话如下：

异日垂光虹霓，濯发云汉，使诸儒后生企仰而不暇，此固希则褚囊中所畜尔，岂假予详言之哉？[1]

1.参见欧阳修《欧阳修散文全集》上册（北京：今日中国出版社，1996）《书启帖序》，页375。

能让名家如此看重，方希则内心之感激自是不在话下。欧阳修鼓励频频不第的考生，用如此高规格的写作策略，这应是科考制度史上，安慰落第考生的范文了。欧阳修之笔触动了科举千年史上考生的心声。

有位入京参加科考而败北者，叫胡叔才的，眼见父母寿辰将届，却未中举，觉得无脸归见父母。就在他灰心丧气之时，他的朋友王安石出面劝慰他，为他写了送别序，叫《送胡叔才序》。王安石于文中，先叙述胡叔才的乡里以从商为尚、读书为贱，而其父母却不顾物议，毅然资助他念书。胡叔才曾向王安石讲到无颜见乡人，怕他们嘲笑，但自己却思念父母不已。王安石于得知他的心结之后，开导他说，读书是为学圣贤，不在求禄位，一般庸碌之徒不知圣贤之道，因此可不必理会他们的看法。胡叔才听了释然开悟，立即治装返视父母，不再以外人嘲笑为念。王安石的送别序就是把这个过程给写出来，文末说："予即书其所以为父母寿者送之云。"[1] 其实王安石只是一语中的地指出，远行者的价值同乎其父母，而异乎其乡人，对于不同价值观的他人，你根本不用在乎他的看法，这是一个解开远行者心结的高明手法。以上欧阳、王两位序文作者，都提醒考生读书目的并不单纯在于金榜题名。读书若只为科考过关，那是贬抑了身为知识分子的社会期待。

在宋代，有位不第要还家的士子，叫秦少章。他的为难处，要靠老师苏轼来开导。少章兄少游，与苏轼为好友。苏轼讲了自己受人排斥的往事，以及汉代一位叫盛孝章的人，受人排斥的故事，来

---

1. 参见王安石《王临川集》（台北：世界书局，1966）卷84，页538。

开导这位甫落第却要返家面对父母的士子。苏轼先点出盛孝章故事的要点，在于"英伟奇逸之士，不容于世俗也久矣"。[1] 接着，苏轼更点出盛孝章还活在宋代人的心版中，但当年嘲笑他的人"与草木同腐久矣"。至于苏轼自己的故事，是指欧阳修特别看重苏氏，故而才拔取他的。但一般人却不以欧阳氏、苏氏这对师徒的文风为然，而且予以讪笑。但不几年，这些嘲笑欧公文风者结果如何呢？据苏轼说："忽焉若潦水之归壑，无复见一人者。岂复待后世哉？"[2] 之后，苏轼自以会不再为人排斥，乃仗欧阳修之庇护。但他另两位朋友，其中一位即秦少游，为"士之超逸绝尘者也"。但还是不见容于文化圈人。苏轼结论是说：

士如良金美玉，市有定价。岂可以爱憎口舌贵贱之欤？[3]

苏轼在写该文之时已是汴京名人，遑论身为前辈名家的欧阳修了。他告诉远行者，以他过来人身份尚且困顿，亦有为难之处，这样或许对后生小辈有所激励吧。这是苏轼借用自己故事，来劝解后辈的策略。这是一篇用心写出的佳作，非一般浮泛应酬文章可比。

对开导落第考生很有经验的柳宗元，写过许多劝慰的送别序。其中有位落第考生是他堂兄，柳宗元为他举办的送别餐会，拉到五十七首的集众诗稿，并取以结集出书。为此柳宗元写序，该序文

1. 参见苏轼《苏东坡全集》上册（台北：河洛图书出版社，1975）后集卷9，页556。
2. 同上注。
3. 同上注。

本一则记录远行者的自怨自艾之辞，二则是序文作者的开导之辞。在这则送别序文中，作者先是叙及远行者的心理症结所在。妙的是远行者知之甚稔。远行者先说先祖柳下惠如何先后获孔子和孟子的尊敬，又说之所以不灰心丧志乃遵从祖训，但又怕持之不久。因此，他求宗元说："当慰我穷局之怀，怗我行役之愤。"[1]柳宗元听毕立即恭维乃兄说，长于"闻善"和"知善"。继而，宗元又提到乃兄有两样长处，即资质良好易受人尊敬，以及有伟人先祖和安贫乐道的志节，这两点自易令人钦慕。这一激励失败者的个案显示，作序者和远行者彼此心知肚明，各自要扮演好激励者和受激励者的角色。

对于有自知之明的远行者，就笔者想来，柳宗元是以坚定远行者的自信来达到开导目的的。

柳宗元也曾开导过一位叫辛殆庶的落第者，为此他写了篇送别序，这一文由三部分组成。在第一部分，柳宗元综合他在京九年接触科举者的经验，认为每一次参加礼部试者有一千五百人，[2]吏部试者每次有一百四十人，九年以来闹场得意者不过二百六十人。这少数幸运儿中，以宗元观点看来，擅文之士竟然"十不能一二"，这是在告诉落第者，中举与否与能力高低无关。在第二部分，序作者在讲远行者的努力奋斗人生，已经落第三次。在第三部分，这是

---

1. 参见柳宗元《柳河东集》（台北：河洛图书出版社，1974）卷 24，页 401。
2. 柳宗元观察到的每年科考人数，时值德宗末期，是科考人数从肃、代两朝谷底，逐渐攀升的早期。据宁欣《唐代长安流动人口中的举选人群体》，《中国经济史研究》第 1 期（1998），页 100，知唐代后期科考人数每年约在二三千人。

全文的重心所在。柳宗元举了两件春秋历史上秦国和鲁国败中求胜的故事。这是在讲事之成者，皆从败中来。接着柳宗元调转笔锋讲远行者求幕南郑之举，一则是学秦国"霸心勇气"之行，二则是师鲁国"刷压境之耻"之举。[1]最后，作者祝远行者早去早回，以遂夙愿。

看来柳宗元也是以坚定远行者对自己的自信以及明辨考试不公所造成的不确定性，作为写作策略。重点在于顺便提醒远行者，中举与否不见得与自己能力高低有关。

综观以上过来人劝勉五位落第考生的励志话语，这些送别序文本制作者，无非在提醒考生要相信自己的实力，这样的实力理应不受考官的错识，更不应对一般凡夫俗子的奚落而有所介怀。这些送别序文本作者无非都在为一时受挫的考生勾勒未来的似锦前途以坚定其志趣。在这里，有的作者甚至下重话说，我们会在历史留名，那些不识我们，甚至讥嘲我们的人，却只能消失在历史尘埃之中。简言之，这些送别序文本作者要落第考生忘掉挫败的当下，而直视未来的成功。

永恒的徐无党：新"三不朽"论的提出

然而那些上榜且入仕者，人生就从此一帆风顺吗？那也未必，官场比考场似乎险峻百倍。

现在，有一位中举的考生正欢天喜地要回家向其父亲报喜呢，却不防他的老师兜头浇了他一盆冷水，要他别高兴太早。这见于欧

---

1. 参见柳宗元《柳河东集》（台北：河洛图书出版社，1974），卷23，页396。

阳修为其学生写的《送徐无党南归序》一文中。

这篇传诵千年的文章，道尽了操笔之士想留名青史的困境。

该文本一开场就转述先秦"三不朽"：立德、立功、立言。作者比较三者的效益时，先说投资立德，只有收获；其次说投资立功，则有得有失；复次说投资立言，则受限能力，有成有不成。再比较立功和立言这两者，前者即令无人记其事，亦自无妨。反过来，《诗》《书》《史记》中，载有许多迥非立言的操笔之士。而史上头号立德者颜回，更是享尽永恒的历史地位。易言之，从事立言的工作是最不值投资的。接着欧公更从《汉书·艺文志》和唐代《四库书目》（按：已佚）指出一桩血淋淋的事实，那就是经营一生的文章多经不起时间的考验，往往"百不一二存焉"。于是作者于此得出一结论，如下：

> 夫言之不可恃也盖如此。今之学者，莫不慕古圣贤之不朽，而勤一世以尽心于文字间者，皆可悲也。[1]

表面上，作者是写给学生看的，意在警告他，但其实一方面是自我警惕，另一方面也提醒整个文学产业的文字工作者：我辈所为是个得不偿失的工作。在此，笔者必须指出，欧阳修以文学作为一种志业，早就超过学习时文以便通过科考这一实用层级，相信他的学生亦跟他有同一看法。

---

1. 参见欧阳修《欧阳修散文全集》上册（北京：今日中国出版社，1996）《书启帖序》，页374。

这篇送别序的重心，全在设论为譬这一点。作者与远行者的关系不见细腻描述，相形之下，反而去讲他的文学成就，但爱人者必须实话实说。如下：

> 东阳徐生，少从予学，为文章，稍稍见称于人。既去，而与群士试于礼部，得高第，由是知名。其文辞日进，如水涌山出。予故欲摧其盛气而勉其思也。故于其归，告以是言。然予固喜为文辞者，亦因以自警焉。[1]

对失败者慰勉有加，已是送别序的写作基调。但对于成功者，如徐生甫通过科考，又在文坛小有名气，正处在极易为小小成功而冲昏头的关键时刻，作序者要如何临行赠人以言呢？欧阳修想出一个新写法，那就是不要为小小成功而志得意满，而要深切理解所从事的事业，是一种易受时间淘汰的本质。亦即，立言比起立德和立功两者，最不可恃。这是先秦三不朽论述到了欧公手中，有了崭新升级版的呈现，这样的改变花费了一千五百年。再过一千年，有位叫胡适的人，又提出新新三不朽论，那是后话，不赘。总之，一代文宗欧阳修对于喜庆送别的应酬场合，照样出手不凡，不落俗套。

徐无党是欧阳修重视的学生，欧公提醒乃生勿为一时成功得意忘形。徐氏终生与欧阳家相当亲近，欧公的胥夫人去世，墓志由徐氏操笔；欧公写作《新五代史》，徐氏为之批注。这两件事说明欧

---

1. 参见欧阳修《欧阳修散文全集》上册（北京：今日中国出版社，1996）《书启帖序》，页374。

公推重徐氏的文学才华，以及学问根底。徐无党日后有所成就，或许是《送徐无党南归序》一文的持续发酵，有以致之吧？此文在中国文学史上，一向被视为散文的拱璧，徐无党之名因而流传千古。

任职强藩的远行者，作序者勉其助成心向朝廷使命

在唐代，不论是柳宗元或是韩愈，都有能力将应酬文章，化腐朽为神奇般地提出公益论述，而令千古读者读之眼睛为之一亮，更不用说他们写给远行者的那些作品了。

八〇〇年，唐廷对于运河北段重要交通枢纽汴州，在控制上尚未得心应手；对与汴州地方军人的磨合工作，仍有待加强。在此关键时刻，汴州方面军政长官董晋派出副手杨凝代其回京述职一事，唐廷格外看重。

杨凝公干完毕要返汴之前，唐廷公卿为他举办一场欢送会，以示对汴州的笼络之情。事后留下柳宗元为此事所写的《送杨凝使还汴宋诗后序》一文，供我们后人回味。

宗元一下笔，就直接点出汴州在当时的公共问题，如下：

> 谈者谓大梁多悍将劲卒，亟就滑乱，而未尝底宁。控制之术难乎中道。盖以将骄卒暴，则近忧且至，非所以和众而乂民也；将诛卒削，则外虞实生，非所以扞城而固圉也。是宜慰荐煦谕，纳为腹心，然后威怀之道备。[1]

---

1. 参见柳宗元《柳河东集》（台北：河洛图书出版社，1974）卷 22，页 376。

根本就是一副战国纵横家的口吻，接着文本下一个重点是讲述朝廷对汴州的人事布局。这里，作者推许杨凝身为府主董晋的首席辅佐，功勋卓著云云，不烦赘引。文本最后一个重点在讲欢送会的场面如何隆重，已见前章所引，不赘。

汴州的问题还需要十年光景去化解，之后就牢牢握在唐廷手中近九十年之久，直至唐末。[1]

八〇九年，河北三镇之一的幽州藩镇，因向化唐廷，节度使刘济发出一则友善的讯息给洛阳当局，要任用洛阳名士李益（按：唐代名诗人）往幕幽镇。洛阳当局接到这则讯息，岂敢怠慢，就为李益举办一场欢送大会。事后在韩愈所写《送幽州李端公序》文本中，我们后人看到韩愈为当前河北问题发言如下。

韩愈一开笔讲了两件与幽镇主人刘济有关的小故事。其一是说当今宰相李藩在八〇六年曾与韩共事，有一天向韩指称，刘济是位贤人。其二是说八〇五年，韩愈因德宗皇帝驾崩，曾出使幽州告哀，刘济如何热烈迎迓韩的场景。对于刘济恭谨的样儿，像匍匐道前啦，进了府门又一副承命状啦，以及上了阶堂，面东座以示尊唐啦等等，韩又一一形容。

该文本的第二个重点，是韩愈对着远行者发表高论，如下：

---

1. 关于汴州于中唐军骄屡乱遭整顿的研究，可参见周宝珠《隋唐时期的汴州与宣武军》，《河南大学学报》1 期（1989），页 62—63 以及页 64，有简单而概括的说明。至如汴州城如何成为雄峙河南地的重镇，先隶更东方的永平军，再析出自为宣武军以迄唐末，这一沿革最早见欧阳修《新唐书·方镇表二》（北京：中华标点本），页 1807—1811。

国家失太平，于今六十年矣。夫十日十二子相配，数穷六十。其将复平，平必自幽州始。乱之所出也。今天子大圣，司徒公（按：指刘济）勤于礼，庶几帅先河南北之将来觐奉职，如开元时乎？！[1]

这等如在大庭广众之下要李益表态，愿引导刘济心向朝廷，李益只能承诺无辞了。

该文本再下一个重点，是韩愈转述当场如何与李益协议，来年事成（按：即完成要刘济入朝觐见皇帝）之后，洛阳当局该如何拜谢李益的计划。文末一句如此劝勉李益说：

请以愈言为使归之献。[2]

这是讲出唐廷对河北三镇降服长安的期待。

以上写序者都适时将当时国之大政呈现在文本中，用以传递士大夫集团对时事的关怀。在私生活领域的餐馆空间，思虑所及逡巡于文化论述的公共领域之中，写序者直笔触及公益话语，会不会大煞风景呢？柳宗元那次或许出于事后才讲的原因，韩愈这次可是当场记录他大逞口舌之快，属于两京士大夫对河北的想象。其他听众对河北的感知，或许一如韩愈者然。[3]

1. 参见韩愈《韩昌黎集》（台北：商务印书馆，1967）五，书序，页 25—26。
2. 同上注。
3. 两京士大夫看待河北问题的态度，是出于主观建构所形塑而成，可参考拙作《没有历史的人：中晚唐的河北人抗争史》（台北：暖暖书屋，2020）。

写序者勉励上榜者处顺勿忘初衷

唐代与宋代的科举制有所不同。宋代金榜题名者即授官，唐代是两轮制，礼部试上榜者只获得仕宦资格，要待吏部试通过才正式授官。前此讲到欧阳修撰文贺其学生上榜，却警告他不要得意忘形。柳宗元为两位同年友人写送别序，就纯粹只说好听的话，显然尚浸泡在折桂的喜悦之中。

柳宗元为一位即将远行者苑论写送别序，通篇四分之三的篇幅只在写彼此交谊，特别是七九二年冬天，他们如何从乡里被上贡至京师去考进士，以及在七九三年春天正式参加科考双双告捷。再来四分之一篇幅是想象苑论如何从长安返回荆州衡阳，沿途会是如何。在此，柳氏才好意提醒远行者南方天气燠热，要留意身体云云。[1]文末才交代大伙为苑论设筵于霸陵，柳氏如何被分派写序任务。这已见前章所述引文，不赘。

柳宗元另为同年班肃写序，可更随兴了。柳一开笔就写辛殆庶持缣帛要求柳氏为班肃写序，辛殆庶向柳氏推崇班肃的话，全被柳氏写于文中。辛氏这番话，包含设论和远行者家世这两方面，其中有两点值得表彰。在设论部分，柳氏征引了辛氏所言理想士人的条件，如下：

> 夫人殆所谓吉士也，愿而信，质而礼。言不默慢，行不进越。[2]

---

1. 参见柳宗元《柳河东集》（台北：河洛图书出版社，1974）卷22，页383。
2. 同上注，页385。

接着，柳氏讲述班氏先祖出于汉代班固，班家以此传承以至历代都不乏人物云云。

再接着柳氏征引辛氏所说班肃家世有两处优点可歌颂者：其一，家在东川，乃父在东川节度使府任职；其二，在回家路上途经山南西道节度使府，会遇到其外祖父正官府主。这是含蓄地点出远行者的显赫家世。

辛殆庶这番推崇班肃的话很长，在结尾才说，他与一班朋友已请客赋诗了，如今为雕印诗集的序文，才来找柳氏帮忙。柳氏这才响应说，他读过班彪和班固的著作，非常敬佩他们在立言上的贡献。难得班肃是其世胄，至于班肃外祖父的四个儿子，都跟宗元是朋友，柳氏讲到这里不免俗地恭维班肃说：

承世家之儒风，沐外族之休光。彼生专圣人之书，而趋君子之休。[1]

文末柳宗元说，一切太好了，因此就依辛氏之说，用毛笔蘸墨汁，直接写在缣帛上，如此文章前后呼应。其实，该文结构是双环套月式，辛殆庶的口述就是一篇文章，柳氏取以套在自己的文章中。

柳宗元对于中举要返家的士子，没有勉励的话可说，只得搬出彼此交情（哪怕只因参加科考才认识）或先祖和家世的，拿来偿付文债。这种送别序就不是在提炼励志话语，它比较接近一般应酬文章。即令如此，在写给班肃的序中，柳宗元还是引用了他人对理想

---

1. 参见柳宗元《柳河东集》（台北：河洛图书出版社，1974）卷 22，页 383。

士人的定义，这还是不失为临行赠人以言的宗旨。

这样看来，柳宗元送别苑论一文，还算合于本文论旨。兹再举柳氏为其他中举者所写的送别序为例，这次题目叫《送萧炼登第后南归序》。

该文第一部分，在讲文本作者年幼即结识萧炼于其家乡九江，且以兄视之，并因其书艺和德业的进境而私心羡慕之。若干年后两人因贡举而会于试场，之后萧炼三度科考失利，于长安赁居期间，文本作者还去探望过，发现他的气度一如初会和再会之时，也就是萧炼处逆有术也。第二部分，文本作者叙述萧炼蟾宫折桂，得意之时其态度一如处逆之时，无所改变。第三部分，文本作者设论如下：

> 君子志正而气一，诚纯而分定，未尝标出处为二道，判屈伸于异门也。固其本，养其正。如斯而已矣。吾兄先觉而守道，独立而全和，贞确端懿，雅不羁俗，君子之素也。[1]

这不愧大家手笔，可与欧阳修《送徐无党南归序》相辉映。第四部分，是说萧炼返家路线，如何沿汉水、入长江，抵两人初会的九江，届时家乡父老如何庆贺他载誉归来云云，笔者不赘引。即使是光荣的时刻，送别序的作者还是要挖空心思，想出有意义的话来勉励远行者。如此，励志话语才会挣脱庸俗说教的框限。

---

1. 参见柳宗元《柳河东集》（台北：河洛图书出版社，1974）卷 22，页 384。

写序者挖空心思抚慰未得美职的远行者

现在集中讲入仕者中有迁调如意和不如意者，送别序作者又如何发话的。

家世优良者拥有仕官优势，这在唐代极其明显。韩愈的老师兼老长官郑余庆，有子郑瀚，由长安尉入调集贤殿校理。他调任前先到洛京探视乃父，临行前洛阳当局为他举办一场盛大欢宴，事后由韩愈为即将刊行的集众赋诗写序。在这送别序文本中，韩愈先讲集贤校理一职的重要性，继而讲远行者乃公卿大夫家子弟之表率[1]，有言如下：

> 人皆曰："是宰相子，能恭俭，守教训，好古义，施于文辞者。如是而在选，公卿大夫家之子弟，其功耳矣。"[2]

接下来韩愈叙其与郑余庆的关系，三为属吏五年，亲炙于恩师的调教，始知恩师气度，非常人可比，如下：

> 其高大远密者，不敢隐度论也。其勤己而务博施，以己之有，

---

1. 关于郑余庆出身荥阳郑氏此事，参见拙著《中晚唐特权阶级的权力追逐和社会声望维系——以唐代荥阳郑氏为讨论中心》，《社会／文化史集刊》第 22 期（2018 年 6 月），页 168—170、173—174，先后言及郑余庆家世和本人入居高官的奋斗方向。页 204，言郑余庆爱惜人才和散财亲友两事。页 220，叙及郑瀚因文才再入朝为高官，官运始亨通。
2. 参见韩愈《韩昌黎集》下册（台北：商务印书馆，1967）五，书序，页 38。

欲人之能。不知古君子何如耳。[1]

紧接着韩愈盛赞郑瀚守其家法，如下：

今生始进仕，获重语于天下，而慊慊若不足。真能守其家法矣。其在门者，可进贺也。[2]

韩愈以与远行者为师兄弟关系，故而褒奖父子一副出于天性者然。饯宴主办者与作序者既是师生关系，又是长官部属关系，而远行者乃饯宴主办者之子，作序者处此文本脉络只能好话说尽，而且要说得漂亮。然而，笔者必须指出，中唐科举不公，端在世家子弟的高录取率这点。偏偏当时社会传出"（世家）子弟艺薄"却是闹场常胜军的流言，[3]我怀疑韩愈不可能不知此事。

世家子弟的身份落到宋代，反而是负数，不利仕进，这倒让王安石设论来指出其中不公平处。在《送陈兴之序》中，对于世家子之贤者，上位者反而不加提拔的现象，王安石抗议说：

夫大公之道行，上之人子弟苟贤者，任而进之，无嫌也。下之

---

1. 参见韩愈《韩昌黎集》下册（台北：商务印书馆，1967）五，书序，页38。
2. 同上注。
3. 关于科举不公，任由士族豪家子弟占尽机会一事，可参考拙作《白居易、欧阳修与王安石的未竟志业——唐宋新闻传播史（780—1089）》（台北：新高地文化出版社，2013年），页122—126，以及页142—144。

人固亦不以嫌之。今兴之去，知者皆怜其才之可以进焉。而不得无以慰其亲也。[1]

接下来王安石说，以他与陈家是世交的关系，更要想方设法说些体己话以慰兴之亲长，并开导兴之放宽心胸。王安石最后叹说：

而独以悲大公之道不行焉。[2]

以上所引，乃该文本的设论部分。它还有其他两部分：其一，讲述作者与远行者之交谊；其二，叙说远行者父亲宦海沉浮之悲运，加上儿子任官数奇这点，陈家两代仕宦四十年极之可悲。

沉沦下僚是多数入仕者之常态，面对这种人，写序者要如何铺纸下笔呢？八一一年，韩愈在洛阳为一位旧僚之子要远仕边郡，写文安慰父子俩。这序文题曰《送湖南李正字序》，远行者李础字正字，该文本是关于李家父子和汴州军乱的故事。话说韩愈佐幕汴州董晋任内，得识同僚李础父，时李础与乃弟正在学作文准备考进士。李家每天宰羊宴宾客，韩愈常在座中，韩愈又是董晋幕中年纪最轻的僚佐，故亦得结交年幼的李础。七九九年，董晋去世，代理节度使及一众僚属因兵变皆死，这件事导致李础父遭贬日南郡（按：即今越南北部）。事后十三年，韩愈和李础父又同在洛阳做官。以上是该文本第一部分。李础因奉调任湖南府从事，乃告假返乡觐见乃

1.参见王安石《王临川集》（台北：世界书局，1966）卷84，页535。
2.同上注。

父。当年董晋府的旧僚，这时除了李础父子、韩愈外，尚有周姓者亦在洛阳当差。于是这四人聚会，为李础话别。韩愈感慨系之地说，有此聚会"此天也，非人力也"。[1]这是第二部分。第三部分，主要在指出李础之成就："有诗八百篇，传咏于时"。[2]第四部分最有感情，兹征引于下：

往时侍御（按：李础父，时官侍御史）有无尽赆于朋友，及今则又不忍其三族之寒饥，聚而馆之，疏远毕至，禄不足以养。李生虽欲不从事于外，其势不可得已也。[3]

这是说，尽管李础想在家侍奉乃父，但因家庭生计浩繁，他的那一份收入也是家庭需要的，李础只好远仕边鄙之郡以济家用了。

文末韩愈交代了众人（按：不止上述三人，理应还有许多人）写诗主旨，无非是预祝李础早日归来。这篇送别序没讲任何大道理，只讲人生的无奈，却情真意切、颇为动人，这似乎逸出励志话语之格局。但从另一面看，序文作者对远行温言慰语的体贴，不就带给远行者人间有温情，并以此为基石，去激发出正向看人生的潜力吗？

前已述及，在唐代得进士者只意味取得任官资格，在未通过吏部考试之前尚不能得国家授职。就在获进士到授吏部任官命之间，

---

1. 参见韩愈《韩昌黎集》下册（台北：商务印书馆，1967）五，书序，页32。
2. 同上注。
3. 同上注。

唐代士子以任各地节度使府幕职为优选的一条出路。唐德宗时期，中央对华北各藩镇的控制趋弱，各藩镇军官团拥兵自重，对中央差遣的节帅往往有意见，遂演成兵变之局。前述已及汴州的情况，在长安通西北、控扼国门的邠宁藩镇，亦与汴州藩镇者然。话说七九五年，邠宁帅杨朝晟任命甫获进士的独孤宓，为记室参军。独孤宓兄寔，乃七九一年进士，这兄弟俩与七九三年中进士的柳宗元为好友。对于好友上榜后初服公职，柳宗元为写《送邠宁独孤书记赴辟命序》一文以资勉励。

该文本一起头即介绍近十年来邠宁藩镇的兵变史，经历三位节度使，治军由宽转严，以致麾下军人哗变，幸赖杨朝晟（高级军官）站在唐廷派来的节帅这边，应付得当，敉平军变。到了七九五年，杨朝晟由内部升任为节帅。柳宗元介绍邠宁近年史至此，便调转笔锋去讲独孤兄弟先后任职山南西道镇和邠宁镇，不得不赞美如下：

> 俱以笔砚，承荷旧德，位未达而荣如贵仕。其难乎哉。[1]

此为文本第一部分。

第二部分讲到邠宁镇设立与西北国防问题攸关，因而当时一些意见领袖提出一种看法，是以重武轻文为思考要点。柳宗元不以为然，认为任命文士为节度使出谋划策，反能激发守土军士亲近朝廷派来的人。柳氏于此顺笔带出远行者责无旁贷而任重道远，说："在吾子而已"。

---

1. 参见柳宗元《柳河东集》（台北：河洛图书出版社，1974）卷 22，序，页 378。

再底下第三部分则说出对远行者的期盼，为建立殊功，如下：

> 往慎辞令，使谕蜀之书，燕然之文，炳列于汉史。真可慕也。不然，是琐琐者恶足置齿牙间而荣吾子哉？[1]

文本结束于此，虽然是说场面好话，但也不失为励志话语。

这种为远行者分析将履任处所之利弊得失，是送别序作者写作上的一个老梗，柳宗元于此并无特殊之处。但从另一角度看，德、宪两朝是唐廷针对一些特定藩镇，要恢复中央集权制的关键时期，有些送别序文涉及这样的国家大政，属于公共论述范畴。柳宗元此文是其中一例。前此，韩愈送李益文和柳宗元送杨凝文，皆不脱这种公共论述调调。

兹再举一例证明。七九二年，权德舆甫入京为官，便碰到姻亲中一位舅父要赴任临海郡的录事参军，权氏成为欢送舅氏崔君之后负责为众送行者所赋诗的诗集写序的写手。权氏义不容辞，有一天趁公余之暇，摊开纸张，下笔开宗明义便说：

> 顾其室家，无以自贶远，辄窃仁者之义，申之以言云。[2]

这是说虽然在物质上不能有助，但无形的赠言力量还是要奉献的。

底下在设论老梗上有言：

---

1. 参见柳宗元《柳河东集》（台北：河洛图书出版社，1974）卷 22，序，页 379。
2. 参见权德舆《权德舆诗文集》下册（上海：上海古籍出版社，2008）卷 37，页 552。

古之君子，修诚以慎独，居易以养正，行实中茂，而缨縠外华，其或不至，则安之若命，盖直己而不必用，蹈方而不必行。居今行古者实鲜，而稚璋（按：远行者之名）足已。[1]

接下来第二部分，大肆铺陈远行者的行谊。当然是好话讲尽，不用赘引。

再接下来第三部分就是上任之后会是如何的预测，这与分析新职的利弊同一调调，如下：

予独知临海之人，受赐不暇矣。况琪树风清，石桥月明，羽人仙子，仿佛如觌。遗有涉无，与境而胜，象外之欢，可胜既乎？[2]

这是在安远行者之心，新职处所只好不坏，安心啦。

文本第四部分讲到临门贺客中不乏父执辈僚属赋诗者，这些人任职于河东府。河东府当然比临海郡为优，权氏乃顺水人情地说：

庸讵知今日通越，不为异时之大来耶？[3]

看来远行者不满意此次的任命，写送别序者才要大开空头支票

---

1. 参见权德舆《权德舆诗文集》下册（上海：上海古籍出版社，2008）卷37，页552。

2. 同上注。

3. 同上注。

以安慰了。权氏觉得言犹不足动其心，乃再加码说：

> 二三君子，送远加等，酿酒以祖道，歌诗以发志，贤稚璋（按：远行者名字）而思仙山故也，备见乎词。[1]

临海郡是当时（日后也是）道教信仰中心之一，故有是言以赠之。

以上地方幕职或郡吏，都属中下级官职，充年轻时资历可也。入仕者随年增高欲升任高职、调职美差者多矣，无奈僧多粥少，其不如意者更多，乃为事所必然。权德舆拜相之后，地位益尊，找他写序的人多，他也未必随便答应。底下一位曾任职中书省、门下省的官员杜叔通，出仕洛阳甚久，久候不能入调长安。在唐宋时代，凡任中书省、门下省中级官员以上，皆被尊称为"阁老"，是前途受看好的一群仕宦幸运儿。杜叔通对于久任洛阳显得有点不耐烦，在他入京述职后，不料又任命回洛，只不过升官而已，可以想见他有点失望。但在他的聚餐欢送队伍中，劳动元老两位参加，其中一位是杜佑，另一位则是赵姓兵部尚书，这是给足面子，已见前章讲长安饭馆时有所引用，不赘。现在回头去说权德舆送别序如何赠言。

文本一开始点出远行者优点有二，如下：

> 叔通（按：远行者名讳）之于文学政事，若雄铓百炼，窾郄中节。[2]

---

1. 参见权德舆《权德舆诗文集》下册（上海：上海古籍出版社，2008）卷37，页552。
2. 同上注。

接着作者讲杜叔通如何由中书、门下两省外调到洛京，并于是处三迁职，又如何回京述职又再奉调返洛。以上是文本第一部分。

第二部分则在讲杜叔通在洛京的治绩，如何得洛京人士爱戴，如下：

> 凡所以慈惠东人者得悉数焉。以叔通之华资茂实，而须长师于后命者，盖使洛邑耆老，周知功化，然后尺一诏条，焜耀恩礼。夫如是，则吴公之理平第一，不复专美于前书矣。又岂以旬朔疾徐为叔通道耶？[1]

这是将他的在洛政绩直接比拟汉代第一号循吏吴公，可谓推许至矣。杜叔通看到这里，理应气平才对。这仍然是励志话语的手法。

对于沉积下僚，又是自家亲属来向权德舆索序，权氏自是不便拒绝。底下《奉送薛十九丈授将作主簿分司东都序》一文，再看权德舆表演一手励志话语的老梗。

权氏一开笔就点出，他在年幼就识得今之远行者，当时方罢砀山尉之职，而权氏尚困居润州，正在蓄养学力期间。可说送行写序者与远行者识于患难之中，只是彼此年龄有段差距。三十年后，权氏权倾一时，但远行者只是调往洛阳任将作大匠府的幕职而已。双方之间，地位悬殊。

---

1. 参见权德舆《权德舆诗文集》下册（上海：上海古籍出版社，2008）卷36，页548。

文本第一部分，讲两人相识三十年。第二部分讲远行者内在的德行和文学造诣。第三部分讲将履之职如何重要，如下：

> 方今王在镐，东人望幸，百执事之府署，尽备择才以理。缮工之属，分领厥司，所趋者静，不薄其禄。且以嵩峰之下，素业在焉。与夫角逐于京剧者，异日论也。[1]

这是说所任新职是闲差，比起京城剧任之官职为佳（从另一个角度看确是如此），加上家乡就在洛阳，有产业在焉，这不失为一项优点。综上，没什么值得抱怨的，这是权氏要传递给这位老大哥的讯息，并冀望以此疗愈其心病。

在唐宋时代，中央有三个馆阁蓄养进士掌理秘籍，这是一个人才培育中心。馆阁之臣在经历若干年之后必定外放，以培养治理地方的实务经验，准备来日大用。一〇七〇年，曾巩当时在越州任官，受邀为昔日馆阁同僚钱某写送别序。显然远行者自请仕于偏僻山区的婺州，是令人钦佩之事，且看曾巩如何推崇远行者。

文本第一部分包含聚餐缘起、参与者多少、地点如何等，已见前章所引。不赘。

第二部分一下笔就点出馆阁养士制度，如下：

---

1. 参见权德舆《权德舆诗文集》下册（上海：上海古籍出版社，2008）卷37，页555。

盖朝廷常引天下儒学之士，聚之馆阁，所以长养其材，而待上之用。[1]

接下来讲士大夫聚餐欢送远行者的制度，已见前引，不赘。

第三部分恭维远行者仕宦履历、才华，以及内在质素等均高人一等，如下：

纯老（按：远行者名字）以明经进士制策入等，历教国子生，入馆阁为编校书籍、校理检讨。其文章学问，有过人者，宜在天子左右，与访问任献纳；而顾请一州，欲自试于川穷山阻僻绝之地，其志节之高，又非凡才所及。此赋诗者，所以推其贤，惜其志，殷勤反复而不能已。予故为之序其大旨，以发明士大夫之公论；而与同舍视之，使知纯老之非久于外也。十月日序。[2]

既然远行者自请外调，就没有心结需要作序替他进行心理疏导。相反，曾巩在发挥励志话语大义处，是预祝远行者早日调返京师，以便身任皇帝的顾问之臣。

写序者针对仕途顺利者，照样勉励不误

大概在一○九○或一○九一年，苏轼为即将离梓州、赴任枢廷的周正孺，撰写其先前离京赴任梓州欢送餐会事的送别序。关于此

---

1. 参见曾巩《曾南丰文集》（台北：河洛图书出版社，1978）卷5，页52。
2. 同上注。

序，乃苏轼当年曾在汴梁亲身参与，如今却为发生于多年前的餐会诗集雕印出版事，聊尽一份心力。这是一个餐会举办多年后才出版集众诗集的案例。现在就探讨写序者如何书写仕宦得意的个案，处此情况还需动用励志话语吗？

苏轼此序的第一部分，讲写序者和远行者在任京官时之交情，两人同时因一时政局而甘于外放。当时苏轼有诗送周正孺赴任梓州，自己则前往杭州。

第二部分，讲苏轼返回京师，因老病想请调至离家乡近的梓州。提出的理由是，周正孺已任满，自己前往接任，又可趁机归老眉山。然而，人事部门拒绝苏轼所请，原因是梓州人不忍周正孺离任。这种大出苏氏意外的人事举措，请容许笔者直接征引苏轼文章：

或曰："不可。梓人之安正孺甚矣。其去正孺如去父母。子其忍夺之？"乃止，不敢乞。[1]

事后发展果如这位消息提供者所料，梓州人上书，要求留任周正孺数年。皇帝下诏，批准地方人士所请。

苏轼讲这一故事，等于在表彰周正孺政绩。接下来，苏轼又提到另一故事，这更推崇正孺到极点，请看苏轼之文：

而大丞相吕公典领实录，见熙宁中（1068—1077 年）正孺为御史

---

1. 参见苏轼《苏东坡全集》上册（台北：河洛图书出版社，1975）后集卷 9，页 557。

时所言事，叹曰："君子哉！斯人也。"因言于上，除正孺直秘阁。[1]

引文中的吕公，即吕公著，卒于一〇八九年，这时北宋旧党当权，在熙宁变法时期，周正孺、苏轼均对新法颇有微词。也许当年周正孺反对变法之言，到了元祐年间前期（1086—1089 年）被执政者引为政治正确，也说不定。但不管如何，苏轼借吕公著之口，不无达到间接表彰了周正孺的效果。

该文本的设论老梗，就在苏轼连讲两个有关周正孺的故事之后，出现在苏轼笔下：

士大夫以才能议论，取合一时可也。使人于十年之后，徐观其所为，心服而无异议，我亦无愧难矣。[2]

所以，得意仕宦的送别序，照样有励志话语，只是写作策略有别。

七九七年，汴州监军俱文珍（按：是位宦官）任满要返回京师，节帅董晋为他举办盛大欢送会，餐席就设在洛阳青门（按：即上东门），已见前章所述。现在笔者要请读者观察的是韩愈奉节帅之命写的序，究竟是如何下笔的。该文本第一部分在讲汴州节度使设置的重要性，该职和监军人选必定是皇帝信任之人。在此，韩愈讲汴州监军人选的条件，等同表彰俱文珍其人，如下：

---

1. 参见苏轼《苏东坡全集》上册（台北：河洛图书出版社，1975）后集卷 9，页 557。
2. 同上注。

其监统中贵，必材雄德茂，荣耀宠光，能俯达人情，仰喻天意者，然后为之。[1]

第二部分在讲远行者在汴州的政绩，如下：

故我监军俱公，辍侍从之荣，受腹心之寄。奋其武毅，张我皇威。遇变出奇，先事独运；偃息谈笑，危疑以平。天子无东顾之忧，方伯有同和之美。[2]

此文本欠缺励志的老梗，这可能因为远行者不是士大夫中人，对操笔的韩愈而言有不知如何下笔之苦。另有可能是远行者离汴州返京，正是期盼已久之事，很难有所赠言。至如俱文珍在汴州所为，是否如韩愈所写如此称职，容或有溢美之处，就不得而知了。但至少俱文珍监军期间，汴州没发生大乱，即令如此，这不见得是俱氏一人之功劳，但韩愈文中全归功于俱文珍一人。此外，文本作者说远行者系天子信臣，这是恭维得无以复加。

八二三年，工部尚书郑权奉调岭南帅府，这在长安官宦圈是件年度应酬大事，其赋诗祝福一节，已见前章所述，不赘。此处要聚焦韩愈写序的书写策略。

在第一部分，占全文三分之二篇幅，全在讲岭南帅府的特性，

---

1. 参见韩愈《韩昌黎集》下册（台北：商务印书馆，1967）七，外集，页74。
2. 同上注。

在于治理蛮族和管理海外贸易。这不暇赘引。

在第二部分，提到岭南帅人选的条件，兹俱引如下：

> 若岭南帅得其人，则一边尽治，不相寇盗贼杀。无凤鱼之灾，水旱疠毒之患。外国之货日至，珠香象犀玳瑁奇物，溢于中国，不可胜用。故选帅常重于他镇，非有文武威风、知大体、可畏信者，则不幸往往有事。[1]

这种借谈人选条件间接达到恭维远行者的功效，其手法已在颂扬俱文珍那次使用过。

第三部分，在讲郑权过去履任内外职的政绩。之后又点出远行者是位清廉之官，如下：

> 家属百人，无数亩之宅，僦屋以居，可谓贵而能贫，为仁者不富之效也。[2]

实际上，不论是《旧唐书》本传，还是《资治通鉴》载及郑权处，都不是如此处所言。郑权此人用钱无度、姬妾成群，只好求宦官头领王守澄许任广州府，以解其家计危机。倘若后日史书所载为实，那么韩愈于此岂非在讲反话，而不是在恭维远行者吗？假如答案是

1.参见韩愈《韩昌黎集》下册（台北：商务印书馆，1967）五，书序，页35—36。
2.同上注，页36。

在讲反话，那就是虽有设论的言谈，但却不是励志话语。理由是对豪奢无度的人劝他节俭，那是多此一举。然而，姑且不论所言虚实，重点在于彼此不去说穿它。如此看来，此一送别序文本在形式上还是合乎本文论旨的。

在退休官员欢送会上，写序者代筹人生第二春

最后，官员退休，在送别餐会上他们仍需励志话语吗？是的！

八一四年，权德舆为其舅公韦氏致仕并归洛，写了送别序。该文本前后两处都在讲该餐会的盛况，已见前章所述。现在该文本中间部分，一是设论，另一是述远行者生平政绩，竟从两位先祖（一生于汉代，另一生于北朝）谈起。

权德舆在设论上，如此下笔：

> 大凡士之生世，有二道焉。其出也，宣其功绪，播其利泽，纳忠服劳，以服天下；其处也，味道之腴，与古为徒，休影息迹，以闲身世。不如是者，细则牵于利欲，大则囿于得丧，识真者羞之。[1]

这是在讲士人出处之道，典型八股陈腔滥调。但毕竟在励志话语范畴之内，没有逾越。

第二部分纯粹颂扬，不烦赘引。

---

1. 参见权德舆《权德舆诗文集》下册（上海：上海古籍出版社，2008）卷 37，页 550。

有一年，权德舆为亲戚，即他文中的崔二十三丈，写了送别序。这份文本在结构上，先论一段，再叙远行者的行谊，继而再论一段，更回头去讲双方交谊。如此夹议夹叙，一连使用两次。先看第一论，如下：

《大易》之言君子也，有出处语默之异。或有猷有为，以宣事功；或不劳不恌，以顺天理。则陈力于庙廊之上，洁身于岩石之下，皆其所也。至于振风声以助时化，无乃处者裕乎？[1]

论调如同前述为舅公韦氏所讲的，士君子如何安于出处之道。再看第二论，如下：

噫夫！士能自审出处之宜而不惑者，鲜矣。或囿于利欲，四顾满志；或没于党类，不能自还。向非疆志峻节。皎然清厉，大圭不琢，独鹤无侣，难乎哉！[2]

据上所引，可知权氏继续发挥其士之出处之道，这位远行者也是因致仕而归隐林泉。依写序者的建言，期待他身虽在野，而发挥对地方的文化影响力。这形同退而不休，且从另一途径为国效力也。这点不像前一序，写序者只要远行者息影山林、不管世事。看来权

1.参见权德舆《权德舆诗文集》下册（上海：上海古籍出版社，2008）卷37，页553。
2.同上注。

德舆对退休官员的生涯规划，倘若不是前后有着不同的想法，便是他因人之异而说法有别，未知孰是。

写送别序的一○一种方法

以上透过唐宋七大文学名家，拣取他们为远行者赠言，所写的送别序，共计二十四份文本，并据以分析，得知以下数端。

第一，在二十四份文本中，只两份（柳宗元写苑论，韩愈写俱文珍）没有设论，谈不上有励志话语的体现。其中难免有其缘故，但笔者只对送俱文珍序文本有所忖度，但对送苑论序文本，则思索不出其中缘故。这两篇俱写于唐代八世纪末，尚未进入九世纪。这会不会是送别序格式尚未定型化的时代有以致之？待考。

第二，从格式化以后的文章形式视之，大抵不出设论、写序者和远行者之交谊，以及远行者内在质素或政绩等三项，间及新职的重要性（按：这暗示执政者有所倚重）。

第三，倘若将远行者分成尚未入仕者和入仕者两大项，前者所受的赠言，多半集中在激励其上进之心，当然提醒他们对自己要有信心，也不失为励志话语的妙招。更重要的，指示他们身为知识分子，要追求的有比禄位更崇高的价值。

第四，在入仕者中，其所受赠言，要看官位大小（成就）的情况。大凡对沉浮下僚者或初仕官场者，写序者在励志话语上多半出以如下策略：不是鼓励远行者背负有光荣使命，就是告以所获新职虽比上不足但还不算坏，是一种安慰话语。当然坏得不能再坏的处境，空言安慰已属无用，只消情义相挺即可。

第五，倘若远行者出身世家，这在唐代是正数，但到宋代就变成原罪，需要写序者替他吁求公正。

第六，对于高官调任，或是馆臣外调（这些人是仕官的优势者）[1]，这之中有自愿和勉为其任的情形。对于自愿者，写序者多预祝早日返京；对于久处外任者，写序者倾向暗示他执政团队不会忘掉他们，遑论欢送队伍阵容坚强呢。这是示以社会奥援强大，有后望焉。

第七，甫中第正待返家告慰双亲的情形，在此令人看到写序者的写作策略，不是拣好话讲（有家世的提家世，没家世的则提愈挫愈奋），就是提醒他，以文学写作为志业，在历史留名的效益上，是比不上立功和立德这两种事业的。这或许是欧阳修《送徐无党南归序》之所以触动千年士子之心的缘故。

第八，对于国家征募社会人才的科举制，这些写序者无论如何鼓励落第考生，都不大会针砭考试的公平性，他们只对鼓舞落第生再接再厉上这点上多所着墨。相形之下，写序者是体制的既得利益者，在潜意识里，他们希望考生变成这体制的共犯结构。

*****

---

1. 传统官僚体系对职官设计上，有所谓"清要官"的说法，这些官职的获取有一定路线，通常以出仕馆阁秘省为出发地，数迁之后安抵中书门下省中级官职，就有机会入仕中枢。这类书文甚多，可参考孙国栋《从梦游录看唐代文人迁官的最后途径》和《唐代中书舍人迁官途径考释》两文，收载氏著《唐宋史论集》（香港：商务印书馆，2000）页17—36，以及页37—79。

自从唐代进士科考受到社会／国家一致重视之后，知识阶层群集城市准备考试，特别是两京（长安和洛阳）猬集了几乎全国的精英。每个士子背后都多少有社会奥援，而中第之后进入官场，其社会奥援成为升级版。在此，送别序文本的写作，是每位士子／入仕者在展现其社会动员的能量。另外，送别序乃是士子／入仕者应援团聚餐后遗迹的见证。而餐会地点是因应城市城坊制崩塌之后，专业私营餐馆贩卖另类美食的新生事物。私营餐馆是为区隔士族豪门家庭家常美食而出现的馆子菜，是一般官宦家庭厨工或厨娘做不出的味道。

本书的研究立基于其一，城坊制崩后街市商店林立的城市新局面，此处是城市史（详见本书第七章）。其二，私营餐馆和专业厨师的出现（其隐约模糊身影，详见本书第五章），这里是餐饮业史。其三，文化精英在应酬文化上，集众诗的雕印出版，需要一篇送别序以记其盛，这又跟书籍制作史和印刷出版史关联上了。其四，城市精英利用饭馆这新式城市文化空间，用作交谊和公益论述平台，这是城市文化史[1]上的新貌。当然这样的文化史进程，从唐代所遗下史料尚属隐晦，但一到宋代，已有坚实资料证明确有其事。这特别从北宋欧阳修（本身就是精英应酬文化的代理人）回忆录《归田录》，北宋城市景观画家张择端的画卷《清明上河图》，以及南宋孟元老《东京梦华录》对汴梁城的追忆，看得更加清楚。这有助于

---

1. 关于城市文化史的研究，计其重要者，李孝悌专注清代扬州，叶文心作清末民初口岸城市的上海，侯杰作清末民初口岸城市的天津。新研究方式注入文化这一面向，而不徒然只是城市本身的现象。

笔者在追溯这种精英应酬文化，大抵是源自中晚唐的工作上，特别管用。

有助本书研究的第五个助缘，是近年饮食文化史的崛起。在唐代史料大量遗失、又新生事物尚未让人意识到以致失载的情形下，笔者从送别序文本中餐馆影子若隐若现的迹象，窥出其中重大消息。如此一来，城市史、餐饮业史、书籍制作和印刷出版史、饮食文化史 [1]，以及城市文化史，就在本章中交会，从而迸出本章论旨的火花。

在中国历代精英应酬文化史上，从八、九世纪之交开始，两京逐渐店肆林立且城开不夜，此举使官僚士大夫出外应酬的场所不虞匮乏，更在美食品味上，除了享受馆食的不同家食味道之外，赋诗唱和的节目原就是传统戏码，不足为奇。新的变化，在于集众诗结集，并予以雕印和出版传播这件事。此事促成了找名流作家（不管他在不在餐会场所）来为要出版的诗集写送别序。这类印刷书籍多无缘

---

1. 这方面书文甚多，寓目所及，有些书文值得参考，如下：陈伟明《唐宋饮食文化发展历史》（台北：学生书局，1995）；黎虎《汉唐饮食文化》（北京：北京师范大学出版社，1998）；王赛时《唐代饮食》（济南：齐鲁社，2003）；许倬云《中国中古时期饮食文化的转变》，收载氏著《许倬云自选集》（上海：上海教育出版社，2002），页 245—263；黄正建《敦煌文书与唐五代北方地区的饮食生活》，收载武大历史系主编《魏晋南北朝隋唐史资料》第 11 期（1991），页 263—273；逯耀东《〈崔氏食经〉与〈齐民要术〉》，收载氏著《魏晋史学及其他》（台北：三民书局，1998），页 127—140；曹尔琴《唐代长安的酒》，《唐都学刊》第 2 期（1990），页 1—9；孙机《唐宋时代的茶具与酒具》，《中国历史博物馆馆刊》第 4 期（1982），页 113—122；赵克尧《论唐代的茶文化》，收载《汉唐史论集》（上海：复旦大学出版社，1993），页 134—144。

传世，但名家写的序反而经得起时间考验，才让笔者得以利用这一线索，寻觅出那么多场文士餐会，而聚会的状况多少再现于送别序之中。附属诗集的序因出自名家手笔而传世，作为书物主体的诗集反而湮没不彰。抑有进者，倘无名家序文传世，还真不知道有过文人诗集出版这一页波澜壮阔之历史呢。当然，诗集的出版，有些例证显示出图书全归远行者的事，这是他们个人保有人生重要记忆的凭借。因此，远行者的出版冲动，强过一众送行者颇多。但这种书籍除了远行者本人，在他人看来就毫无保存的价值。但无论如何，本章的研究，修正了中国雕版印刷史初期，只印历书和佛经，而不印文人集子这一传统看法。

从八、九世纪之交一路迤逦而下，到了清末仍有文人这套应酬文化。这之中，吃吃喝喝，以及欢笑激情都会消失在历史尘埃中，唯独再现此类餐会的送别序文本稳定传世，而让今天的我们见识到励志话语。这是天才文学家进行文化论述的场域，让今人得窥应酬场合生出极其庄重而严肃的言语。对于要远行的人而言，读到这番话定然备感暖心，而对于有幸参与餐会的送行者而言，因拥有此文而留下美好回忆。

这套庄重而严肃的励志话语，诡吊地反生出于应酬喧哗的场合，但古代文士餐会的这种文化于今已然式微。在文人多不是诗人的今天，通常这种聚会场合，主事者或是被公推的演讲者多言谈不经，更且演变成以聊八卦为能事，不但言语无味，而且言不及义。我们社会的文化精英遇到这种场合，多沉浸在吃喝的笑闹中度过时光，多了这种场合经验的人，虽历经数十场，但其实只在重复过后即忘的一场喧闹罢了。

本章之作在于实践突破单向思维的窠臼，尽可能兼顾城市运作模式、城市餐饮业、印刷出版，以及饮宴应酬文化等四个面向。欢迎城市史专家、餐饮业史专家、食物史专家、印刷出版史专家，以及古代城市深度旅游作家或导览者，一起来阅读拙作。

第七章

坊市：唐京城第一条商店街试掘

北宋京师（开封）街市林立的场景，可从北宋张择端《清明上河图》，以及南宋孟元老《东京梦华录》略窥一二。然而，十一世纪街市林立的光景历史并不长，至迟可上溯至八、九世纪之交，这种街市繁华景象亦不过流行三百年而已。从北魏以迄隋唐，在中国都城内，物品流通原是要管制的。不仅定点交易，通常只在京城东、西两方（倘在洛阳，则系北市和南市），各设两个市场。[1] 而且每日定时为之，从日中至黄昏，只有区区六小时而已。[2] 这当然造成京师居民为添购日常用品（特别是没有冰箱的时代，人们对生鲜食品需求殷切）的恐慌。可以想见，居住愈近东、西、南（按：南市只存在短暂时期）三市地点的家户，生活愈加便利，反之则否。京师日用品买卖受到政府管制，是从五世纪以降至八世纪中叶之前，中国历朝政府的一种经济管制思维和方便治理的行政作为。

北宋十一世纪，开封市街林立的情景，是要经过先前三百年缓慢积淀而形成的。商店街由一条至多条，甚至填溢整座城，光是在唐代后期就酝酿了一百五十年之久，再经过北宋一百五十年的积累，才有全城店家泛滥的惊人场面。如今我们华人社会住商混居的文化，其原始可追溯至唐代中期。这种商业聚落形态，从中晚唐以降有着

---

1. 参见李林甫等《唐六典》（北京：中华书局，2005 二刷]1992 初版]）卷 20，页 543，《市令下》注文载云，唐代，长安东、西二市，洛阳有东、南、北三市。
2. 同上注，页 543—544，《两京诸市署》条，载云："凡市，以日午……而众以会，日入前七刻……而众以散。"

一千三百年的历程，这说将起来可话长了。本章只处理源头这一阶段，并为与饮食文化相关部分，指出其源头有自。这个研究，前所未见，本章无法做课题回顾。

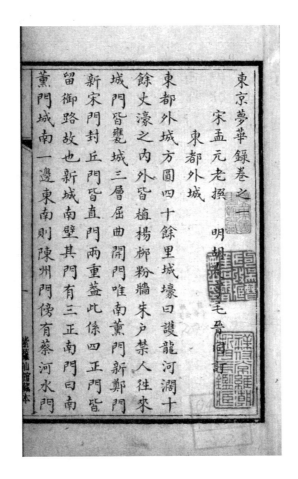

图 7-1　南宋·孟元老（1644—1911 年），《东京梦华录》。（清紫萝仙馆钞本，《数字典藏与数字学习联合目录》典藏）

一、从宵禁的住宅区到城开不夜的住商混合区

隋唐的京城都市规划，众所周知，是棋盘式的小区设计。在当时每个小区叫做"坊"，每个坊都是相等面积的正方形，[1] 坊与坊之间有一百多条街道相互连通，坊正是住宅区。整个长安都城有商业机能的地方，只局限在全城横向轴线的极东和极西这两点（洛阳在西南城脚设了南市，在东北城区中心处设了北市 [参见图 4-1]），每天只开放六小时的市场，也就是东市和西市（参见图 5-5）。而所有与旅游设施有关的邸店（食宿用的），就设在这两市附近，以长安城来说，所有的外国人都住在西市。长安各家户日常生活专门仰赖这两个菜市场为生，由于城市范围辽阔，大致分成东城部和西城部，各自有一个菜市场给养众生。长安的官僚富人集中住在东城部，西城部主要是一般庶民落脚所在（参见图 5-1）。就像当今巴黎依塞纳–马恩省河分成左岸区和右岸区一样，是完全两个不同的世界。以官僚这一阶级而论，他们选择居所，如果考虑上下班和购买生鲜食材方便，就应选住以东市和皇城所夹的东北区块那几个坊的小区。唐诗云"长安一片月，万户捣衣声"。每户洗衣服时间定在夜晚，这时十几二十万户的"捣衣"声浪，蔚为一首混声夜曲。根据史学家何炳棣的估计，长安人口有百万之谱，以此粗估户数，当在二十几万户不为过。李唐立国前一百五十年，这二十几万户中的官家和少数富商，每天最迟在中午十二点之前，都派仆人前往东市和西市，去添购生鲜食材。如此便可想象，这两个菜市场（按：想成台北市

---

1. 参见杨衒之著、杨勇校笺《洛阳伽蓝记》（台北：正文书局，1982）卷 5，页 244。书中关于每个坊大小，载云："方三百步为一里，里开四门，门置里正二人、吏四人、门士八人。"这就是隋唐两京城坊管理的设计。

东区的 Sogo 百货公司好了）每天约有十万人挤进如此弹丸之地。这
是长安城每天午后两大人潮汇聚点。这是何以政府为讲求威慑效益，
会选在这两个菜市场动刑的原故。另外，史学家严耕望粗估洛阳在
北魏时即有人口超过一百万，[1]隋唐时的洛阳人口当亦不下于此。

　　长安城居民日常生活节奏中最大的两个节目，一是富户佣仆和
一般平民于近中午时分，去菜市场添购生鲜食材；二是夜间妇女群
起出动在各自坊区内部的洗衣场所处，大洗其衣服。至于整个白天，
是居民出门访友、参访寺观，或从事其他休闲活动的黄金时段。城
南的风景区和红灯户，是有闲阶级和小贩麇集所在。当然，有一小
部分人会去京兆府或两个县衙（即长安县官厅和万年县官厅，各管
东西一半）接洽事务。傍晚六点之前，所有居民必须返回各自坊区，
而各坊的坊门也在这时上锁，禁止各坊居民出入。入夜至天亮的这
十二小时，是长安城宵禁时间。这时，长安所有街道没有行人，只
有巡夜的公人在活动。[2]

---

1. 参见严耕望《南北朝三个都城人口数量之估测》，《新史学》创刊号（1990 年
3 月），页 19。严氏估计同于前此武伯纶《西安历史述略》（西安：陕西人民出
版社，1979），页 164。

2. 关于入夜禁止出坊活动，参见长孙无忌《唐律疏义》（台北：商务印书馆，
1990 六版 [1965 一版]）卷 26，杂律上，页 330 载云："诸犯夜者，笞二十，有
故者不坐。"条下注文，及"疏义"有详解。关于城坊制之研究，可参见刘淑芬
《中古都城城坊制初探》，《"中央研究院"历史语言研究所集刊》61:2（1996），
页 293—315。刘文言，北魏平城、洛阳以及隋唐长安、洛阳皆采城坊制。又，徐
苹芳《唐代两京的政治、经济和文化生活》，《考古》第 6 期（1982），载云："从
唐代中期以后，两京坊市制度在商品经济的冲击下，开始崩溃。……一种新的城
市的雏形正在旧城中孕育着。"另，何炳棣《北魏洛阳城郭规画》，《清华学报（新
竹）》（1965），言及唐长安城面积为三十万平方英里（1 平方英里约为 2.59 平
方千米），全盛时人口有一百万人。

前述长安居民的生活步调在唐朝一百五十年后有所改变。长安潜在广大消费人口及其供应的消费力道，只开放两个定点和定时的市场，早就照应不周，只是赖政治力硬加施压。长安城必须多出更多并且全日无休的市场，就在中央政治权力式微（安史之乱八年是其契机），连带管制市场的能力转弱情形之下，很快就获得满足。最初，就在挨近东市、西市的两条东西向街道上，两旁坊墙便被凿空，露出店面空间，里面货积如山，有的备置桌椅供客人入内使用。这样，中国饮食文化史上，可供外食的商店街就诞生了。一般错误印象以为，在七五五年之前，行人和骑士走在长安街道，它的两旁是店家林立的景象。实际不然，而是街道两夹了高过人身的坊墙，别无可观的余地。七六三年之后，长安城容颜改变最大的地方是，常见人们上街不醉不归，或是通宵达旦饮宴不断的场景。商店街和夜市[1]是新兴事物，是仍维持宵禁文化的几个与中央对立藩镇，诸如河北三镇、淄青镇，以及蔡州镇，生活其州城的居民所无法想象的事。如此一来，形成两套体系，中央两京（外加汴州）和敌对藩镇诸首府，其居民是有着极为不同的生活形态和步调。

二、东、西市外又新生坊市

偌大长安城在居民经济生活上，只依赖两个菜市场运作，其控制着全城百万人的胃口。而整个城区是个清一色大住宅区，在阶级分离上，富人基本上选住东城区，平民没得选择只能住西城区。

---

1. 关于夜市出现的研究，可参见张邻《唐代的夜市》，收载《中华文史论丛》（第1辑）（1983），页237—246。又，前揭徐苹芳文早已言及，唯粗略言之。

七六三年之后，东城区以东市为中心，向西、东两方向扩散，诞生了一条商店街；西城区以西市为中心，同样向西、东方向展延，一间间店家如雨后春笋般冒出，诞生了另一条商店街。与这两条商店街相连的坊区，就形成住商混合区。从此住商混合区的城市生活就成了此后中国人理想都会居住模式。大约于八世纪末至九世纪初这个时间点，这种城居新理想模式约莫确立。西城商店街的研究尚未展开，暂置勿论。东城商店街的景象，先是经日本学者妹尾达彦的研究，复原了许多主营印刷业务的店号，[1]继而笔者又考索出几家提供大型餐宴的饭馆，这些馆子甚至泛滥到东门外。[2]本来东市附近应该有邸店提供旅人食饱宿足，如今则诞生专供饮宴美食的专业大型饭馆。笔者指出传统中国社会职业厨师的现身，应该是在这个时间点，他们的料理舞台估计应集中在长安东城的东市商店街这里。这又是中国饮食文化史上的大事件。从此之后，一方面购买生鲜食材仰赖既有的东市和西市这两个定点市场；另一方面购买熟食的，不论是外带，或是内用，则有商店街的相关店号，可以供应。这就诞生两种菜市场，一种是原有供应生鲜食材的东、西两市，另一种是在商店街供应熟食的店号或摊家。后一种新兴市场，唐人称之为"坊市"，这是应运新生事物而生的新名词。这个新名词的出现，最早可追溯到安史之乱期间。且让笔者将一些看似不相干的事件给整理出来如下：

---

1. 参见妹尾达彦《唐代长安城与关中平原的生态环境变迁》，收载史念海主编《汉唐长安与黄土高原》（西安：陕西师范大学出版社，1988），页217，图五。
2. 参见卢建荣《从送别序文本看唐宋城市菁英餐饮文化》，《社会／文化史集刊》第12期（2012年9月），页187—247。此文经修补后，即析分成本书第五、第六两章。

七五七年阴历九月至十月，犹在安史之乱期间，唐军收复长安、洛阳两京。翌年（758年）阴历正月，唐廷下令民间，将所得自宗庙、府库之所有公物和资财，必须缴还政府。于是乎，唐廷所派调查人员随意出入民居，只为搜索公物和资财。政府追讨失物之举，弄得商店街各店家不得安宁，这个政策于是喊停。对此，北宋司马光所作的《资治通鉴》，如此再现其事：

> （乾元元年[758年]春正月）乙酉，敕尽停之，乃命京兆尹李岘安抚坊市。[1]

这一事件不见两《唐书》的《肃宗本纪》，以及《李岘传》所载。司马光所据为何，虽不得而知，但必有所据而云然。官府调查公家失窃财物，会往坊市查究，是有道理的。毋庸置疑，销赃管道必定存在于商店街，而流窜于诸店家，这是当时追查失物的窍门。司马光记载此一事件，让笔者意外发现"坊市"一词的使用。此一史料，当真弥足珍贵。

北宋初的官修史书，诸如《册府元龟》和《唐会要》，对于坊市，有零星载记，如下：首先，《册府元龟》卷十四，载云永泰二年（即大历之元年，七六六年）"不许京城内坊市侵街，筑墙造舍，旧者并毁之"。[2]可见先前八年以来，政府坐视不理坊市既成现状，

---

1. 参见司马光《资治通鉴》（北京：中华标点本）卷220，页7052。
2. 参见王钦若《册府元龟》（台北：大化书局，1984）卷14，《帝王部都邑二》，页70。按：同页，"开元十九年"条，即有"坊市"一词。

如今又铁腕施政，设法毁掉坊市。

《唐会要》卷八十六，"街巷"条载云，先后历经七六七年、八三一年，以及八四九年下令拆除坊市店家之举措。官方文书逐渐将这些商店街上违建店家之作为，称作"侵街舍"。[1]

以上是政府偶发性拆除违建的行政措施。但之后"坊市"一词有幸出现在正史中，都是京城发生变故，抑且牵连到商店街这一历史场景，这一新词遂接二连三现身史著文本中。

七八三年冬，李唐征调中原各藩镇军队出征河北。这时长安西边重要藩镇的泾原兵马，于东援出击河北行动中，途经长安发生哗变，拥前幽州帅朱泚为帝，李唐皇帝为此出逃至奉天。这时的禁卫军是由地方军转型而成的，叫神策军，现任主帅叫白志贞。神策军因近年开赴河北战场，死伤惨重，白志贞遂以"市井富儿"补缺额。这些有兵籍在身的神策军士，平日是在"市廛为贩鬻"。这时泾原兵欲入宫夺财物，皇帝召禁兵入卫，竟无一人报到。笔者在此概略描述神策军遇事遁逃，无关本章宏旨。在这个过程中，史文有载，神策兵士的社会成分是长安富户子弟，平日在市廛以经营流动摊贩为生[2]。值得注意的是，这些流动摊贩有可能在住宅区，或是在商店街，沿途叫卖。"市廛"云云，有可能实指近东市、西市的商店街，或有人潮的坊廓，乃摊贩营销的所在。

翌年（784年）夏天，唐军反攻，已攻至长安城外。统兵元帅

---

1. 参见王溥《唐会要》（台北：中华书局，1990三刷[1955初版]）下册，卷86，页1576—1577。

2. 参见司马光《资治通鉴》（北京：中华标点本）卷228，页7353。

是李晟，在与部属商议进攻事宜时，有部将提议先入长安城，再占坊市，作为落脚的前进基地，然后再向朱泚军聚集的大明宫所在苑区，做总进攻。李晟不赞成此计，认为当从禁苑的北边突入，与敌人会战于禁苑，这样宫阙不会受到破坏，而坊市也不会受到惊扰。李晟此计，还考虑到，倘以攻夺坊市作为会战序幕中的桥头堡，则坊市空间不够双方大部队交战时的回旋空间，更会殃及大量平民死伤。[1]

这一年阴历六月四日，李晟光复长安的露布抵达梁地皇帝所在，群臣同声祝贺词中，提及李晟功勋，有谓"不易市肆"或"市不易廛"。[2]可知"市肆"或"市廛"皆指商店街或其附近坊街。

以上官军战前参谋会议中，涉及坊市在战争中的角色扮演分量，让笔者从中窥知，坊市必是长安东城区的人口集中区，而且存在许多商业设施，是我们今天熟知的住商混居的居住形态。这样的京城精华区，是将领在作战时，不欲殃及的所在。李晟这个思虑在以后京城动乱中，都会被决策者列为郑重考虑的对象。这似乎说明长安城中的东区商店街已成为珍贵的京师重要设施，它的重要性不输给宫阙，要尽可能予以维护。这条街好不容易形成的商业群聚效应，是长安富庶区居民赖以生活方便的凭借，是毁坏不得的。

---

1. 最早见于后晋刘昫《旧唐书》（北京：中华标点本）卷133，《李晟传》，页3668。十一世纪司马光《资治通鉴》（北京：中华标点本）卷231，页7434，"兴元元年五月庚寅"条，完全抄录以上《李晟传》，但宋祁《新唐书》（北京：中华标点本）卷154，《李晟传》页4867，则不知何故，删除"坊市"一词。

2. 参见旧、新两《唐书》（北京：中华标点本）《李晟传》，分别在页3670，页4868。

李晟于作战时，存有保护坊市的念头，跟二十六年前安禄山军退出长安城后，政府为求寻访公物以致惊扰坊市，长安京兆尹李岘乃出面代表政府，在坊市街头安抚民众的行动，可说是同一个思路。坊市是李唐政府治理京师的珍贵资产，与此坊市利益切身与共的市民阶层，是政府等闲不欲开罪的对象。

永贞元年（805年）春正月，曾出逃至奉天的这位皇帝李适，以六十四岁高龄去世，太子李诵即位。这时李诵早已中风，不能言语，大权旁落到身边一位宦官和昭容手上，掌管翰林院的是王叔文。值得注意的是，穿梭于宫、院之间的一位关键人物，叫王伾。这时，外朝的中书省宰相韦执宜，反变成王叔文的传声筒。王叔文在外朝，有一批年轻官员，诸如柳宗元、刘禹锡等八人，为之声援。这些一时暴红的政客，有求于他们的人多如过江之鲫，每天充斥在各家门口。王叔文和王伾的宅第更是夸张：二王之家与饼肆和酒馆相邻，这些求见者遂宿于肆、馆，每人被收取一夜千钱的住宿费，也不喊痛。这就好像演唱会预售门票，购票者须漏夜排队抢购一般。可知为干谒权贵以致夜宿于二王宅第邻居馆肆者大有人在，为的是第二天可以优先见到二王。

既然二王居所有店家为邻，笔者猜测二王应住于东市的商店街附近。这是商店街又一次隐晦地出现于史著文本之中。两《唐书》的《王叔文传》和《王伾传》，均不载候客宿于二王宅第旁馆肆之事，倒是北宋司马光《资治通鉴》载其事。司马光应有所本，不至向壁虚构，也亏得《资治通鉴》，才让我们多了一次接触唐长安城东区商店街的机会。此次商店街见载事件，距上一次商店街现身，相隔二十一年之久。

附带一提的，众所周知，二王和柳宗元等八位中级官员，在七个多月之后，因为皇帝李诵禅位于太子李纯，纷纷受贬外地。这就是有名的"永贞内禅"事件，永贞是李诵的年号。这一事件并未惊动商店街，有求于二王的候客争挤此街的饼肆和酒馆，当成住宿之用，平白创造了该街的又一商机。这与之前长安两度沦为战场，东区商店街幸保无虞、有惊无险，是大不一样的情景。它是有权者家住商店街，而干谒者为求第二天争取到面谒的头批名单，乃夜宿隔壁所致。

王伾居所史乏明文，但以候客云集王伾邻宅，有店肆供候客住宿等候，因此笔者判断，王伾宅第必近商店街，否则无此商店设施以供候客因应排队之用。长安城治安行政长官为京兆尹，另以城区辽阔，分化成东、西两部，交付长安县和万年县分别治理。京兆尹、长安县令，以及万年县令，在商店街问世之后，就成了经常亲履此街的亲民之官，这在唐代称此三官为"所由官"。治理商店街成了治理长安城重中之重的核心业务，所由官与坊市密切如此，有时我们也可经由所由官此一线索，勾连到关于坊市——商店街——的丝毫迹证。

话说身历宪宗、穆宗两朝宰相的裴度，于八二三年阴历八月再度外调为封疆大吏。翌年（824年）正月，皇帝李恒驾崩，长庆年号结束，新帝李湛即位，年号改成宝历。到了八二五年冬十二月，新帝逐渐倾向欲调回裴度，八二六年春正月，裴度总算获准入朝为相。这时从八二二年起操持权柄的宰相李逢吉，千方百计阻挠裴度入相。裴度宅设永乐坊，（参见图5-5）与商店街才两个坊的距离，是商店街扩充而出的商业街范围。十一年前（815年）裴度才是御史中丞，家住通化坊，正是商店街西半部尾，接商店街东半部尾的所在。当年阴历六月三日清晨入朝途中，遭刺客围攻，幸而不死。裴度此后十一年为相，即令搬家，仍不离商店街太远。这可见当时权贵人家，都嗅出邻居商店街有其优势和便利。

再回到八二六年春正月，裴度回任第三位皇帝的宰相。一时贺客盈门，当然都是高官显贵，裴度并不怠慢，每次都留客饮宴。有一天，京兆尹刘栖楚在场，席间附裴度耳低声讲话，遭同席侍御史崔咸举起酒杯，要罚裴度酒，更说：

"丞相不应许所由官咕哝耳语。"[1]

裴度二话不说举杯就喝，且神情自若，倒是刘栖楚不好意思，便告辞走了。以上裴、刘，以及崔三人聚会裴宅事，俱不见载于两《唐书》，倒是到了十一世纪，司马光作《资治通鉴》，才载及之。

崔咸这番话，到了宋元时代，胡三省注司马光《资治通鉴》时，对"所由官"批注如下：

"京尹任烦剧，故唐人谓府县官为所由官。"[2]

以上，府指京兆府，县指长安县和万年县。胡三省除了自注外，又引同时人项安世《家说》一书中，有谓：

---

1. 参见司马光《资治通鉴》（北京：中华标点本）卷 243，页 7848。
2. 同上注。

"今坊市公人谓之所由。"[1]

可知，从唐代京城出现第一条商店街，之后向外辐射出去，变成商店街区，是一种如今住商混住的小区模样。这里就成了京师治安重点，往往劳烦京兆尹、两县令不时光临其地，有所处理公务。

想不到八二六年裴度再次入相事件，由于有京兆尹趋府道贺，因而发生京兆尹向宰相当众耳语事，遭御史当场纠弹（按：其实御史只是半开玩笑，不想该京兆尹当真，竟担心起来）。十一世纪时，司马光提及此事，其实毫不涉及商店街上发生有候客专伺宰相裴度，故而群宿店肆以候止裴度的事。这不像上回候客为见王伾，乃夜宿伾宅邻近店肆。裴度并非暴红政客，不至于毫不甄别而会见不识客人。但是此事经十三世纪史家胡三省批注十一世纪司马光著作记载其事，而意外讲出流行唐宋时代京师新事物商店街的官方管理情况。此外，笔者也顺便获知，官僚如裴度选宅第，是考虑到上班和生活方便这两点的。这又与这条商店街所产生的强大生活机能息息相关了。

八三五年，皇帝李昂在位第九年，时为大和九年冬十一月，发生著名的"甘露之变"——朝臣阴谋诛除宦官不成的流产事件。这事又让商店街的身影，在官史记载中浮现。

政变策划小组成员之一的王涯，是宰相兼榷茶使，他时年七十

1.参见司马光《资治通鉴》（北京：中华标点本）卷243，页7848。另，宋代王溥《唐会要》（北京：中华书局，1990三刷[1955初版]）册中卷67，页1187载云："元和十三（818）年正月……追府县人吏所由……"专指负责治安之事。

余。在事变不成的第一时间，从大明宫南的丹凤门潜出，徒步往南走，走至由北算起右手边第二个坊的永昌坊，（参见图5-5）再也走不动（按：可能已徒步至少五公里），只得走入一间茶馆稍事休息，他就在这里遭擒。[1] 永昌坊下距东市的商店街，还有两个坊的距离。笔者由此估计，从永昌坊西南角往东至通化门，中间须经三个坊，很可能这四个坊的南面墙，已遭拆而变成店面，是长安城的第二条商店街。亦即，商店街已不限东从春明门西至金光门这一条而已。由于禁军在城内大肆捕捉有反宦官嫌疑的官员，难免假公济私，去抢人财物。这时平常混居商店街的"恶少年"，也趁机趁火打劫，在报私仇之余，杀人越货甚至互相攻劫。这血淋淋的一幕，再现于《资治通鉴》文本中，[2] 在这里笔者又看到"坊市"的字眼。

八三五年冬十一月壬戌日，大明宫内血流成河，同一天的宫外坊市，恶少年等所制造的治安事件，据史书描述是"尘埃蔽天"。到了癸亥日，已是事发第二天，商店街区犹不平静，恶少年等胃口很大，仍在抢劫。这时政府出动一千位禁军，驻扎在各路口，先是击鼓警告，继而捕杀行动相继展开，连杀十余人，乱事才平息。据史书如此再现其事，如下：

　　时坊市剽掠者犹未止，命左、右神策军将（按：两人）……等各将五百人分屯通衢，击鼓以警之，斩十余人，然后定。[3]

1. 参见司马光《资治通鉴》（北京：中华标点本）卷245，页7913。
2. 同上注，页7914。
3. 同上注，页7915。

事变之后约一个月，时序已至十二月庚辰日。这一天皇帝询问宰相李石，关于外间秩序如何，李石回报说，逐渐步入正轨。君臣这番对话，再现于史书中，如下：

上问宰相："坊市安未？"李石对曰："渐安。……"[1]

可知长安动乱皆集中在商店街，故而皇帝才会关心商业区情况如何。可知商店街附近商业区，是长安精华所在，有毁之不可的顾虑，使得君相劳烦挂念。

三天后，即癸未日，有谣言说强盗来袭，因而官民举家逃难。搞得全城"尘埃四起"。由于人们四处逃窜，京城秩序又瓦解。这时，坊市恶少年见机不可失，又开始动员准备行抢。皇帝敕令关闭皇城诸司门，亏得左金吾大将军（按：京城最高治安军事长官）很有概念，主张不得随便闭门，倘如此则示弱于匪徒，待到有贼攻皇城，再闭门还未晚。由于皇城内城开不夜，欲闹事者不敢冒险，这一天才平安度过。实际上，坊市恶少正在伺机而动，他们只等皇城各门闭锁，就知官方只守宫、不顾坊市的动向，届时就会大显身手以便大发利市。

关于坊市恶少的行迹，都被史家再现史册，如下：

是日，坊市恶少年皆衣绯皂，持弓刀北望，见皇城门闭，即欲剽掠……[2]

1.参见司马光《资治通鉴》（北京：中华标点本）卷245，页7920。
2.同上注，页7921。

可知坊市恶少的组织多严密，他们准备行动当天，都穿有制服、备妥武器了。京师治安不保，就是坊市恶少靠抢掠商店街店家发财的好日子。

如果不是发生"甘露之变"这样宫廷变乱大事，坊市人们日常生活步调是不会入史的。除非变乱牵引有人要行抢店家，长安商店街的身影才浮出历史之表。即令如此，也不是所有五代、北宋史家在编写唐史文本上，会关注到京城商店街的情形。也只有司马光会独具慧眼，在一些大变动之中，会关注到商店街在事件中所扮演插曲这一角色。也因为司马光这一双慧眼，才让我今天寻到京城开始有商店街这一不平常的文化讯息。

北宋王溥《唐会要》卷六十七，"京兆尹"条下，收录有会昌三年（843年）奏折一文，中有谓："两坊市闲行不事家业……人等，伏乞今后如有犯者，许臣追捉……"[1]这是在讲横行两坊市的恶徒专事斗殴、赌博、诈财等事务。此处清楚讲到由原本东、西市所形成之店街，往往滋生从中取利之徒，横行其间。此一奏状亏得北宋人保存，得知唐人即有"坊市"用语。

三、"市廛""市肆""廛肆""坊间"等词出现的背后

终唐一代，商店街最后一次见载史册的，要数黄巢攻陷长安那一次，那是八八〇年冬十二月甲申日黄昏这一刻。这之后黄巢亲身叙写其事，有诗云："满城尽是黄金甲。"夕阳照映之下，黄巢军

---

1. 参前揭王溥书（北京：中华书局，1990 三刷 [1955 初版]）册中，卷 67，页 1188。

所穿铠甲当然金光闪闪，形容为"黄金"亦不为过。

两《唐书》的《僖宗本纪》对于黄巢入据京城这一幕，皆寥寥数语，像《新唐书》只说："巢陷京师。"[1]《旧唐书》则说："是日晡晚，贼入京师。"[2]这都不若《资治通鉴》所记为翔实，唯黄巢究竟是哪一天入据长安，这有争议。《资治通鉴》相信《旧唐书》，说是该年十二月甲申日，《新唐书》则说十二月丙戌日，前后相差两天。

《资治通鉴》作者笔触尚及黄巢兵入城作为，巢兵入据京师头几天，表现优异。见京师贫弱者，都能施财照应。等到钱花光了，其又恢复贼性，开始大肆抢掠。这在《通鉴》书中，有如此再现：

> 居数日，各出大掠，焚市肆，杀人满街，巢不能禁；尤憎官吏，得者皆杀之。[3]

这里，请注意杀人对象与焚烧地点，前者是官吏，后者是市肆。杀官情有所原，焚烧店家，则难以理解。不过，这不是本章重点。本章所欲究者，是这些被烧的店家，称为"市肆"，与前出现的另一词"市廛"，这两词与"坊市"一词比起来，有些值得讲究。

笔者以为，"坊市"一词为泛指商店街的用词，至于"市廛"和"市肆"则系特定用语，前者是买卖地"市"的居住地，后者是

---

1. 参宋祁《新唐书》（北京：中华标点本）卷9，页271。

2. 参刘昫《旧唐书》（北京：中华标点本）卷19下，页709。

3. 参司马光《资治通鉴》（北京：中华标点本）卷254，页8240。

买卖地"市"的店家。"市肆"一词在东汉洛阳京城,是特指限定市场附近的店家。这在刘宋范晔《后汉书·王充传》载云:"当游洛阳市肆,阅所卖书,一见则能诵忆。"不过,唐代的"市肆"已不限京师两限定市场附近的店家,而是商业区中数条商店街的诸店家。在唐代与"市廛"一词,相关者有"廛闬",像《新唐书·杜佑传》载云:"俄近岭南节度使,佑为开大衢,疏析廛闬,以息火灾。"[1]这是八世纪末年之事,岭南节帅驻节之地为广州,是当时国际大商埠,城中商店街林立,比之京师尤胜。杜佑把市街拓宽,让店家不至过于密集。这是为了预防火灾,连带整顿市容。《周礼·周官·廛人》中,所记"廛"字,有廛人、廛市,分别与掌商税的官、商货税有关。如今,北宋史著在记杜佑整顿广州市容有"廛闬",在记黄巢入据长安并火焚"市肆"。再回到七八三年泾原兵变时,北宋史著文本为描述禁军怯战缘由时,称这些兵平日在市廛靠做小买卖为生,临战之时当然逃之夭夭。廛、肆都与市所在的商店街有关,可知唐人文集并未有定称或定名,而是全见北宋人史著。笔者以为,这属于后设笔法记其相关物事。

唐代小说家白行简著《李娃传》,叙及城东之东市和平康里,书中男主人公郑生活动其间,讲到特定店家皆称"肆"。像购书所在为"鬻坟典之肆"[2],郑生落难寄居东市之凶肆,且代表东市凶肆唱挽歌,与西市凶肆歌者比赛。待郑生为乃父殴伤险致死,郑生

1. 参宋祁《新唐书》(北京:中华标点本)卷166,页5087。

2. 参白行简《李娃传》,收载《唐人传奇小说》(台北:世界书局,1982八版)页105。

死里逃生，日后靠乞讨为生。书中叙其日间活动，范围都在商店街，如下：

昼则周游廛肆。[1]

"廛"与"肆"连称，似乎初见此。

此外，唐末坊市有印刷业者，负责承印佛经、历书，以及文人宴饮诗集等书籍，其中宴饮诗集的刊印，为因应饭馆承接餐饮宴会而生。故而，餐会的即席诗作在餐后会发交印书业商铺代为印制，诗集扉页处多半会附上名家写的送别序。这种商店街因餐馆业兴，连带印务生意大发利市。（参见图 6-2）印铺就是书店的前身，这些印铺书店群聚一起，就是"坊间"所自来。那是指书店或印铺群聚坊市这些商店街上。买书到坊市之间去买，称买卖书的场所叫"坊间"，在唐宋之际，城坊制虽崩颓，但"坊"的旧称人们仍习惯使用。宋代以后印铺或书店群聚之所在，已无坊这种小区，城市环境尽管改变，但人们对购书所在之称呼，仍沿用唐宋人习惯用语："坊间"。

据上讨论，商店街新生事物虽兴于唐，但在口头称呼上，或是行文指涉上，尚未出现定名和定称。这必待后来的北宋，习于此新事物之后，才出现其定名和定称。

---

1. 参白行简《李娃传》，收载《唐人传奇小说》（台北：世界书局，1982 八版）页 104。

******

把以上史著中这些关于"坊市"零星的场景拼凑起来，一幅较清晰的图景就浮现如下：

北魏洛阳及隋唐的长安和洛阳，为管理方便以街道整齐、小区（当时称"坊"）大小一律的城坊制来运作，居民日常采买因受管制而大为不便，但也只能生受了。两个菜市场设计早就不敷全国两大消费中心的经济需求，就在一场内战（755—763 年），国家趋势转弱情况下，京师消费力道瓦解了管制经济的政治阻碍。不仅宵禁解除，而且把有限定点市场，拓展到变成住宅区周边市场，而以商店街形式出现。这在当时有个名词，叫"坊市"，以别于之前定点市场的东市、西市（在洛阳为南市和北市）。原本定点市只提供生鲜食材，后出的坊市店家则提供熟食，且可在店内享用。这在中国饮食文化史上，是有钱食客上馆子享受美食，以及职业厨师开店为饕客服务的滥觞。如此一来，它彻底改变了京师居民的城居生活样态。

这里巨大的历史变动，史书不见记载。而是往往在京师秩序纷乱之际，有军民人等在商店街产生政治／社会聚集行动时，史家将发生地点所在径称为"坊市"，才惊动本书笔者，认为这是商店街现身历史舞台的迹象。再根据此一迹象考索出京师居民平日在商店街活动，其中一项是动人心魄的饮食文化场景。

京城秩序大乱的时刻，商店街的财富，就成了歹徒觊觎的所在。依本章所述，从中唐到晚唐，凡乱及京师，商店街必然首当其冲。譬如安史乱中，唐军收复京师时，唐廷要到商店街取回被抢掠以致

283

遭销赃的宫中财物，闹得店家人心惶惶，只好喊停。再如泾原军入京兵变，德宗皇帝出逃，待唐军反攻回长安，在筹划收复宫城的战事上，战场设在商店街与否的争议浮现。又如"永贞内禅"事件之前，皇帝跟前"二王八司马"这十位红人，他们住宅门庭若市，特别是"二王"宅府坐落商店街，在干谒风炽之下，商家的住宿需求暴增，创造前所未有的商机。复次，甘露之变后，宦官麾下缇骑四出捉拿朝臣。这时，不仅宦官手下趁机入商家抢掠，原来街头的恶少年有样学样，抢劫、互斗之事层出不穷。最后，黄巢破长安入城行抢商店街。以上，凡宫廷生变或乱军据京，各方人等便着手抢掠商店街财物。商店街是京城大乱时人们注视的焦点，也只有这种时刻，史家叙及变乱，顺便才会提到商店街的坊市。

另一方面，坊市成了京城商业中心，更是精华区，每天现金流量之大，想必至为惊人，这就成了京城治安最头痛的所在。原来平日负责京城治安的三位长官，即京兆尹、万年县令，以及长安县令，在商店街犯罪率激增的情况下，不免增加有助治安的人手。"所由"这种衙吏之设，有如今天美国纽约特警队编制。文中还提到三朝宰相裴度家住商店街，在他第三度回任宰相时，京城治安首长京兆尹前去探望他。裴府家宴中，京兆尹当众附裴氏耳细声讲话，遭同座某御史抗议说，规定所由官不得对宰相耳语一节，笔者意外从中获知商店街是犯罪的温床，引起政府设"所由"特警队因应。

最后，坊市，以及保护坊市的"所由"特警队之设，在京兆尹上呈朝廷奏状中，理应所在多有。但五代北宋史官叙及唐史，多不见转载。除了司马光保持穿越唐宋两朝这两个时代新词之外，王溥《唐会要》中抄录的唐代两封京兆尹奏折中亦出现这两词。笔者非常感谢北宋这两位史官对保存时代新词的贡献，启发了笔者书写唐代商店街的诞生一事。

总而言之，以上商店街，依附于它的罪犯越发猖獗，官府因应于此，组成特警队。于是商店街（"坊市"）、罪犯（"恶少年"），以及特警队（"所由"）等三者环环相生，它们在日常生活层面上如何互动，史籍不会记载。只有在政治秩序解体（如宫廷生变或乱军据城导致皇帝逃亡），波及商店街时，才会让极少数史家顺笔载及。史著中商店街模糊的身影，只有在这时才现身。而我所关心的饮食文化面容是由承平时日文化精英所共同打造，这部分可见本书五、六两章。此处，我只介绍饮食文化所附丽的舞台——商店街，它在初起阶段，五代北宋史家多未意识到呢。

第八章
幕　落

读者经过长途跋涉，从七九〇年至一一二七年共约三百四十年的历史，看尽了京城居民（特别是有钱有闲的阶级）生活一些面向，这里面包括园林豪宅、春季花会、专治有别于家常菜的美食饭馆，还有住商混居商店街从一条发展出无数条等等文化新浪潮现象。

以居处非豪宅莫办，而且内中非有园林不可，唐宋不是开天辟地头一遭。东晋南朝的贵族豪宅热衷不在京师，而在离京数百里外的浙东搞一块豪宅聚集区。从京师至浙东，以当时交通状况，往返一趟，大费周章。可知东晋、南朝贵族要住一宿自家别墅，还甚为不便。相形之下，唐宋豪宅是专为达官贵人退休而设的投资地标，园林主要是踏踏实实每天杖履家园的乐趣所在，这些唐宋豪宅主人打着的是娱乐晚年的主意。可历史吊诡的地方，就在于它往往出人意料。洛阳由三百多年时间发展成独一无二的观光休闲城市，全国的精品豪宅多汇聚在此。大官僚为退休投资的豪宅，于在职之日，多数派不上用场，只有因故贬谪到洛阳当分司官时，变成在自家园林豪宅上班，这才变成豪宅常住主人。可要当分司官得享园林之乐，是要在政坛上碰到小挫，才有可能。要唐代官员在政坛如意及归返家园在洛阳上班之间，做出抉择，毫无疑问宁选前者。但若碰上后者情形，也不算太坏，它算是其次选择。再怎么说，它比起贬谪到地方甚至边荒，又好得太多。宋代虽废除了洛阳分司官制度，但洛城作为退休官员优选退休地的条件和地位，已然定制化。这点，唐宋没有区别。

因党争而遭贬地方甚至边地的官员，纷纷修筑亭园好锻炼体魄，以便来日班师回朝。每每亭园竣工，必有一篇亭／园记文，以记其事。亭／园记文本作者都在大谈抱负、重申他们坚持的价值和信念。这一方面比较像政治宣言，另一方面又像满怀热情的真情告白，只是他告白的对象不是活生生的恋人，而是抽象的国家。在地方建亭园的官员，大多标榜与民同乐，美园和丽景是官民共享的公共财富。有些没那么强烈的公益取向，是官员在风景区建一堂屋，而由自己生活其中，以求在政治生涯挫败下疗愈身心。这可见柳宗元《柳州东亭记》、白居易《草堂记》，以及苏舜钦《沧浪亭记》这三例。回到与民同乐建亭／园的例子上，在北宋新旧党争期间，从十一世纪四十年代到十一世纪七十、八十年代，新党的两世代领袖，诸如范仲淹和欧阳修，高唱入云的是与众共乐，但旧派大将之一的司马光故意对此呛声，偏偏命名其园为"独乐园"。这种园林的公有性与私密性之争，不是问题的症结，园林有无住宿设施，才比较是私密性和公有性的分野。在风景区（公有地）建亭，或依名刹扩大建园，这类亭／园就属公园性质。但如果官僚为退休有休憩去处所建的园林，那多半是私有园林，像李德裕选伊阙建平泉山居，又如欧阳修选颍州西湖畔建园，皆为此类。在此，司马光比较特殊，在盛年时归隐洛阳园林，但园区开放许人参观。像司马光这种例子应还有，只是不见史载。

王安石变法期间，一些元老政治家纷纷求去，告老园林。像司马光从一〇七二年归园，到一〇八五年班师回朝；再如富弼于一〇七一年遭贬，便选择致仕，返回家园，直至一〇八三年去世，享年八十岁；又如文彦博于一〇八三年致仕、返园，一〇八六年重返政坛，一〇九〇年第二次致仕返园，于一〇九七年死于园中。这三位元老政治家都在自家园中安享余年超过十年，属于享乐园林幸运者。他们在政争下幸存，又得以安享余年于洛阳园林中有十年之久。唐代的裴度和牛僧孺就没这么好命，他们断断续续在洛阳园林居住时间，加总起来不超过五年。

然而，若从唐宋园林主整体观之，能在自家园林住有五年，还算好的。多数园林主是没有一天住过自家园林的，最显著的例子是李德裕。另外一个极端例子是白居易。白居易的园林，在他之前有两任园主，白于八二五年购置下之后，同样无暇享用。直到八二八年，争取到任洛阳分司官后，才因在家上班的关系，从此安享园林生活，长达十七年。他很可能是缔造唐宋三百年高官住园生活最长纪录的保持人。白居易不仅用诗记录自家园林生活，而且也用诗去记录七座洛阳超级名园。这七座中，撇开裴度湖园一座之外，其他六座就算宋人有心记录，也早已灰飞烟灭了。这么珍贵的文化遗产，竟逃不过唐末黄巢军大肆捣毁文化的厄运。在此，白居易诗记园林，就成了无可替代的记录文献。

洛阳园林之稀有性，往往因伴随牡丹花"疯会"而更加引人注目，于是十一世纪有三波人马先后投入记录的文化行动。先是三十年代有欧阳修的《洛阳牡丹记》，继而八十年代有周师厚的《洛阳花木记》，以及后人从中割裂、编辑出《鄞江周氏洛阳牡丹记》，最后九十年代有李格非的《洛阳名园记》。这三位北宋文人所遗下文本，多少再现了唐宋三百年的园林暨花会文化风华某些层面于万一。行动先于记录，到白居易的晚年，这个文化约莫已行动了四十年到六十年，白居易用诗记之。到了欧阳修时代，这个文化从受挫奋起到盛行，又风行了一百一十年，应该是已至烂熟的程度。再过五十年和六十年，处于该文化末期的周师厚和李格非，先后加以再记录。

白居易记自家园的诗文本方面，头两年因珍惜光阴，将一天分成五个时段，每一时段诗人游园的适意自得，成了记叙的重心。在出任河南尹两年二个月，再返园之后，他叙园的重点变成以四季带给园的变化。他自家一个人在园林自得和感恩的心情，是他心灵状态的写照。在记他人之园及其游园方面，与友同乐是他记洛阳名园的主题，顺笔带到各园的特色，乃其诗记的余事。这个余事却是我们后人想象唐代洛阳名园风华的凭借，极其珍贵。

宋代三份记园林、记花会的文本，让笔者勾勒出园林和花会互相倚傍的关系。洛阳园林天下第一，以及洛阳牡丹花会的独一无二性。揆其原因，欧阳修提到农艺科技的突出，周师厚提到天下衣冠尽萃于斯，这两点才是造成洛阳园林和牡丹花会文化，其之所以在其他消费城市无可复制的关键所在。洛阳集合全国有钱有闲阶级在此造园，赞助牡丹花育种、培苗，以及接嫁，牡丹花产业规模得以永续经营。这个产业的从业人员，分化成到深山搜寻花种的专家，以及在园林豪宅照料接嫁工作的专家。为数众多的花农，有的从事两款牡丹冠亚军每年开出花的照料工作，有的不断开发新品。花品在排行榜中有起落，这里面充满商机，但风险也高，这涉及花品炒作的现象。冠军牡丹每朵值五千钱，亚军牡丹至少值一千钱。有的园林收门票，开放令人参观。此外，全城开放五处广场任人围幕玩乐，赏花之余，还玩乐器。洛阳春季是牡丹花"疯会"，这样文化活动景象持续进行三百年（中间中断三四十年不计），已成为珍稀文化遗产。

洛阳园林主乃外人入籍洛阳，他们的产业和花木植栽，有赖洛阳本地人提供技术和劳务。所以，这原本可发展出外来、本地两群人互惠双赢之局。但有些隐微迹象显示，存在本地人对抗外来人的政治。那是技术者这一端并非见钱眼开而可任人宰割的。他们有时为对抗无理的需索，宁可毁掉珍品而不提供服务。再者，牡丹花会坐大之后，引来官方来收割成果，这见于北宋某任留守每年上供珍品牡丹数朵给皇帝。全国计有扬州和陈州两地，想复制洛阳牡丹花文化产业，结果均因官方介入而破局，甚至实施若干年后散局。这之中，陈州花农为对抗官方需索，不惜壮士断腕宁可弃种牡丹花，最称壮烈。以上牡丹花会的政治，涉及地方人群的政治智慧。这令我们对地方下层社会自主性，刮目相看。

很不幸，有人反对这种园林暨花会的文化活动，主张园林致亡论述。这是李格非园记文本于一〇九五或一〇九六年提出的论调。他的读者目睹北宋政权确实亡于一一二七年，越发重视这种论调。究竟洛阳园林豪宅及其伴随的花会文化，是否以国家兴亡为代价？这个问题解答如何，在南宋初年已不具意义。洛阳已沦入外族女真人之手，城中的衣冠士族——园林主——恐多逃难一空。三百年积淀所形成的园林暨花会文化，至此一夕崩解！历史总算按照李格非的预言发展，洛阳名园灰飞烟灭了，可国家因此兴旺发达了吗？

当九世纪初之前，韩愈和柳宗元分别在洛阳和长安，送别了好几位宦途蹭蹬或科举失利的远行者，且遗下脍炙人口的送别序文多篇。之后，韩、柳先后遭贬边荒苦地，但均不因此而闲着，他们还打起精神写出《燕喜亭记》和《柳州东亭记》，试着来熬过受挫岁月。没错，写园林落成事和写送别聚餐事的，几乎是同一批人。为这两种文章操笔的，不是望重文坛之士，就是政坛明日之星。关于亭／园记文本意涵问题，既已处理如上，底下笔者将聚焦于送别序文本意涵问题。

从北魏至隋唐，立都洛阳和长安，这两京城的城市格局，是以任由统治者方便监控为设计要点。全城切割成一百二十到一百三十个小区，每个小区大小约四平方公里。这就是我们熟知的棋盘式规格，或称之"城坊制"。每个小区于黄昏时分将四个社门加以上锁，至翌日清晨开锁，放小区居民进出。亦即入夜是全城宵禁。其次，京城除了重治安管理，也重经济管制。统治者允许居民购买生鲜食品的情况是，第一定点交易，全城只有东市、西市这两个市场（当然，不同城市市场设点方位有异）；第二限时交易，从每天中午开始，黄昏前收市。这样，京城居民不仅行动受限，而且购买行为也受限。这种情形到了八世纪七十年代之后，随着中央政治权力的式微，开始改变。大概在八世纪九十年代，宵禁解除了，市场冲破了只限两个定点的旧制。这时，两京诞生了第一条商店街，这条街是以两市为基础，沿着东西向的街道开始延伸出去。这条街原本南北走向的坊墙，都被凿空且露出店面。两京的某一东门和某一南门，原是居民进出城的主要出入口，此地惯例是送行者挥别远行者的所在。于是发展出饭馆，方便送行者和远行者聚餐此。这时京师居民外食的饭馆就此诞生。同样，洛阳东南方的汴州城，因大运河枢纽的关系，且城区扩大一倍有余，汴水入城的新东门，成了方便人们送别的所在，自然饭馆应运而生。两京加汴州城的上层居民在频繁送别行动中，食用饭馆高等菜肴的机会自然大增，如此创造了外食美味菜肴区隔并超越家常美味菜肴的契机。这些本地外食族支撑了东门、南门好几家饭馆的生意。八、九世纪之交的上述三城东门或南门饭馆都没有店名。这种情形到了全城饭馆林立，且至填巷地步的十一世纪五十年代，那已是欧阳修时代（延续到七十年代）的第一个十年，汴州城成为北宋东京到这时已有九十至一百年历史。九世纪以来的唐代三城，因长安没落，变成如今北宋二城，即东京汴梁和西京洛阳。在这样的变动中，洛阳地位依旧不变。

　　这是唐三城东门饭馆和南门饭馆的饯别宴故事的发生地点，入宋之后变成两京城内大小饭馆比拼生意的第一战区。饭馆再小都有店名，已跟我们今天看到的饭馆景象没有两样。约从八世纪末起，中国的长安、洛阳，以及汴州等三座都会型消费城市，城市的上流阶层在饮食上，有家常菜肴和饭馆菜肴可以随意选择。这时欧洲西部的伦敦和巴黎要到十一世纪，才发展出人口规模十万的城市。即令如此，这两城的贵族也只能在家用餐，而且只是粗食。西方的食物没有上下层的区隔，只有丰盛和匮乏的差异。西方的外食美味餐厅其出现，恐怕还得等数百年呢。[1] 中国这时则不然，上流人士享用美食，且有家内和家外两种口味，一般平民只求粗饱，全然不是美食。我们可以想象，本书所提及的饯别餐会，别看那些送行者和远行者在饭馆里的欢天喜地，每人吃相如何都被一旁侍候的堂倌和仆役看在眼里。而在厨房里挥汗如雨的厨师，只知埋头料理菜肴，无暇顾及其他。厨师的徒弟们更在厨房、大厅之间穿梭。这些饭馆

---

1. 参考杰克·古迪作、杨惠君译《饮食与爱情》（台北：联经出版社，2004），第六章言及，十七世纪法国在食物上从粗饱进化为品尝美食，即高级料理。法国料理的改变，影响欧陆和英国。同时，一六五一年《法国厨师》一书的出版，更意味食客的改变和职业厨师的出现（亦即外食饭馆），关系密切。

各色役工，不会加载史册，而厨师及其徒弟是文盲，更无缘留下文字去谈他们的职业经验。这些历史的空白处，是不容我们忽略的。然而，中国的美食和高级料理，以及下至明清，发展成有谱的八大菜系，正脱胎于唐宋三百年饭馆史的经验。

从先秦到中唐以前，只有社会上少数上层人士享有高级料理，这些美食来自家庭厨工所为。到了中唐，社会上享用美食途径，不再限于家内，京城街衢的饭馆可以烹调出有别于家庭美食的另类美食。愈往后，饭馆美食愈受上流人士争逐不已。这是中国饮食史上的大事，就在本书笔下流泄而出。

士人为入仕，参加科举考试，在中唐之后逐渐成为常态。在唐代，士人中举，只是取得任官资格，要得吏部正式派官，非通过吏部主办的考试不可。入宋之后，改成考用合一制，凡通过礼部进士科考，即派官职。唯宋代将唐行每年考试制，变成每三年一次考试，还有录取名额较唐代多好几倍。据柳宗元讲唐德宗贞元年间的科考情形，说每年有一千五百名士子齐聚京师、参加科考，而录取的每年不过十余位，绝大多数是落榜的。本书提到写送别序的作者，不外乎社会声望正隆，以及具备政坛明日之星的架势。其实更重要的是，这些送别序作者是科举的胜利者，这些作者以过来人资格，向落第士子加油、打气，落第考生听来心头格外温暖。这些科场的胜出者入仕后升级为擅文之士，便成为士子崇敬的前辈。可是走过科举试炼之途，不是一步就可登天的。像唐代韩愈一共参加四次进士科考试，从二十一岁第一次赴考，直到二十五岁才登第。韩愈之后参加吏部试，又失败三次，到第四次年龄已经三十四岁才考上，因而获任低阶朝官。宋代欧阳修只需应付礼部试，但也三次不中，他从十七岁初试，一直到天圣八年（1030 年），年二十四岁，第四次赴考才考上。翌年，欧阳修赴任西京留守推官，任满之后，他写了极其珍贵的《洛阳牡丹记》这部小册子。欧公于一〇三一年始仕，一〇七一年致仕，从政生涯满四十年，非常幸运。

科举这条不归路是折磨士子至极的一条路。前述言及欧阳修虽四度应试，但其后仕途绵长。韩愈可差多了，他到三十四岁始得吏部派官，到五十七岁去世，真正仕宦才二十三年。倘若把他到藩府当幕僚也算上，从二十九岁到三十二岁在汴州当董晋幕僚，从三十二岁到三十三岁在徐州任张建封幕僚，一共五年，加总仕宦共二十八年。韩的例子还不算太差，像另两位文学天才，即柳宗元和刘禹锡，虽然年轻却在考场奏捷，且在官场上少年得志。然而，一场政变下来沦为败方，他们的对手在拱卫宪宗皇帝之下，柳、刘只能被贬于地方，甚至边地。柳宗元活不过宪宗朝，终究赍志以殁于边地。刘禹锡韧性较强，不但活过宪宗朝，而且逐渐从边地往内地调动，最后任至朝官。

以上韩、柳、欧三人，是青年士子推尊的考场成功人士，他们会在长安、洛阳，以及汴州（宋代叫汴京），写送别序、饯别一时受挫士子，跟攸关青年前途的文化，大有关联。韩、柳、欧三人的文章成为文学国度的范式，年轻世代争相仿效。但每届科考录取名额（相对于庞大报考人数而言）相对很少的情形下，每个人科考成功几率很低。绝大多数士子落榜须返家，想到要如何面对家乡父母和父老，返家便成为畏途了。这时送别序作者出面帮这群落第士子解除心理障碍，同时勉励他们不畏艰险、再接再厉。这类温馨的励志话语，以京师饭馆为场域，向全国各地辐射出去，使回到全国各地的落第考生，于未来二三年备考的日子里，心情可以更加笃定。

　　远行者中，确实当届应考士子占了大宗，但此外还有仕途未顺想往幕藩镇者、沉积下僚调任地方官者、同僚远仕他方异地者、退休致仕者，以及朝廷院官（即六部堂官以上高位者）往仕广州肥缺者，可谓形形色色。送别序作者面对各不相同的远行者，在写作策略上，拟出让远行者感受体己之言，他们挖空心思、尽量去告慰这些远行者。

　　远行者中有一种人是科第胜出者，照理无须勉励。但欧阳修对于心爱弟子徐无党，考场告捷要返视父母的这一刻，讲出了以文学为志业，想在历史上留名，何其困难。这是一篇很有高度的文章，是老师勉励学生，中第比之要以文学留名青史，那是小得不能再小的一个成果而已。要想在文学殿堂留下一席之地，需要努力的空间还很大。还有，唐代名诗人李益，在命运塞促的壮年时代，得到韩愈一篇送别序的激励。几十年后李益在长安任官，且任至三品的堂官，也算是奋斗有成了。

　　唐宋文人饯别宴文化在现代消失得无影无踪，且以笔者为例，来看今天知识人如何从事送别聚会事。话说我在二〇〇四年，从某研究机构退休，就在退休茶会上，我的领导（是位院士）在致辞时，想了六七秒，只说："卢先生的研究室在我隔壁。"就无话可说了。对于我这个即将离职他去的人，无一语及于治学风格和为人特色，遑论有所建言祝福了。这位领导与我订交于一九七九年，到他介绍我的这一刻，已经历二十五个寒暑。又者，他筹措这个茶会，逾一星期，他竟然想不出任何有意义的讲辞。

　　这位仁兄的恩师，是台湾一位超重量级院士，亦看不上应酬文化。我领导的师尊曾在他《会友集》的序上，就说"送别序"流的文章乃应酬用，其嗤之以鼻之状溢于言表。殊不知"吾所谓空，非无马也，无良马也；伯乐知马，遇其良辄取之，群无留良焉"的名句，正是韩愈《送温处士赴河阳军序》的名句。它不仅道尽了人才问题乃假议题的本质，而且更是一语中的地指出，只有不识才的上位者，以及不公平的竞争制度，才会导致人才流失。应酬话通常只是空话，不尽真实。但唐宋文化精尽在钻虚蹈空的应酬场合，说出能量惊人的温言慰语，抚慰了千年来多少失意的士人。二〇一三年，我前述这位仁兄位居高位，跟着"中央研究院"翁启惠院长瞎起哄，大倡台湾人才流失说。殊不知人才无代无之，端视居权位者是否出于公心加以识拔而已（通常只愿提拔自己派系中人，以致近亲繁殖，至此，反淘汰生矣，劣币驱良币矣，文化浩劫亦必不可免矣）。我的领导及其师尊这一对师徒，竟不读唐宋送别序名篇以致如此！在送别聚会的场合上，我们可能要思考一件事：韩愈、欧阳修的文化表演值不值仿效？不要动辄说，中华古文化全要不得！

　　本书讲的园林豪宅属达官贵人居住文化的品位样态，至如由豪宅延伸而出的牡丹花"疯会"文化，则是士庶共享的文化。公园性园林，文化精英借园亭竣工事，大倡与民同乐之说，这在开放园林供人赏游方面，也是士庶共享的文化。在京城名饭馆，精英一方面品尝馆子的美味菜肴，另一方面群起赋诗唱和，再集合所有诗作编成一小册，送印刷铺刻印，这小册子中的精品非篇首那篇送别序莫属。中国千古以来即有饯别之事，但到了唐宋，形式有所翻新。这里面，第一，选供京师人外食的专业饭馆，作为聚餐所在，这是贵族食用精致高级料理的另类方式。旅店提供的餐食是一般供饱食的粗食，贵族家中家常菜原是社会上唯一高级料理。如今专业厨师开的馆子，又提供另类高级料理。第二，餐会中的赋诗是传统节目，但请席中或席外文坛擅文之士写送别序附在诗集小册子篇首，往往此文价值高过小册子所有诗作更多。用完餐还不算，要让这餐会永垂不朽，故用印刷书物记录这场餐会，并使之流通。这事不会发生于印刷术尚未发明、应用的中唐以前。综合以上两点，本书有重大发现，即中国雕版印刷史的中晚唐时期，文人集子亦同历书和佛经，是印书商铺的三大生意。以前，印刷史专家均以为文人集子送雕印始于宋代，从今起可要修正了。第三，到了民国时候，古诗被废，新式知识分子不再以能否写诗作为高贵身份象征。从此，在饯别餐会中文人联席赋诗的节目，就坠入历史尘埃之中，成了绝响矣。

本书还考据了华人社会目前主流城居模式是住商混居模式，其源头始于八世纪六十、七十年代以降，两京城坊制崩塌之时。每天下午六小时定点交易的东市和西市（以长安为例），变成一整条街尽是商店，而且日夜不停交易。这新出市场当时叫"坊市"，有别于先前受限时间的东、西两定点市集。

这个历史变动很隐微，商店街为城市财富所聚，引起宵小之徒觊觎，朝廷为因应治安需求增设"特警队"加以防范。再来，当战争发生、城市秩序解体，这条商业街就成了不法之徒行抢的所在。这种种迹象告诉我们，八世纪下半叶京城第一条商店街出现，到了十一世纪中叶，洛阳和汴梁两京的商街无数，市肆多到从街溢到巷，近世都会型城市景观从八世纪下半叶到十一世纪中，差算完成。以后八百年，中国都会型城市景观，就像张择端《清明上河图》所揭示的那种热闹、繁华的景象。

民国五年，编写《清稗类钞》的徐珂，告诉我们，今天洛阳伊阙上面有座园林，叫香山寺园。[1]他可能以为，这就是唐代白居易心爱的香山寺园了。我想，此香山已非彼香山。

好了，列车到站。各位读者准备下车，好回归二十一世纪各自的历史定位上面。我们后会有期。

1. 参见徐珂编《清稗类钞》（北京：中华书局，2003 三刷）第 1 册，名胜类，页 143，载云："香山寺在龙门对面伊阙山上，道途平坦，柏木成林。"

参考文献

一、正史古籍类

东晋·谢灵运，《谢康乐集》（台北：商务印书馆，1969）

北魏·杨衒之，《洛阳伽蓝记》（台北：正文书局，1982）

唐·白行简，《李娃传》，收载《唐人传奇小说》（台北：世界书局，1982 八版）

唐·白居易，《白居易集》（北京：中华书局，1999 六刷）

唐·李林甫等，《唐六典》（北京：中华书局，2005 二刷）

唐·李德裕，《李文饶文集》（上海：上海书店，1989，据《四部丛刊》初编集部刊印）

唐·李德裕，《平泉山居草木记》，收载元·陶宗仪《说郛》（上海：商务印书馆，1930，据涵芬楼本刻印）卷 67，页 3B—4B。

唐·长孙无忌，《唐律疏义》（台北：商务印书馆，1990 六版）

唐·柳宗元，《柳河东集》（台北：河洛图书出版社，1974）

唐·段成式，《酉阳杂俎》（台北：源流出版社，1982）

唐·韦绚，《刘宾客嘉话录》（台北：商务印书馆，《丛书集成简编》第 724 册，1966）

唐·刘禹锡，《刘禹锡集》（北京：中华书局，1990）

唐·韩愈，《韩昌黎集》（台北：商务印书馆，1965）

唐·权德舆，《权德舆诗文集》（上海：上海古籍出版社，2008）

后晋·刘昫，《旧唐书》（北京：中华标点本）

宋·王安石，《王临川集》（台北：世界书局，1966）

宋·王钦若编，《册府元龟》（台北：大化书局，1984）

宋·王溥，《唐会要》（北京：中华书局，1990三刷）

宋·司马光，《温国文正司马公文集》（上海：上海书店，1989，据《四部丛刊》初编集部刊印）

宋·司马光，《资治通鉴》（北京：中华标点本）

宋·宋祁，《新唐书》（北京：中华标点本）

宋·李荐（编者把作者弄错，应为李格非），《洛阳名园记》，收载周光培编《宋代笔记小说》（石家庄：河北教育出版社，1995）册9。

宋·周师厚，《鄞江周氏洛阳牡丹记》，收载《丛书集成续编》（台北：新文丰出版公司，第83册，1989），页456—467。

宋·孟元老，《东京梦华录》（上海：商务印书馆，1936）

宋·孟元老，《东京梦华录》（东京：静嘉堂文库，1941）

宋·范仲淹，《范文正公文集》，收载《丛书集成新编》（台北：新文丰出版公司，第73册，1984）

宋·张邦基，《墨庄漫录》（北京：中华书局，2002）

宋·张峋，《洛阳花谱》，出自朱弁《曲洧旧闻》（上海：商务印书馆，1936）

宋·陆游，《天彭牡丹谱》，收载周光培编《宋代笔记小说》（石家庄：河北教育出版社，1995）册9。

宋•曾巩，《曾南丰文集》（台北：河洛图书出版社，1978）

宋•欧阳修，《五代史记》（台北：商务印书馆，2010年二版一刷）

宋•欧阳修，《洛阳牡丹记》（台北："中央研究院"历史语言研究所傅斯年图书馆藏《百川学海》本）

宋•欧阳修，《新唐书•方镇表》（北京：中华标点本）

宋•欧阳修，《新唐书•宰相世系表》（北京：中华标点本）

宋•欧阳修，《欧阳修全集》（台北：世界书局，1961）

宋•欧阳修，《欧阳修散文全集》（北京：今日中国出版社，1996）

宋•欧阳修，《归田录》，收载四川大学图书馆编《中国野史集成》（成都：巴蜀书社，1993）

宋•苏舜钦，《苏舜钦集》（台北：河洛图书出版社，1976）

宋•苏轼，《苏东坡全集》（台北：河洛图书出版社，1975）

元•陶宗仪，《说郛》卷12下，收载《影印文渊阁四库全书》（台北：商务印书馆，1986）

清•王鸣盛，《十七史商榷》（上海：商务印书馆，1959）

清•徐松，《唐两京城坊考》（上海：商务印书馆，1936）

清•曹寅奉敕编，《全唐诗》（上海：上海古籍出版社，1989五刷）

清•顾炎武，《日知录》（台北：明伦出版社，1970）

现代•周伯谦主编，《全宋文》（成都：巴蜀书社，1993）

现代•徐珂编，《清稗类钞》（北京：中华书局，2003三刷）

二、专书论文类

卞孝萱，《试述王叔文集团的任人唯贤及其局限性》，《西北师院学报》第 2 期（1983），页 63—72。

王永平，《游戏、竞技与娱乐——中古社会生活透视》（北京：中华书局，2010），页 300—304。

王吉林，《晚唐洛阳的分司生涯》，收载淡江大学中文系主编《晚唐的社会与文化》（台北：学生书局，1990），页 239—249。

王次澄，《〈山居赋〉与始宁墅庄园文化》，收载《魏晋六朝学术研讨会论文集》（台北：东吴大学中文系，2005）页 201—244。

王拾遗，《白居易》（西安：陕西人民出版社，1983）

王静芝，《欧阳修》（台北：河洛图书出版社，1978）

王赛时，《唐代饮食》（济南：齐鲁书社，2003）

王鸿泰，《从消费空间到空间的消费——明清城市中的酒楼和茶馆》，《新史学》11：3（2000.9），页 1—46。

勾利军，《唐代东都分司官研究》（上海：上海古籍出版社，2007）

余英时，《会友集》（台北：三民书局，2010）

李浩，《唐代园林别业考论》（西安：西北大学出版社，1996）

李树桐，《唐人喜爱牡丹考》，原载《大陆杂志》卷 39，1、2 期合刊（1969 年 7 月），页 42—66，后收载氏著《唐史新论》（台北：中华书局，2015 年二版二刷），页 212—281。

辛德勇，《中国印刷史研究》（北京：三联书店，2016）

周宝珠，《隋唐时期的汴州与宣武军》，《河南大学学报》1 期（1989），页 62—67。

武伯纶，《西安历史述略》（西安：陕西人民出版社，1979）

侯乃慧，《唐宋时期的公园文化》（台北：东大图书公司，1997）

胡耀飞，《贡赐之间：茶与唐代的政治》（成都：四川人民出版社，2019）

凌朝栋，《文苑英华研究》（上海：上海古籍出版社，2005）

孙国栋，《唐宋史论集》（香港：商务印书馆，2000）

孙机，《唐宋时代的茶具与酒具》，《中国历史博物馆馆刊》第 4 期（1982），页 113—122。

徐华，《东汉庄园的兴起及其文化意蕴》，《南都学坛》卷 22 第 3 期（2002），页 1—7。

徐苹芳，《唐代两京的政治、经济和文化生活》，《考古》第 6 期（1982），页 647—656。

翁同文，《从史学考证论唐人"模勒"一词绝不指印刷》，收载淡江大学中文系主编《晚唐的社会与文化》（台北：学生书局，1990），页 355—380。

翁同文，《中国坐椅习俗》（北京：海豚出版社，2011）

张家骥，《中国造园史》（台北：明文书局，1990）

张家骥，《园冶全释》（太原：山西古籍出版社，1993）

张邻，《唐代的夜市》，收载《中华文史论丛》第 1 辑（1983），页 237—246。

曹尔琴，《唐代长安的酒》，《唐都学刊》第 2 期（1990），页 1—9。

许倬云，《中国中古时期饮食文化的转变》，收载氏著《许倬云自选集》（上海：上海教育出版社，2002），页 245—263。

陈伟明，《唐宋饮食文化发展历史》（台北：学生书局，1995）

陈铭，《唐宋八大家传 (3)——欧阳修》（广州：广东高等教育

出版社，1998）

程兆熊，《论中国亭园花木》（台北：明文书局，1984）

程兆熊，《论中国之庭园》（台北：明文书局，1984）

逯耀东，《〈崔氏食经〉与〈齐民要术〉》，收载氏著《魏晋史学及其他》（台北：三民书局，1998），页127—140。

黄正建，《敦煌文书与唐五代北方地区的饮食生活》，收载武大历史系主编《魏晋南北朝隋唐史资料》第11期（1991），页263—273。

杨宽，《中国都城制度史研究》（上海：上海古籍出版社，1993）

宁欣，《唐宋都城社会结构研究——对城市经济与社会的关注》（北京：商务印书馆，2009）

宁欣，《唐代长安流动人口中的举选人群体》，《中国经济史研究》第1期（1998），页93—100。

赵克尧，《论唐代的茶文化》，收载《汉唐史论集》（上海：复旦大学出版社，1993），页134—144。

刘维治、焦淑青，《白居易传》（沈阳：辽海出版社，1998）

刘淑芬，《中古都城城坊制初探》，《"中央研究院"历史语言研究所集刊》61：2（1996），页293—315。

黎虎，《汉唐饮食文化》（北京：北京师范大学出版社，1998）

卢建荣，《中晚唐特权阶级的权力追逐和社会声望维系——以唐代荥阳郑氏为讨论中心》，《社会／文化史集刊》第22期（2018），页157—246。

卢建荣，《白居易、欧阳修与王安石的未竟志业——唐宋新闻

传播史（780—1089）》（台北：新高地文化出版社，2013）

卢建荣，《飞燕惊龙记：大唐帝国文化工程师与没有历史的人》（台北：时英出版社，2007），新版《没有历史的人：中晚唐的河北人抗争史》（台北：暖暖书屋，2020）。

卢建荣，《陈寅恪学术遗产再评价》，（台北：时英出版社，2010）

卢建荣，《墓志史料与日常生活史》，《古今论衡》第3期（1999），页23—32。

罗联添，《韩愈》（台北：河洛图书出版社，1977）

严耕望，《南北朝三个都城人口数量之估测》，《新史学》创刊号（1990年3月），页5—28。

严国荣，《权德舆研究》（北京：中国社会科学出版社，2006）

三、外文书类

大泽正昭，《唐宋變革期農業社會史研究》（东京：汲古書院，1996）

大泽正昭，《唐代華北の主穀生產と経営》，《史林》64：2（1981），页1—36。

布目潮沨，《唐代長安の都市形態》，收载《唐·宋時代の行政·經濟地圖の制作》（大阪：大阪大學出版社，1981）图11，页76。

平冈武夫，《白居易——生涯と歲時記》（东京：朋友書店，1998）

平冈武夫、今井清编，《唐代的长安与洛阳·索引》（上海：上海古籍出版社，1991）

平冈武夫编，《唐代的长安与洛阳·资料》（上海：上海古籍出版社，1989）

妹尾达彦，《唐代长安东市的民间印刷业》，《中国古都研究》第 11 卷（1999 年 7 月），页 200—238。

妹尾达彦，《唐代长安城与关中平原的生态环境变迁》，收载史念海主编《汉唐长安与黄土高原》（西安：陕西师范大学出版社，1998），页 202—222。

妹尾达彦，《唐代洛陽城の官人居住地》，《東洋文化研究所紀要》第 133 册（东京：1997）页 67—111。

杨晓山作、文韬译《私人领域的变形——唐宋诗歌中的园林与玩好》（南京：江苏人民出版社，2009）

罗伯特·达恩顿作、吕健忠译《农夫说故事：鹅妈妈的意义》，收载氏著《猫大屠杀》（台北：联经出版社，2005），页 1—99。

杰克·古迪作、杨惠君译《饮食与爱情》（台北：联经出版社，2004）

杰克·古迪作、王荣欣、沈南山译《烹饪、菜肴与阶级文化》，台北：广场出版，2012）

Goody, Jack, *The Culture of Flowers* (Cambridge : Cambridge Univ., 1993)

Hansen, Valerie, *Negotiating Daily Life in Traditional China* (New Haven : Yale Univ., 1995)